지역어문학 기반 국어학 연구의 도전과 성과

지역어와 문화가치 학술총서　**8**

지역어문학 기반 국어학 연구의 도전과 성과

전남대학교 BK21플러스 지역어 기반
문화가치 창출 인재 양성 사업단

보고사
BOGOSA

서문

전남대학교 대학원 국어국문학과 BK21플러스 지역어 기반 문화가치 창출 인재 양성 사업단은 지식기반 사회의 다양한 요구를 반영하고 대처하기 위하여 지난 2013년 9월에 출범하였다. 사업단은 문화 원천으로서의 지역어의 위상 제고, 미래 지향형 문화가치의 창출, 융복합 문화 인재의 양성을 목표로 달려왔다.

사업단은 국제학술대회, 해외 석학 초청강연, 개인 연구와 해외 공동 연구의 성과물들을 매 학기마다 학술총서로 발간하였다. 학술총서 발간은 지역어를 기반으로 한 문화 가치를 확인하고 문화원천 자료로서 지역어의 위상과 역할을 제고하며 지역문화 자료의 가치를 확산하기 위한 것이었다. 그간의 성과물들은 지역어와 문화가치의 확장성에 초점을 두다 보니 지역어의 원천자료에 대한 수집 및 정리에 소홀한 면이 있었다. 이번 학술총서는 지역어의 원천자료 연구와 문화가치 확장에 있어서 균형을 맞추는 기회가 될 것이다.

이 총서는 한 학기 동안 인문형 랩(LAB) 활동을 하면서 만든 결과물이다. 인문형 랩은 사업단의 연구교육프로그램으로 참여대학원생들에게 이론과 실천을 겸비하여 지역어의 문화가치를 창출할 수 있는 인재로 성장할 수 있도록 다양한 기회의 장을 제공하고 있다. 특히, 이번 랩 활동은 완도 지역에 현지 조사를 나가서 원천자료를 수집하고 전사하는 작업을 통해 지역의 언어적 원천자료를 아카이빙할 수 있는 능력을 기를 수 있는 기회가 되었다.

총서는 두 부분으로 구성되어 있다. 제1부는 자료편으로 전남 완도 지역의 삶과 언어를 전사한 것이고 제2부는 연구편으로 전남 지역의 원천자료를 활용한 논문이다.

제1부 "전남 완도 지역의 삶과 언어"는 2장으로 구성되어 있는데, 1장 "노화도 사람들의 삶과 언어"는 노화읍 구목리와 북고리에 사는 사람들의 생애와 어업 관련 내용들을 담았다. 2장 "보길도 사람들의 삶과 언어"는 보길면 예송리와 중통리에 사는 사람들의 생애와 어업 관련 내용들을 담았다. 생애 관련 전사 자료에는 출생, 결혼, 자식, 농사, 음식, 제사와 관련된 내용을 담았고 어업 관련 전사 자료에는 김 양식, 전복 양식, 낚시, 새우잡이, 삼치잡이, 해녀에 대한 내용을 담았다. 이러한 구술발화의 형태 전사 자료는 가치가 높다고 할 수 있다. 가장 자연스러운 한국어의 모습을 기록해 둘 수 있고 향후에 말뭉치 자료로도 활용될 수 있을 것이다.

제2부 "전남 지역의 원천자료를 활용한 연구"는 그간의 개인 연구 성과물을 묶은 것이다. 1편은 전남 신안의 부사형어미를 연구한 논문이고 2편은 전남과 광주의 모음을 연구한 논문이다. 신안 연구는 흑산도지역어의 부사형어미 실현 양상을 현재와 1980년대 자료를 바탕으로 비교하였고 광주 연구는 광주지역 화자의 모음 'ㅓ' 실현 양상을 파악하기 위해 방언자료집에서 추출한 자료와 현재 광주지역 화자의 음성 조사 자료를 비교하면서 음성 분석 프로그램도 활용하였다. 전남 연구는 해남과 순천을 중심으로 이중모음 'ㅢ'의 실현양상을 살피고 타 방언과 비교하면서 전남방언 'ㅢ'의 특수성을 논의하였다. 현지 조사와 함께 지역어 원천자료를 활용하는 연구는 지역어 원천자료의 가치를 확인할 수 있고

더 나아가 원천자료를 분석하고 가공하여 언어자원화도 가능할 것이다.

이번 총서는 사업단 구성원과 참여대학원생들이 현장 조사를 나가 원천자료를 아카이빙한 성과물이다. 이는 사업단의 목표를 달성하는 과정에서 이루어 낸 하나의 결실이라 할 수 있다. 이 모든 것은 사업단 참여 교수님의 가르침과 격려가 있었기에 가능하였다. 이 자리를 통해 감사의 말씀을 드린다. 그리고 사업단의 목표를 위해 최선을 다하는 신진연구인력과 행정 간사에게도 따뜻한 마음을 표한다. 또한 무더운 여름 개인 연구와 현장 조사를 병행하며 노력한 참여대학원생들에게도 고마운 마음을 전한다. 무엇보다도 현지 조사에 제보자로 기꺼이 동참해 주신 완도 노화읍, 보길면 할머니, 할아버지께 깊은 감사를 드린다. 끝으로 사업단의 연구 성과를 학술총서로 간행해주신 보고사 출판사 가족들에게도 고마움을 표하는 바이다.

2019년 8월 25일
전남대학교 BK21플러스 지역어 기반 문화가치 창출 인재 양성 사업단
단장 신해진

차례

제2부 연구편
전남 지역의 원천자료를 활용한 연구

제1부

자료편

전남 완도 지역의 삶과 언어

조사지역 소개

전남방언에 대한 연구와 함께 자료집도 다수 발간되었다. 대표적으로 1980년대 한국정신문화연구원에서 간행한 『한국방언자료집Ⅵ 전라남도편』을 들 수 있다. 그리고 2000년대에 국립국어원에서 진행한 지역어 조사 사업을 통해 광양(이기갑 2017), 영암(이기갑 2016ㄱ), 보성(이기갑 2016ㄴ), 영광(이기갑 2011), 진도(이기갑 2009), 곡성(이기갑 2006) 지역의 언어와 문화에 대한 구술발화가 조사되었다. 그런데 여러 섬으로 이루어진 완도 지역에 대한 연구논문은 몇 편이 있지만 자료집은 아직까지 없다. 지역어 조사자 부족, 지리적인 부분, 재정적인 지원 등 다양한 이유로 자료집이 간행되지 못했지만 완도 지역에 대한 자료집 간행은 필요하다. 이러한 필요와 지역어 원천자료 수집을 위해서 완도 지역의 노화읍과 보길면을 조사하게 되었다.[1]

노화읍은 선사시대의 것으로 추정되는 지석묘 북방식 고인돌이 있어 선사시대 이전에 사람들이 입도하여 거주했을 거라고 추정하고 있으며 지금은 논으로 변했으나 마을 앞에 300㏊에 달하는 갯벌에 갈대가 서식하고 갈대꽃이 만발하여 노화(蘆花)라고 한다.

노화읍 구목리는 현재 72가구 141여 명이 거주하고 있으며 다른 마을보다 경지면적이 넓다. 구목리는 약 400년 전 전주이씨가 처음 입주하여 농사를 주업으로 정착하였고, 그후 1636년대에 윤선도가 보길도에 은둔생활을 하면서 농토가 광활한 이곳 마을 앞 저수지를 막아 식량을 마련하였다고 한다. 현재는 납석광산이 50년 전부터 개발되어 납석을

---

1 완도군청(http://www.wando.go.kr/)의 읍면 소개 내용을 정리한 것이다.

일본으로 수출하고 있다. 북고리는 현재 124가구 293여 명이 거주하고 있으며 전복양식을 많이 하고 있다. 북고리는 김해 김씨가 처음 입주하여 밭농사 위주로 정착하여 마을을 형성하였다. 약 40년 전만해도 아주 영세한 마을이었으나 현재는 양식으로 부유한 마을이 되었다.

보길면은 1,238세대 2,844명이 살고 있다. 「동국여지승람」(1481년)에 '보길도'라는 표기가 등장하고 있어 그 구전 명칭이 훨씬 이전부터 존재했음을 알 수 있다. 1896년에 설군으로 보길면을 설치하였고 1914년에 노화면으로 통합되었다가 1986년 보길면으로 승격되었다.

보길면 예송리는 월송리와 예송리가 속해 있다. 월송리는 조선시대 현종대에 강릉 유씨가 처음 입주하였고 이어서 철종대에 김해 김씨와 경주 정씨, 전주 이씨 등이 입주하여 마을을 형성하였다. 예송리는 장흥 마씨가 처음 입주하였고 이어서 해남 윤씨, 김해 김씨, 밀양 박씨 등이 입주하여 마을을 형성하였다. 중통리는 통리, 중리, 백도리가 속해 있는데, 통리는 해안선 모양이 물통처럼 생겼으며 만조 시에는 통에 물을 가득 담아놓은 형국이라 하여 붙여진 이름이다. 중리는 백도리와 통리 사이 중간에 있는 마을이라 해서 중리라고 불렀다. 백도리는 속칭으로 부르던 이름은 백두였으며 우암 송시열 선생이 1689년 제주도로 유배되어 가는 도중, 바위에 남겨 놓은 시구에 의하면 백도(白島)로 기록되어 있다. 백도리 주변에 있는 바위들이 흰색으로 되어 있어 하얀 섬같이 보인다고 해서 붙여진 지명이다.

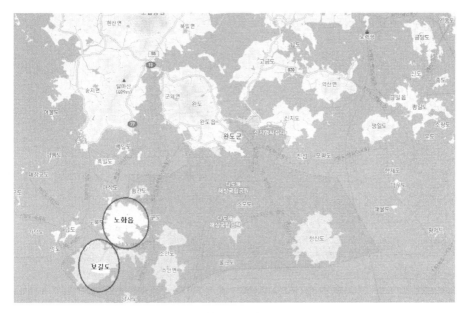

〈완도 지도〉

제보자

이 책의 제보자는 노화읍 구목리와 북고리에 사는 분과 보길면 예송
리, 중통리에 사는 분이다. 현지 조사는 2019년 8월 10일, 13일 실시하
였다. 제보자들은 모두 노화읍과 보길면에서 3대 이상 살고 있으며 주
변 마을에서 시집 와서 지금까지 살고 있다. 구체적인 인적사항은 다음
과 같다.

성함	성별	나이	조사 지역	조사방식
이○○	여	86세	노화읍 구목리	구술조사
김○○	남	81세	노화읍 구목리	구술조사
백○○	여	90세	노화읍 구목리	구술조사
손○○	여	91세	노화읍 구목리	구술조사
박○○	여	81세	노화읍 북고리	구술조사
김○○	여	81세	노화읍 북고리	구술조사
정○○	여	78세	보길면 월송리	구술조사
김○○	여	82세	보길면 월송리	구술조사
김○○	여	86세	보길면 백도리	구술조사
박○○	여	78세	보길면 백도리	구술조사
김○○	남	82세	보길면 중리	구술조사

책의 구성 및 전사

이 책은 두 부분으로 구성되어 있다. 제1부는 자료편으로 전남 완도 지역의 삶과 언어를 전사한 것이고 제2부는 연구편으로 전남 지역의 원천자료를 활용한 논문이다.

제1부 "전남 완도 지역의 삶과 언어"는 2장으로 구성되어 있는데, 1장 "노화도 사람들의 삶과 언어"는 노화읍 구목리와 북고리에 사는 사람들의 생애와 어업 관련 내용들을 담았다. 2장 "보길도 사람들의 삶과 언어"는 보길면 예송리와 중통리에 사는 사람들의 생애와 어업 관련 내용들을 담았다. 생애 관련 전사 자료에는 출생, 결혼, 자식, 농사, 음식, 제사와 관련된 내용을 담았고 어업 관련 전사 자료에는 김 양식, 전복 양식, 낚시, 새우잡이, 삼치잡이, 해녀에 대한 내용을 담았다. 제2부

"전남 지역의 원천자료를 활용한 연구"는 그간의 개인 연구 성과물을 묶은 것으로, 1편은 전남 신안의 부사형어미를 연구한 논문이고 2편은 전남과 광주의 모음을 연구한 논문이다.

이 책은 제보자의 발화를 문장 단위로 전사하여 제시하였고 그 아래 표준어 대역을 붙이고 부연 설명이 필요한 부분은 각주를 달았다. 각 마을에서 조사한 제보자는 각 마을에 제보자를 제시하였다. 제보자는 성만 표시하였고 조사자는 ⊠로 표시하였다.

전사는 가독성과 전산 처리를 하는 데에 도움이 되는 형태음소 전사를 기본으로 하고 음소 전사도 병행하였으며 어간과 어미를 구분하여 전사하였다.

- 현용 한글 자모를 이용하여 전사하였다.
- 체언과 용언 어간이 여러 변이형을 보일 때에는 소리 나는 대로 적되 어간과 어미를 구분하여 전사하였다.
- 조사와 어미는 소리 나는 대로 적었다.
- '-하다'의 경우에 'ㅎ'이 있는 형태로 전사하였다.
- 표기로 발음을 예측할 수 있는 음운 현상은 표기에 반영하지 않았다.
- 표기로 발음을 예측할 수 없는 음운 현상은 표기에 반영하였다.
- 운소는 따로 전사하지 않았다.

표준어 대역은 직역을 원칙으로 하되 독자의 가독성을 위해 표현을 달리한 부분도 있다. 주석은 주로 어휘의 의미를 풀이하는 데에 사용하였으며 전남이나 다른 지역의 방언형을 밝혀 적거나 문법적, 음운적 형태에 해석이 필요한 경우에도 사용하였다.

제1장

노화도 사람들의
삶과 언어

구목리 사람들의 삶과 바다

1. 구목리 사람들의 생애

조 할머니 여기서 태어나셨죠?

손: 여기서 태어나 여기서 살고 육지에서 태어난 사람 태어나고. 그래 갖고 여기서 시집와서 살고.
[여기서 태어나 여기서 살고 육지에서 태어난 사람 태어나고. 그래 갖고 여기서 시집와서 살고.]

조 그럼 할머니 어머니 아버지도 다 여기서?

손: 다 여기서 살다 돌아가시고 여기서 또 결혼하고.
[다 여기서 살다 돌아가시고 여기서 또 결혼하고.]

조 남편 분도 다 여기서, 할아버지도 다 여기서 만나신 거예요?

손: 여기서 만나서 여기서 산 사람은 살고, 또 육지에서 시집와서 살다 가 또 살고 그라고.
[여기서 만나서 여기서 산 사람은 살고, 또 육지에서 시집와서 살다

가 또 살고 그러고.]

[조] 그럼 육지에서 오신 분들은 가족이 다 육지에?

손: 저 머시기 해서 여기 와서 살고, 또 여기서 그리 가서 살고 그래.
영이 되믄² 그리 가고 영이 되믄 이리 오고. 여기 아그들 자식들도
광주 서울로 다 가 우리들 아그들 여기서 한나³ 안 살아.
[저 뭐 해서 여기 와서 살고, 또 여기서 그리 가서 살고 그래. 인연이
되면 그리 가고 인연이 되면 이리 오고. 여기 아이들 자식들도 광주
서울로 다 가 우리들 아이들 여기서 하나 안 살아.]

[조] 아, 진짜요?

손: 그라지. 서울에서 가서 살지 한나도 안 살아.
[그렇지. 서울에서 가서 살지 하나도 안 살아.]

[조] 그럼 여기 자녀분들은 한 분도 안 계세요?

손: 하나도 없지.
[하나도 없지.]

[조] 할머니 지금 뭐 자녀분들 섬에 없으면 여기 일은 어떤 분들이?

손: 우리 일은 안 하고 사요.
[우리 일은 안 하고 살아요.]

---

2 조건을 나타내는 '-으면'의 방언형이다. '-으면, -으믄'으로 나타난다.
3 수사 '하나'의 방언형이다. 부정어와 결합하여 '전혀, 조금도'의 뜻도 있으며 '한가득'의
   의미로도 쓰일 때도 있다.

조 젊으셨을 때도?

손 : 젊어서는 옛날에 자식을 많이 낳았어. 그 자식을 먹고 입힐랑께 죽
도 살도 못 하고 했제. 새끼들 다 나가 붕께⁴ 인자 암것도 안 하고
살제. 일을 그렇께 우리 아그들이 여기서는 못 살겠다고 해. 일을
못 항께.
[젊어서는 옛날에 자식을 많이 낳았어. 그 자식을 먹이고 입히려
니까 죽지도 살지도 못 하고 했지. 새끼들 다 나가 버리니까 이제 아무
것도 안 하고 살지. 일을 그러니까 우리 아이들이 여기서는 못 살겠
다고 해. 일을 못 하니까.]

조 근데 뭐 양식장 일 이런 거는 없어요?

손 : 아니, 인자 양식장 많이 있고 그라제. 젊은 사람들이 우리 부락에도
젊은 사람들이 양식장도 허고 여그 회사 있어. 어디 광산.
[아니, 이제 양식장 많이 있고 그렇지. 젊은 사람들이 우리 부락에도
젊은 사람들이 양식장도 하고 여기 회사 있어. 어디 광산.]

조 아, 아까 배 타고 내려오면서 봤어요. 광산이에요?

손 : 거기가 쩌 우에서 내려와서.
[거기가 저 위에서 내려와서.]

조 그럼 지금 양식장 하시는 분들은 다 육지에서?

손 : 양식장은 많제. 양식장도 하고 바닥⁵에다 전복도 키고 젊은 사람

---

4 표준어 '-으니까'의 방언형이다.

들은.
[양식장은 많지. 양식장도 하고 바다에다 전복도 키우고 젊은 사
람들은.]

조 그럼 할머니 젊으셨을 때 양식장은 안 했어요? 그때는?
손 : 옛날에는 김발⁶.
[옛날에는 김발.]

조 김발이 뭐예요?
손 : 김, 김, 헤옥⁷.
[김, 김, 헤옥.]

조 아, 김을 헤옥이라고 해요?
손 : 그렇지. 막아 갖고 우리가 뜯어 갖고.
[그렇지. 막아 갖고 우리가 뜯어 갖고.]

조 아, 직접 사람이 들어가서 뜯고.
손 : 바다를 막아 갖고.
[바다를 막아 갖고.]

---

5 '바다'의 방언형이다.
6 바다에 기둥을 박고 그 기둥에 김발을 붙게 하여 채취하는 작업을 완도에서는 '김발',
'김발하다'로 부른다.
7 '김'의 전라도 방언으로 '헤우'가 있으나 완도군에서는 '헤옥'이라 하며 '헤우'에 'ㄱ'이
첨가된 것이다.

조 아, 바다를 막아서.

손 : 그래서 애린 것들이 손 불고 물고 움시롱⁸ 고렇게 해 갖고 바다에
막아 갖고 배를, 쪼그만한 배를 타고 가서 손으로 뜯었어. 인제는
그것은 안 하고 전복을 막아 갖고 젊은 사람들이 해.
[그래서 어린 것들이 손 불고 물고 울면서 그렇게 해 갖고 바다에
막아 갖고 배를, 조그만 배를 타고 가서 손으로 뜯었어. 이제는 그것
은 안 하고 전복을 막아 갖고 젊은 사람들이 해.]

조 배는 안 타셨어요? 뭐 물고기나?

손 : 물고기도 잡고 바다에 그렇고 부락이. 그런 한 사람 있고 또 김발하
는 사람 있고.
[물고기도 잡고 바다에 그렇고 부락이. 그런 거 한 사람 있고 또
김발하는 사람 있고.]

조 할머니는 김?

손 : 옛날에는 했는디 아그들이 없고 이제 나가 불고 인자는 늙으고 안
하지.
[옛날에는 했는데 아이들이 없고 이제 나가 버리고 이제는 늙고 안
하지.]

조 저는 옛날 이야기가 궁금해 가지고 옛날에 어떻게.

---

8 '-으면서'의 방언형으로 '-음서, -음성, -음스로, -음스러, -음시로'로도 나타난다.

손: 옛날에 그라고 살았어.

[옛날에 그러고 살았어.]

조 그럼 할아버지도 김을 하신 건 아니죠?

손: 할아버지네가 바닥에 찔러.

[할아버지네가 바다에 찔러.]

조 아, 배를 타고 가서?

손: 찔러 갖고 줄을 막아 바다에다 딱 김발을 막어, 막어 갖고.

[찔러 갖고 줄을 막아 바다에다 딱 김발을 막아, 막아 갖고.]

조 바다 이렇게 막아요?

손: 응, 그라고 그럼 인제 길믄 겨울에 배를 타고 가서 제일 박하고 한
것이 그것이, 인제 안 해, 늙어 불고 제일 박한 일이제. 참 아무것도
발전이 안 됐응께 그것을 했제.

[응, 그러고 그럼 이제 길면 겨울에 배를 타고 가서 제일 박하고
한 것이 그것이, 이제 안 해, 늙어 버리고 제일 박한 일이지. 참
아무것도 발전이 안 됐으니까 그것을 했지.]

조 그러면 배 타고 가서 김 채취 안 한 것은.

손: 그것이 제일 사람 얼 빼는 일이니까 안 해 인제.

[그것이 제일 사람 얼 빼는 일이니까 안 해 이제.]

조 제일 힘든 일이니까?

손 : 그것도 할 것 없고 그것을 하다가 인자 아그들이 나가 불고 늙으고 항께 안 해 불고 인제 전복으로 하지. 전복을 젊은 사람들이.

[그것은 할 것 없고 그것을 하다가 이제 아이들이 나가 버리고 늙고 하니까 안 해 버리고 이제 전복으로 하지. 전복을 젊은 사람들이.]

조 그럼 한 20년 됐어요? 안 한지?

손 : 우리가 김발 안 한 지가 이십 년도 넘었어. 아, 제일 박한 것이 할 것이 없응께 그것을 했는디.

[우리가 김발 안 한 지가 이십 년도 넘었어. 아, 제일 박한 것이 할 것이 없으니까 그것을 했는데.]

조 그럼 그 김은 누가 사 가요?

손 : 쩌 서울 사람들이 사다 먹고.

[저 서울 사람들이 사다 먹고.]

조 서울 사람들이 내려와서 사 가요?

손 : 아니, 우리가 조합에다 옇. 여기 조합이라고 조합이 있어. 그랑께 인자 조합이 김 입찰을 해 갖고 돈 많이 준 사람이 사 갖고 다 올라 가제.

[아니, 우리가 조합에다 넣어. 여기 조합이라고 조합이 있어. 그러니까 이제 조합이 김 입찰을 해 갖고 돈 많이 준 사람이 사 갖고 올라가지.]

[조] 그렇게 자녀들 키우고.

손 : 그라제. 김 한 지가 오래돼. 젊어서 했는디 아들딸네 낳아 갖고 그놈
갤캐서⁹ 다 도시로 보냈지.

[그러지. 김 한 지가 오래돼. 젊어서 했는데 아들딸네 낳아 갖고
그놈 가르쳐서 다 도시로 보냈지.]

[조] 여기 남은 젊은 사람들 없어요?

손 : 인자 여기서 젊은 사람 있어. 여기 회사 광산 회사.

[이제 여기서 젊은 사람 있어. 여기 회사 광산 회사.]

[조] 젊은 사람 주로 어떤 일을 해요?

손 : 지금 광산 일하고 전복밭 그런 거 많이 해.

[지금 광산 일하고 전복밭 그런 거 많이 해.]

[조] 해녀 분들은 안 계세요?

손 : 다른 부락은 있제. 우리 부락은 없어.

[다른 부락은 있지. 우리 부락은 없어.]

[조] 그럼 여기는 대부분 다 전복?

손 : 전복하지.

[전복하지.]

---

9 '갤키다'는 '가르치다'라는 뜻과 '가리키다'라는 뜻이 있다. '갤치다'도 전남방언에서 자주
사용한다.

[조] 넙치 같은 것도 양식?

손 : 양식장 하고 그라고[10] 여기 부락에 광산이 두 가지가 있응께 젊은
사람 인자 다 그리.
[양식장 하고 그리고 여기 부락에 광산이 두 가지가 있으니까 젊은
사람 이제 다 그리 가.]

[조] 낚시도 여기 잘 안 하겠네요?

손 : 낚시도 이제 쪼까시[11] 하고 댕기고 젊은 사람들이 그라고 인제 전
복 양식장에 가. 젊은 사람들은 작업해 주고 인자 돈 받고 자기 일
당 하고.
[낚시도 이제 조금씩 하고 다니고 젊은 사람들이 그리고 이제 전복
양식장에 가. 젊은 사람들은 작업해 주고 이제 돈 받고 자기 일당
하고.]

[조] 할머니 부모님도 김 하신 거예요?

손 : 어머니 아버지도 김. 그란데 인자 우리 자슥들만 안 해. 자슥들은
이제 다 딴 직업으로 들어갔지.
[어머니 아버지도 김. 그런데 이제 우리 자식들만 안 해. 자식들은
이제 다 딴 직업으로 들어갔지.]

---

10 '그라고'는 '그리고'의 방언형이다. 전남방언에서는 '그러면, 그런데, 그러다가' 등은 '그
라면, 그란데, 그라다가' 등으로 실현된다.

11 '조금'의 방언형은 '쪼깐'이다. '쪼깐+씩'으로 분석할 수 있는데 'ㄴ'이 탈락되었다.

[조] 그럼 할머니 몇 년을 하셨어요? 김?

손 : 아따 우리 젊어서 하다 늙도록 하다 끝나제.

　　[아니 우리 젊어서 하다 늙도록 하다 끝나지.]

[조] 그럼 삼십 년? 삼십 년?

손 : 삼십 년이 문제가 아니지. 우린 늙도록 했응께. 어렸을 때부터 부모
　　네가 해나 붕께 째까내서부터 해 와 널고, 벳기고 그랬제. 우리 자슥
　　들이 째깐한 것들이 아주 울고불고 하다가 인자 그놈 지그 다 갤쳐
　　서 즈그는 다 가 불고 우린 늙으고 이제 안 하제.

　　[삼십 년이 문제가 아니지. 우린 늙도록 했으니까. 어렸을 때부터
　　부모네가 해 버리니까 조그만할 때부터 해 와 널고, 벗기고 그랬지.
　　우리 자식들이 조그마한 것들이 아주 울고불고 하다가 이제 그놈
　　자식들 다 가르쳐서 자식들은 다 가 버리고 우린 늙고 이제 안 하지.]

[조] 그럼 김을 이렇게 배에 가지고 와서 어떻게 말려요?

손 : 첫 번째는 좃았어[12].

　　[첫 번째는 다졌어.]

[조] 좃아? 이렇게 막 칼로?

손 : 칼로 좃고 그 다음에는 기계가 생겼어. 기계가 안 생길 적에는 좃
　　았어.

----

12 '좃다'는 칼이나 도구로 여러 차례 찍어서 잘게 만드는 것을 말한다. '좃다'는 표준어 '쪼
　 다'와 대응되고 '좃다'는 '다지다'와 대응된다.

[칼로 다지고 그 다음에는 기계가 생겼어. 기계가 안 생길 적에는
다졌어.]

조 아, 기계 없을 때는 칼로 좃아요?
손 : 좃아 갖고 그놈 갖고 와서 휘 쳐서 인제 요렇게 떠서.
   [다져 갖고 그놈 갖고 와서 휘 쳐서 이제 요렇게 떠서.]

조 아, 좃아서 떠서 펴요?
손 : 응, 그래 갖고 인제 건장¹³에다 널어 갖고.
   [응, 그래 갖고 이제 건장에다 널어 갖고.]

조 벽 같은 거예요? 건장이?
손 : 논에 짚을, 짚을 묶어서 짚에다 놔두고 나락을 이렇고 엮어.
   [논에 짚을, 짚을 묶어서 짚에다 놔두고 나락을 이렇게 엮어.]

조 아, 논에 있는 짚을?
손 : 그래 갖고 거기다 건장에다 널어.
   [그래 갖고 거기다 건장에다 널어.]

조 아, 그렇게 말려서 김이 되는 거예요?
손 : 벳게 갖고 다 떠서 널제. 사람이.
   [벗겨 갖고 다 떠서 널지. 사람이.]

---

13 '건장'은 바다에서 채취한 김을 말리는 건조장을 가리킨다.

조 디 일일이 시람이?

손 : 참 외로운 일은 그 일이었제. 인제 안 하제.

[참 외로운 일은 그 일이었지. 이제 안 하지.]

조 지금은 그럼 그렇게 안 하는 거예요?

손 : 안 해, 안 하제. 인자는 이제 김을 뜨문 기계, 지금 기계로. 기계에서
도 그게 나와.

[안 해, 안 하지. 이제는 이제 김을 뜨면 기계, 지금 기계로. 기계에
서도 그게 나와.]

조 아, 그럼 논에 짚을 직접 다?

손 : 나락¹⁴을 키¹⁵ 갖고 훑으고 그 짚으로 엮어서 그 건장을 메워.

[나락을 키 갖고 훑고 그 짚으로 엮어서 그 건장을 메워.]

조 그럼 여름에도 겨울에도 계속?

손 : 겨울에만 했지.

[겨울에만 했지.]

조 여름에는 안 하고 겨울에만?

손 : 여름에는 안 돼. 가을철. 여름에는 바다에서 그것이 클 수가 없어.
추울 때가 크지.

---

14 '볍씨'의 방언형이다.

15 곡식 따위를 까불러 쭉정이나 티끌을 골라내는 도구로 전남방언에서는 '챙이, 치, 칭이'로
도 나타난다.

[여름에는 안 돼. 가을철. 여름에는 바다에서 그것이 클 수가 없어.
추울 때가 크지.]

조 가을, 겨울? 10월? 10월부터 3월까지?

손 : 3월, 정월, 2월, 3월까지. 중간에는 요것을 늪은 것을 이러고 나무
로 짜 갖고 따로 따로 보통 일이 아니야.
[3월, 정월, 2월, 3월까지. 중간에는 요것을 넣은 것을 이러고 나무
로 짜 갖고 따로 따로 보통 일이 아니야.]

조 시간은 얼마나 걸려요?

손 : 시간이 오래 걸려, 새벽에.
[시간이 오래 걸려, 새벽에.]

조 새벽에요?

손 : 새벽에 한 세 시에나 두 시에나 일어나서.
[새벽에 한 세 시에나 두 시에나 일어나서.]

조 두 시, 세 시요?

손 : 그래, 그래야만 건장에다가 떠서 널고 또 하러 가지 바다로.
[그래, 그래야만 건장에다가 떠서 널고 또 하러 가지 바다로.]

조 그럼 두 시, 세 시에 이걸 하고 또 다시 바다로?

손 : 그래, 인제 벳기는 사람 있고 늙은 할마니네는 벳기고 젊은 사람
하러 가고.

[그래, 이제 벗기는 사람 있고 늙은 할머니네는 벗기고 젊은 사람 하러 가고.]

조 아, 김을 떼는 거예요?

손: 인제 남은 사람들은 이런 것을 하고 이제 쪼금 젊은 사람 바다로 또 해 갖고 와. 내일 할랑께. 그래 갖고 이 요 팔짱을 요것을 쳐, 띠를. 요렇게 쳐. 산에서 띠를 뽑아다가.

[이제 남은 사람들은 이런 것을 하고 이제 조금 젊은 사람 바다로 또 해 갖고 와. 내일 하려니까. 그래 갖고 이 요 팔짱을 요것을 쳐, 띠를. 요렇게 쳐. 산에서 띠를 뽑아다가.]

조 띠? 띠가 뭐예요?

손: 나무라고 있어.

[나무라고 있어.]

조 띠라고 해요? 띠?

손: 겁나 이것이 공이 많이 든 것이여.

[아주 이것이 공이 많이 든 것이야.]

조 그럼 김을 어떻게 떼요? 손으로 그냥?

손: 꼬쟁이를 들고 요놈 한 장씩 여기다 꼭 찌르고 여기다 꼭 찌르고.

[꼬챙이를 들고 요놈 한 장씩 여기다 꼭 찌르고 여기다 꼭 찌르고.]

조 하나씩 꽂고 빼고?

손 : 찌르고 꼬쟁이를 하나, 하나 찔러 이 구석마다. 고된 일은 이것이
여. 인자는 없어. 그랑께 옛날, 옛날 그 기억이 난다. 없어, 이거는
안 해.
[찌르고 꼬챙이를 하나, 하나 찔러 이 구석마다. 고된 일은 이것이
야. 이제는 없어. 그러니까 옛날, 옛날 그 기억이 난다. 없어, 이거는
안 해.]

조 그럼 젊었을 때 가을, 겨울에 이거 하고 봄, 여름엔 뭐 해서?

손 : 농사짓고 농사. 이걸 할 수가 없어. 옛날에는 아무것도 없응께
이것으로 했는디 인자는 발전이 돼서는.
[농사짓고 농사. 이걸 할 수가 없어. 옛날에는 아무것도 없으니까
이것으로 했는데 이제는 발전이 돼서는.]

조 그래도 맛있죠?

손 : 맛있어. 그날 벗겨서 먹으믄.
[맛있어. 그날 벗겨서 먹으면.]

조 그냥 밥이랑만 먹어요? 요리도 있어요?

손 : 꼬서[16] 꼬서 먹제.
[구워서 구워서 먹지.]

---

16 '굽다'의 방언형이다.

조 아, 구위서?

손 : 꾸워서 밥 싸 묵고.

[구워서 밥 싸 먹고.]

조 또 다른 요리가 있어요? 김?

손 : 요리가 있제. 요것을 요 김을 한 장, 한 장씩 풀을 써 갖고 요렇게
양념에 접체. 그래 갖고는 볕에다가 딱 놀래.

[요리가 있지. 요것을 요 김을 한 장, 한 장씩 풀을 써 갖고 요렇게
양념에 겹쳐. 그래 갖고는 볕에다가 딱 놀려.]

조 말려서?

손 : 그놈을 반찬으로 짤라서 먹으믄 맛있어.

[그놈을 반찬으로 잘라서 먹으면 맛있어.]

조 아, 말려서 이렇게 잘라서 반찬으로. 그건 이름이 뭐예요?

손 : 그것은 자반이라 하제.

[그것은 자반이라 하지.]

조 아, 자반.

손 : 옛날에는 그런 세상을 살았어.

[옛날에는 그런 세상을 살았어.]

조 지금은 다 기계로?

손 : 옛날 세상에는 일본 사람들이 다 우리 곡식을 해 놔두면 가져가 불

었어. 소도 키믄 가져가고 이런 놋그릇이라고 좋은 놋그릇이라고.
그런 놋그릇도 다 공출해 가져가 불고 그라고 살았어.

[옛날 세상에는 일본 사람들이 다 우리 곡식을 해 놔두면 가져가
버렸어. 소도 키우면 가져가고 이런 놋그릇이라고 좋은 놋그릇이라
고. 그런 놋그릇도 다 공출해 가져가 버리고 그러고 살았어.]

조 그럼 여기 어렸을 때 사셨을 때도 일본군이 여기까지 들어온 거예
요? 배를 타고?

손 : 그래, 그랬지. 그라고 살았지.

[그래, 그랬지. 그러고 살았지.]

조 쌀도 가져가고 막 다 가져가고?

손 : 이런 밥 먹는 그릇도 놋그릇이라고.

[이런 밥 먹는 그릇도 놋그릇이라고.]

조 총 만들려고?

손 : 총 맨들라고 우리가 농사 짓은 놈도 다 가져가 불고 놋그릇도 가져
가 불고. 요 소 한나를 공출해 가져가 버려. 그땐 공출을 했어. 가져
갔는디 그때 세상에 우리집서 가져갔는디, 이 치매값 그놈 하나가
왔더라고.

[총 만들려고 우리가 농사지은 놈도 다 가져가 버리고 놋그릇도 가
져가 버리고. 요 소 하나를 공출해 가져가 버려. 그땐 공출을 했어.
가져갔는데 그때 세상에 우리집에서 가져갔는데, 이 치마값 그놈
하나가 왔더라고.]

조 치매값?

손 : 치매. 입는 것들.

　　[치마. 입는 것들.]

조 치마? 아.

손 : 나 못 잊은당께, 그것을.

　　[나 못 잊는다니까, 그것을.]

조 아직도 다 기억을 하고 계시는데.

손 : 소 킨다고 소를 나보고 딱했다고 그놈을 나보고 해 입으 불드랑께
　　우리 엄마. 해방되나 붕께 살제. 일본 놈 밑에서 뭐만 해놔 불믄
　　가져가.

　　[소 키운다고 소를 나보고 (풀을) 뜯겼다고 그놈을 나보고 해 입으라
　　고 우리 엄마. 해방되나 버리니까 살지. 일본 놈 밑에서 뭐만 해놔
　　버리면 가져가.]

조 아이고, 참 어떻게 여기까지 배를 타고 와 가지고.

손 : 그라고 살았어. 해방된 후에 그래 갖고 이제 해방돼 불고 낭께 한국
　　배로 이제 자유롭게 살지. 미국 사람 아니었으믄은 일본 놈한테 미
　　국이 딱 차단해서 미국이 딱 관찰해 봉께 일본 놈이 나쁜 놈들이여.

　　[그러고 살았어. 해방된 후에 그래 갖고 이제 해방돼 버리고 나니까
　　한국 배로 이제 자유롭게 살지. 미국 사람 아니었으면 일본 놈한테
　　미국이 딱 차단해서 미국이 딱 관찰해 보니까 일본 놈이 나쁜 놈들
　　이야.]

［조］ 여기에 유명한 음식이 있어요? 뭐 여기 사람들이 자주 먹는 거?
　　요리?

손 : 자주 먹는 거, 머시 이런 데서 있어.

　　［자주 먹는 거, 뭐가 이런 데서 있어.］

［조］ 뭐 전복이나 김 요리? 옛날부터 할머니 어머니가 해 주셨던 음식?

손 : 우리들은 김이나 전복은 젊은 사람들이 하고 발전돼서 그랑께 전복
　　을 항께로 김을 안 하제. 김이 제일 박하고 못 할 일이지. 전복은
　　바다에서 부어만 놔두면 관리만 하면 되지만 김은 할 수가 없어.
　　이제 안 하지. 사람도 없고 그라고 할 수가 없어. 시방은 발전이
　　돼 갖고.

　　［우리들은 김이나 전복은 젊은 사람들이 하고 발전돼서 그러니까
　　전복을 하니까 김을 안 하지. 김이 제일 박하고 못 할 일이지. 전복
　　은 바다에서 부어만 놔두면 관리만 하면 김은 할 수가 없어. 이제
　　안 하지. 사람도 없고 그리고 할 수가 없어. 지금은 발전이 돼 갖고.］

［조］ 그러면 김 작업할 때 보통 몇 명이 나갔어요?

손 : 한 서이나 둘이나.

　　［한 셋이나 둘이나.］

［조］ 아, 두세 명만 가요?

손 : 가족이 강께.

　　［가족이 가니까.］

[조] 아, 가족마다 배가 있어서?

손 : 가족이 이 아그들하고 둘이 살믄 아그들하고 벳기라 하고 엄매하고
아배하고는 바다로 가서 뜯어 갖고.
[가족이 이 아이들하고 둘이 살면 아이들에게 벗기라 하고 엄마하고
아빠하고는 바다로 가서 뜯어 갖고.]

[조] 할아버지가 배 운전하시고?

손 : 옛날에는 이렇게.
[옛날에는 이렇게.]

[조] 아, 배가 기계 운전이 아니라 작은 배.

손 : 응, 작은 배.
[응, 작은 배.]

[조] 할머니, 할아버지 같이 노 저어서?

손 : 노 젓어서.
[노 저어서.]

[조] 그럼 얼마나 걸려요?

손 : 아따 약간.
[아니 약간.]

[조] 가까운데?

손 : 나 사는 고향은 뻘가에서 살 때 여기부터 이 동네부터서는 바다가

멀고 바다가 쉽게 노 저을 줄 몰라, 여자들이. 그라고 우리는 뻘가에서 상께로 이제 노 저어 댕기고.
[내가 사는 고향은 갯벌에서 살 때 여기부터 이 동네부터서는 바다가 멀고 바다에서 쉽게 노 저을 줄 몰라, 여자들이. 그러고 우리는 갯벌에서 사니까 이제 노 저어 다니고.]

조 할머니 성함이랑 나이 좀 알려주세요.

백 : 백**. 나이는 구십 살이여. 지금 팔십 여덟. 그니까 구십 다 됐제.
[백**. 나이는 구십 살이야. 지금 팔십 여덟. 그러니까 구십 다 됐지.]

조 노화읍에서는 어릴 때부터 계속 사신 거예요? 여기서 태어나셨나요?

백 : 노화에서 살았제. 여기서 태어나고. 여기서 살았제. 아들딸 일곱. 일곱 나서 옛날에 삼시롱 그놈 입히고 멕이고. 저 도시에다 서이를 놔두고. 그놈 납부금해서 보낼라고. 참 말할 것 없어 더 이상.
[노화에서 살았지. 여기서 태어나고. 여기서 살았지. 아들딸 일곱. 일곱 낳아서 옛날에 살면서 그놈 입히고 먹이고. 저 도시에다 세명을 놔두고. 그놈 납부금해서 보낼라고. 참 말할 것 없어 더 이상.]

조 부모님도 계속 여기서 사셨어요?

백 : 부모님도 계속 살았제.
[부모님도 계속 살았지.]

조 지금 이 근처 사세요?

백 : 우리 친정 동고리¹⁷라고 거기서 살어. 그래 갖고 옆 마을로 왔제.

[우리 친정 동고리라고 거기서 살아. 그래 갖고 옆 마을로 왔지.]

ㅈ 그 당시 학교는 다니셨나요?

백 : 학교를 안 보내 줘 불었제. 다 일만하고 산다고. 작업만.

　　[학교를 안 보내 줘 버렸지. 다 일만하고 산다고. 작업만.]

ㅈ 어렸을 때 농사 지으셨어요?

백 : 농사했제.

　　[농사했지.]

ㅈ 어떤 거 하셨어요?

백 : 요 밭농사 짓고 벼농사 짓고 그랬제.

　　[이 밭농사 짓고 벼농사 짓고 그랬지.]

ㅈ 어떤 거 심으셨어요?

백 : 밭에다는 고구마, 감자 놓고[18]. 콩 갈아다가 콩하고. 그런 것 했제.

　　[밭에다는 고구마, 감자 심고. 콩 갈아다가 콩하고. 그런 것 했지.]

ㅈ 고된 생활이네요.

백 : 응, 그러고 살았제. 그라고는 출가해 가서 와 갖고 남편은 전장 유공

---

17 전라남도 완도군 신지면에 있는 리(里)로, 마을의 동쪽이 곶에 해당하므로 동고지라 하다
　　가 동고리로 개칭되었다. 수산업이 주로 행해지는 곳이지만 바다로 들어가는 작은 하천
　　이 있어 논농사 또한 이루어진다.

18 농작물을 심어서 가꾸거나 키운다는 뜻이다.

자여 유공자. 그롷고 삼시롱 이렇게 살아남았어. 또 머했냐면 김.
바다에 배 타고 가서 하고. 좃아서 뜨고. 그라고 살고. 또 머했으까.
암것도 한 것이 없고. 자슥 그 놈 키워서, 크게도 못 갈켰어. 도시에
다 놔두고. 머했냔 그 때 시상에. 납부금이 나오면. 월사금이 나오
면. 그때는 월사금이라 했어. 그때 세상에는. 지금은 납부금, 등록금
이라고 한디 그때는 월사금. 그래서 시서 올려주고. 뭐 한 것이 없어.
[응, 그러고 살았어. 그러고는 출가해서, 남편은 전쟁 유공자야 유공
자. 그렇게 살면서 이렇게 살아남았어. 또 뭐했냐면 김. 바다에 배
타고 가서 하고. 다져서 뜨고. 그렇게 살고. 또 뭐 했을까. 아무
것도 한 것이 없고. 자식 그 놈 키워서, 크게도 못 가르쳤어. 도시에
다 놔두고. 뭐했냐면 그 때 세상에. 납부금이 나오면. 월사금이 나오
면. 그때는 월사금이라 했어. 그때 세상에는. 지금은 납부금, 등록금
이라고 하는데 그때는 월사금. 그래서 세서 올려주고. 뭐 한 것이
없어.]

[조] 농사짓는 과정 좀 알려주세요.

백 : 농사짓기가 참 힘든 일이여. 농사짓기 을마나 힘들다고. 글 안해?
심제, 또 매주제, 매줘야 돼, 가꿔줘야 돼. 지금은 이렇게 좋은 세상
이 어딨어. 그라고 살았제. 농사짓고. 기계로 해. 기계로 심고. 그때
우리만 해도 팔이로[19] 비고. 지슴[20]도 이렇고 매고. 지금 지슴 매.

---

19 곡용어미 '으로'가 '이로'로 실현된 것인데 자유변이로 볼 수도 있으나 전설모음화로도
볼 수 있다. 일반적으로 전설모음화는 치조음 'ㅅ, ㅆ'이나 경구개음 'ㅈ, ㅊ, ㅉ' 아래에서
일어나는데 방언에 따라서는 동화주로 'ㄹ'을 추가하기도 한다.
20 '김'의 방언형이다.

이 뜨근 데 가서. 그라고 살았당께. 그라고 여기 와서는 여기 강산이 있어. 강산이 있응께는 강산에서 인자 여자들 옥 자르고 했어. 옥은 돌, 돌 쩌 높은 산에서 이제 남자들이 캐므는 여자들이 알로 딱 찍어 내렸어. 여그 와서 별일 다 했어. 그라고 살았어. 일본 놈들이 공출 다해 가지고 녹그릇 같은 거 다 뺏어 가불고. 일본 사람들이. 다 공출해 갔어. 옛날에는. 나 가시나 때, 애기 때. 그라고 살았제. 뭘 했어. 잘살든 못살든 아들딸이 일곱인디 지금 일곱 다 편하게 상께, 그것이 만족이여. 글 안해?

[농사짓기가 참 힘든 일이야. 농사짓기가 얼마나 힘들다고. 그렇지 않아? 심지, 또 매주지, 매줘야 돼, 가꿔줘야 돼. 지금은 이렇게 좋은 세상이 어디 있어. 그렇게 살았지. 농사짓고. 지금은 기계로 해. 기계로 심고. 그때 우리만 해도 팔로 베고. 김도 이렇게 매고. 지금 김 매. 이 뜨거운 데 가서. 그렇게 살았다니까. 그리고 여기 와서는 여기 광산이 있어. 광산이 있으니까 광산에서 여자들이 옥 자르고 했어. 옥은 돌돌! 저 높은 산에서 이제 남자들이 캐면 여자들이 아래로 딱 찍어 내렸어. 여기 와서 별일 다 했어. 그렇게 살았어. 일본 놈들이 공출 다 해 갖고 놋그릇 같은 거 다 뺏어가 버리고. 일본 사람들이. 다 공출해 갔어. 옛날에는. 내가 계집아이 때, 애기 때. 그렇게 살았어. 뭘 했어. 잘살든 못살든 아들딸이 일곱인데 지금 일곱 다 편하게 사니까, 그것이 만족이야. 그렇지 않아?]

[조] 농사 혼자 짓기는 힘든데 품앗이 같은 거 하셨어요?

백 : 그라제. 우리는 그때 세상만 해도. 내가 산 역사를 생각하믄 참. 내가 우리 아들메느리 냅두고 다했어. 이런 소리를. '그란 일 하지

말고 니그들 멕이고 가르치고 할라니까 내가 안한 것이 없다.' 그러
니까 메느리가 아주 겁나 생각해 아주. 메느리가 딸네보다 더해.
그라고 전화가 자주 와. 아주 고마워. 좋은 메느리야. 그렇게 생각
을 하지. 그니까 외손지 하나가 한번은 그러더라고. '할머니 왜 할머
니는 우리 삼촌네밖에 몰라요?' 삼촌네가 우리 아들이여. 아들밖에
모르고 지네집 안 온다고. 외손지가 그러더랑께.

[그렇지. 우리는 그때 세상만 해도. 내가 산 역사를 생각하면 참.
내가 우리 아들며느리 놔두고 다했어. 이런 소리를. '그런 일 하지
말고 너희들 먹이고 가르치고 하려니까 내가 안한 것이 없다.' 그러
니까 며느리가 아주 엄청 생각해 아주. 며느리가 딸보다 더해. 그리
고 전화가 자주 와. 아주 고마워. 좋은 며느리야. 그렇게 생각을
하지. 그러니까 외손자 하나가 한번은 그러더라고. '할머니 왜 할머
니는 우리 삼촌네밖에 몰라요?' 삼촌네가 우리 아들이야. 아들밖에
모르고 자기네 집 안 온다고. 외손자가 그러더라니까.]

조 아, 딸들 집에 안 간다고.
백 : '왜 할머니는 삼촌네밖에 모르고 삼촌네만 살아요? 왜 우리집은 안
와요?' 어린 것들도 알더라니까.

['왜 할머니는 삼촌네밖에 모르고 삼촌네만 살아요? 왜 우리집은
안 와요?' 어린 것들도 알더라니까.]

조 아이를 7명이나 키우셨는데 옷 같은 것은 직접 만들어서 입히셨나요?
백 : 해줬지. 배냇저고리[21] 이런 거 다 해줬제. 해서 입히고. 천 사서 직접
해서 입히고. 양복 이런 것도 해서 입히고. 직접. 산 미싱 지금도

있어. 미싱도 우리 친정에서 해줘 갖고, 갖고 왔제. 그때 시상에 저 일본 꺼가 좋았어. 좋았어. 그때는 직접 짚신도 만들어서 신었어. [해줬지. 배냇저고리 이런 거 다 해줬지. 해서 입히고. 천을 사서 직접 해서 입히고. 양복 이런 것도 해서 입히고. 직접. 산 재봉틀 지금도 있어. 재봉틀도 우리 친정에서 해줘서 가져왔지. 그때 세상에 저 일본 거가 좋았어. 좋았어. 그때는 직접 짚신도 만들어서 신었어.]

조 짚신 직접 만들었어요?

백 : 엮어 가지고. 또 나무로, 나막신이라고 있어. 나막신. 날 구지면 물 안 들어가게 신고 댕겨. 별짓거리 다 한 거 같애²². [엮어 가지고. 또 나무로, 나막신이라고 있어. 나막신. 날이 궂으면 물 안 들어가게 신고 다녀. 별짓거리 다 한 거 같아.]

조 진짜 이것저것 많이 하셨네요.

백 : 진짜 별 걸 다하고 살았다. 그래도 세상이 좋아져서 자슥들이 편하게 상께 좋든마. 고생했든 안 했든 후손이 잘상께. 그 뿐이제 뭐 없어. [진짜 별 걸 다하고 살았다. 그래도 세상이 좋아져서 자식들이 편하게 사니까 좋더라고. 고생했든 안 했든 후손이 잘사니까. 그 뿐이지 뭐 없어.]

---

21 깃과 섶을 달지 않은, 갓난아이의 옷이다.
22 '궅흐다'에서 온 말로 인식하고 있기 때문에 '같아'가 아니라 '같애'로 표현한다.

조 그 때도 돌잔치 같은 거 해주셨나요?

백 : 못했지. 못해줬지. 그 당시에는. 우리 큰딸은 국민학교 나고. 밑으로는 중학교, 고등학교 가고. 고등학교는 저 목포에다 두고 서울에다 두고 서이를 나뒀어. 우리 다섯째가 고생을 했어. 말도 못하고 댕겼당께.

[못했지. 못해줬지. 그 당시에는. 우리 큰딸은 초등학교 나오고. 밑으로는 중학교, 고등학교 가고. 고등학교는 저 목포에서 다니고 서울에서 다니고 세 명을 나뒀어. 우리 다섯째가 고생을 했어. 말도 못하고 다녔다니까.]

조 왜 다섯째가 제일 고생했어요?

백 : 돈 없응께 고생하제. 돈 없응께. 돈을 부모가 못 중께 고생했제. 지들이 벌어서 지그 생활비 쓰고 옷 입고 살고. 우리 셋째 아들은 지금 한전에가 있어. 아픈 디만 없으면 살아.

[돈 없으니까 고생하지. 돈 없으니까. 돈을 부모가 못 주니까 고생했지. 자기들이 벌어서 자기 생활비 쓰고 옷 입고 살고. 우리 셋째 아들은 지금 한전에 있어. 아픈 데만 없으면 살아.]

조 자식 일곱 명 키우면서 기억에 남는 일이 있나요?

백 : 내가 그 이야기 해줄게. 우리 막둥이 아들을, 그 때는 책보를 이렇게 멨어. 나는 돈 벌러 가야된디, 밥 먹고는 학교 간 애기가 금방 죽을라 해. '아이고, 배야.'하고. 급성 맹장이 와 불었어. 와 갖고. 옛날에 마을에 의사가 있었어. 큰일 났다고. 얼른 배타고 병원 가야된다고. 배타고 올라가서 해남읍으로 갔어. 해남읍으로 갔제. 그 당시는

목욕도 잘 안하고 했어. 맹장 수술을 해야 된디 때가 묻어서. 때가 많아서 못 하겠다 하냐. 수건을 주면서 닦으라고 하냐. 닦응께 했어 맹장 수술을. 한 시간이 지나고 안 깨나. 큰일 났다. 무섭쟈나. 그리고 나서 깨낭께는, 의사들이 우리 애기를 건드려. 좋아징께는. 때쟁이라고. 그니까 '지그는 나보다 더 코 찍찍 흐르고 다녔으면서 어른돼서 깨끗해졌으면서. 나도 이제 어른되믄 깨끗해진다고.' 어른되면 깨끗해진다고. 나 그 소리 죽어도 못 잊어. 의사나 간호사들 오믄은 건드려. 그라믄 그렇고 애가 더 그러더라니까. 의사보고 지네는 나보다 더 어릴 때 더 더럽게 하고 댕기고 더 코 찍찍 흐르고 댕겨 놓고 나보고 때쟁이라고 하냐고. 의사들이 주사 놓러 오제. 그때 막 건드려. 그라니까 그러더라니까. 국민학생 때 그랬다니까. 쩨깐 했제. 10살이나 됐나. 지금은 좋은 물 많이 나오고 오죽 좋아. 그때는 샘에서 물을 길렀어. 무슨 물이 있었냐. 목욕도 못하고. 지금은 그 아들이 마흔 몇 살 먹었어. 그런 기억이 다 있다.

[내가 그 이야기 해줄게. 우리 막둥이 아들 이야기. 그 때는 책보를 이렇게 멨어. 나는 돈 벌러 가야 되는데, 밥 먹고는 학교 간 애기가 금방 죽으려고 해. '아이고, 배야.'하고. 급성 맹장이 와 버렸어. 와 가지고. 옛날에 마을에 의사가 있었어. 큰일 났다고. 얼른 배타고 병원 가야 된다고. 배타고 올라가서 해남읍으로 갔어. 해남읍으로 갔지. 그 당시는 목욕도 잘 안하고 했어. 맹장 수술을 해야 되는데 때가 묻어서. 때가 많아서 못하겠다고 하잖아. 수건을 주면서 닦으라고 했어. 닦으니까 했어 맹장 수술을. 한 시간이 지나고 안 깨어나. '큰일 났다.' 무섭잖아. 그러고 나서 깨어나니까 의사들이 우리 아이를 건드려. 좋아지니까는 때쟁이라고. 그러니까 '자기네는 나

보다 더 코 찍찍 흐르고 다녔으면서 어른돼서 깨끗해졌으면서. 나도
이제 어른되면 깨끗해진다고.' 어른되면 깨끗해진다고. 나 그 소리
죽어도 못 잊어. 의사나 간호사들 오면 건드려. 그러면 그렇게 애가
더 그러더라니까. 의사보고 자기네는 나보다 더 어릴 때 더 더럽게
하고 다니고 더 코 찍찍 흐르고 다녀 놓고 나보고 때쟁이라고 하냐
고. 의사들이 주사 놓으려고 오지. 그때 막 건드려. 그러니까 그러
더라니까. 초등학생 때 그랬다니까. 조그맸지. 10살이나 됐나. 지금
은 좋은 물 많이 나오고 얼마나 좋아. 그때는 샘에서 물을 길렀어.
무슨 물이 있겠어. 목욕도 못하고. 지금은 그 아들이 마흔 몇 살
먹었어. 그런 기억이 다 있다.]

[조] 자식들은 자주 놀러 와요?

백 : 그라제. 자주 오제. 자슥들이 잘 와 아주. 서울서 여기도 멀어.
[그렇지. 자주 오지. 자식들이 잘 와 아주. 서울에서 여기도 멀어.]

[조] 다 서울에 있어요?

백 : 다 서울에가 있어. 거기서 오기도 멀당게. 그라고 살았제 뭘 하고
살긴 살어.
[다 서울에 있어. 거기서 오기도 멀다니까. 그러고 살았지 뭘 하고
살긴 살아.]

[조] 결혼식은 어떤 식으로 하셨어요? 결혼식 하셨죠?

백 : 내 말 들어봐! 결혼식은 내가 말할게. 군대 가서 한참 전장했을 때,
남자들, 둘이 약혼만 했을 뿐이제 가 불었어. 한참 사람들이 날마다

죽어. 그 때 시상에 인자 휴가 나왔어. 여름에. 7월 달이나. 휴가
나와서 인자 남자가 죽더레도, 당신이 죽더레도 전장에서 죽더레도
머시기는 안 한다고. 해 놓고 가 불었제. 그러니까 이러고 있어.
그렇게 결혼을 하고 왔제. 전장할 때 우리가 머리를 땋고 댕겼제.
머리 치렁한. 훈련도 받고 별짓거리 다 했네. 우리들도 모집 간다고.
학교로 훈련받으러 갔어. 우리도 간다고. 총 머시기 해 갖고. 훈련
다 했어. 그라고 시상 이렇게 좋아졌제. 결혼은 그거밖에 안 했어.
결혼식은 안 했제. 옛날에는 가메를 타고 왔어. 가메는 타고 오고
우리 오빠네 형제들이 들고. 할머니 하나 따라오고 남자들이 둘이
따라오고 가메에 태워 갖고. 꽃가마 타고 왔어. 꽃단장도 못하고
사진도 못 찍고. 휴가 갈라는 사람인디.

[내 말 들어봐! 결혼식은 내가 말할게. 군대 가서 한참 전쟁했을
때, 남자들, 둘이 약혼만 했을 뿐이지 가 버렸어. 한참 사람들이
날마다 죽어. 그 때 세상에 이제 휴가를 나왔어. 여름에. 7월 달이었
나. 휴가 나와서 이제 남자가 죽더라도, 당신이 죽더라도 전쟁에서
죽더라도 무엇을 안 한다고. 해 놓고 가 버렸지. 그러니까 이러고
있어. 그렇게 결혼을 하고 왔지. 전쟁 할 때 우리가 머리를 땋고
다녔어. 머리 치렁한. 훈련도 받고 별짓거리 다 했네. 우리들도 모
집 간다고. 학교로 훈련받으러 갔어. 우리도 간다고. 총 가지고.
훈련 다 했어. 그러니까 세상 이렇게 좋아졌지. 결혼은 그거밖에
안 했어. 결혼식은 안 했지. 옛날에는 가마를 타고 왔어. 가마는
타고 오고 우리 오빠네 형제들이 들고. 할머니 하나 따라오고 남자
들이 둘이 따라오고 가마에 태워 갖고. 꽃가마 타고 왔어. 꽃단장도
못하고 사진도 못 찍고. 휴가 가려는 사람인데.]

조 그때 훈련은 어떤 거 받으셨어요?

백 : 여그서 쩌 도청 학교 댕겼어. 그때는 차도 없고 걸어서 대부분 갔어.
대부분 걸어가면 아침에 거 가서 뭐 먹고. 처녀 때 받았다고. 소도
길러보고 안 해 본 게 없어. 김도 하고. 별 일 다 했어. 이런 촌사람
이 어디 있냐고.
[여기서 저기 도청 학교 다녔어. 그때는 차도 없고 걸어서 대부분
갔어. 대부분 걸어가면 아침에 거기 가서 뭐 먹고. 처녀 때 받았다
고. 소도 길러보고 안 해 본 것이 없어. 김도 하고. 별 일 다 했어.
이런 촌사람이 어디 있냐고.]

조 결혼하고는 시어머니랑 같이 사셨어요?

백 : 응. 시엄씨 혼자. 시압씨가 아들 둘 낳고 돌아가셨 붓제. 할아버지
가. 긍께 둘이 살았제. 둘이. 불쌍했어. 우리 시엄씨가. 옛날에 살기
어려운 세상에. 그러고 살았제. 이런 걸 못 배워서 지금 답답해.
글 안 해? 자슥만 키운다고 멕이고 입히고 맨날 그랬는데. 그래도
우리 아들딸들이 다 잘 살아. 그게 행복이제.
[응. 시어머니 혼자. 시아버지가 아들 둘 낳고 돌아가셔 버렸지. 할
아버지가. 그러니까 둘이 살았지. 둘이. 불쌍했어. 우리 시어머니
가. 옛날에 살기 어려운 세상에. 그러고 살았지. 이런 글을 못 배워
서 지금 답답해. 그렇지 않아? 자식만 키운다고 먹이고 입히고 만날
그랬는데. 그래도 우리 아들딸들이 다 잘 살아. 그게 행복이지.]

조 자식들이나 손자들 명절에 오면 명절 음식 만들잖아요, 어떤 거 만
들어요?

백 : 명태전 이런 거 해서 주고 그라제. 그리고 그런데 도시에서 오믄
전 해주는 집에 맡겨. 우리 아그들 옹께 그때 주라고. 그런 거 사서
보내제. 멕이고. 그런 재미로 살제. 자슥들 멕이고 입히고 그런 재
미로 살아. 다 그 재미여. 오면 용돈도 많이 나가. 그럼 그래. '할머
니 어디서 돈 났어요?' 지그 중께. '할머니는 어디서 돈 나서 줘요?'
그란 놈도 있고. 받는 놈도 있고 그래.
[명태전 이런 것들 해서 주고 그러지. 그리고 그런데 도시에서 오면
전 해주는 집에 맡겨. 우리 아이들 오니까 그때 주려고. 그런 것들
사서 보내지. 먹이고. 그런 재미로 살지. 자식들 먹이고 입히고 그
런 재미로 살아. 다 그 재미야. 오면 용돈도 많이 나가. 그럼 그래.
'할머니 어디서 돈 났어요?' 자기 주니까. '할머니는 어디서 돈 나서
줘요?' 그런 놈도 있고. 받는 놈도 있고 그래.]

조 : 여기는 산 같은 데 가서 나물도 캐고 그래요?

백 : 나물 했제. 나물은 생긴 대로 고사리, 고사리 캐서 무쳐 먹고. 산에
가믄 취나물이라고 산채 그거 해서 묵고. 이제 늙어서 못해. 지금은
딸이 사서 보내. 저 우서. 그거 먹고 그라제. 콩노물 해 묵고. 집에서
는 여름에 가지, 수박 그런 거 심어서 해 먹고. 수박도 기르고. 이제
요리는 잘 못해. 늙응께, 늙어지면 사람이 음식 맛을 못 내. 손맛이
예전보다 없어진다 해 붓어. 늙어지면.
[나물 했지. 나물은 생긴 대로 고사리, 고사리 캐서 무쳐 먹고. 산에
가면 취나물이라고 산채 그거 해서 먹고. 이제 늙어서 못해. 지금은
딸이 사서 보내. 저 위에서. 그거 먹고 그렇지. 콩나물 해 먹고.
집에서는 여름에 가지, 수박 그런 거 심어서 해 먹고. 수박도 기르

고. 이제 요리는 잘 못해. 늙으니까, 늙어지면 사람이 음식 맛을
못 내. 손맛이 예전보다 없어진다 했어. 늙어지면.]

[조] 제사도 지내세요?

백 : 제사 지내제.

　　 [제사 지내지.]

[조] 일 년에 몇 번이나 지내세요?

백 : 옛날에는 할아버지, 할머니 날짜에 깍듯이 모셨어. 지금은 시상이
발달돼서 합쳐서. 할아버지 제사 때 딱 한번.

　　 [옛날에는 할아버지, 할머니 날짜에 깍듯이 모셨어. 지금은 세상이
발달돼서 합쳐서. 할아버지 제사 때 딱 한번.]

[조] 어떤 음식 올려요?

백 : 간단하게. 이제는 간단하게 해. 생선 조금 사다 하고. 간단히 하제.
옛날이랑 틀려. 지금 세상은. 시엄씨, 시압씨 한 날에 지내고 우리
시엄씨, 시압씨 한 날 지내고 두 번 지내. 난 이제 못 지내. 우리
큰아들한테 물려줘야지. 우리 큰아들이 쩌 욱에서 상께, 이제 여기
내려와서 살아라. 엄마 모시고. 그람은 됐제.

　　 [간단하게. 이제는 간단하게 해. 생선 조금 사다 하고. 간단히 하지.
옛날이랑 달라. 지금 세상은. 시어머니, 시아버지 한 날에 지내고
우리 어머니, 아버지 한 날 지내고 두 번 지내. 난 이제 못 지내.
우리 큰아들한테 물려줘야지. 우리 큰아들이 저기 위에서 사니까,
이제 여기 내려와서 살아라. 엄마 모시고. 그러면 됐지.]

조 연세가 어떻게 되시나요?

이 : 호적 나이는 적은디 먹은 나이로는 팔십 여섯.

　　[호적 나이는 적은데 먹은 나이로는 팔십 여섯.]

조 여기서 태어나셨어요?

이 : 노화읍에서 태어났제.

　　[노화읍에서 태어났지.]

조 노화읍이라는 이름은 어떻게 지어졌어요?

이 : 인자 뭐, 욱에서 짓는 거이제, 저런 군에서나. 이렇고 해서 이름
　　붙였는 거제. 옛날 옛날이여, 노화라는 것이. 그란디 인자 군으로
　　되고 읍으로 되고.

　　[이제 뭐, 위에서 짓는 것이지, 저런 군에서나. 이렇게 해서 이름을
　　붙였던 거지. 옛날 옛날이야, 노화라는 것이. 그런데 이제 군으로
　　되고 읍으로 되고.]

조 이 마을에서 내려오는 옛날이야기가 있어요?

이 : 없어, 우리 마을에는.

　　[없어, 우리 마을에는.]

조 마을에 대한 전설 같은 것은 없어요?

이 : 대대로 내려와서 어디다가 내놀 만한 것이 없어.

　　[대대로 내려와서 어디에다 내놓을 만한 것이 없어.]

조 마을에 상징적인 곳이 있어요?

이 : 그런 것도 없어, 여그는. 이런 그런 것도 안 하고. 딴 마을에 가믄
    당나무라고, 오래된 나무가 그래도 있는디, 유래라는 것이 읎어.
    [그런 것도 없어, 여기는. 이런 그런 것도 안 하고. 다른 마을에 가면
    당나무라고, 오래된 나무가 그래도 있는데, 유래라는 것이 없어.]

조 계속 여기서 사셨어요?

이 : 우리 시어머니, 우리 으른 다 같이 해서.
    [우리 시어머니, 우리 어른 다 같이 해서.]

조 그러면 결혼은 언제 하셨어요?

이 : 겔혼은 시물 한 살에 했는디.
    [결혼은 스물 한 살에 했는데.]

조 두 분은 어떻게 만났어요?

이 : 그랑께 서로 두 사돈 간에 알아 갖고, 두 사돈 간에 알아 갖고, 날
    받어 갖고 어느 날 시집간다 그라믄 시집가고, 장개오고 시집간다
    그라고 갔제.
    [그러니까 서로 두 사돈 간에 알아 갖고, 두 사돈 간에 알아 갖고,
    날을 받아 갖고 어느 날 시집간다 그러면 시집가고, 장가오고 시집
    간다 그러고 갔지.]

조 결혼식은 하셨어요?

이 : 그랬제. 그때는 가메 타고, 신랑도 가메 타고 오믄, 그 가메로 각시

도 실어 갖고. 우리 때는 그렇고 해서 만났제. 먼, 지금처럼 식당에
사진 찍고, 멋 허고, 만나고, 이런 거 없었어. 우리 때만 해도.
[그랬지. 그때는 가마 타고, 신랑도 가마 타고 오면, 그 가마로 각시
도 실어 갖고. 우리 때는 그렇게 해서 만났지. 뭘, 지금처럼 식당에
서 사진 찍고, 무엇 하고, 만나고, 이런 거 없었어. 우리 때만 해도.]

조 결혼식에 어떤 절차가 있는지 구체적으로 설명해 주세요.

이 : 신랑이 와서 집으로 맞이해서 이렇고 모셔다 드리믄, 인자 또 하룻
밤 자고 간 디도 있고, 안 자고 막 덴고 가는 데도 있고, 또 가메로
싣고 가믄은 가고 그랬어. 그라고 각시도 시엄네 집 가믄은 그날은
인자 펜안하게 앉어서, 각시는 뒷날 보통 밥 해 먹고 일하고, 그라고
살고 그랬제.
[신랑이 와서 집으로 맞이해서 이렇게 모셔다 드리면, 이제 또 하룻
밤 자고 간 데도 있고, 안 자고 막 데리고 가는 데도 있고, 또 가마로
싣고 가면은 가고 그랬어. 그리고 각시도 시어머니 집에 가면 그날
은 이제 편안하게 앉아서, 각시는 이튿날에 보통 밥 해 먹고 일하고,
그러고 살고 그랬지.]

조 이튿날부터 바로 일하고 그랬어요?

이 : 나가서 밥 해 먹고, 밥 먹고 그란 거.
[나가서 밥 해 먹고, 밥 먹고 그런 것.]

조 그때 결혼식에 마을 사람들도 초대했어요?

이 : 마을 사람들 모도 모여서 잔치하고, 서로 품앗이로. 저 집 허믄 우리

가 가고, 우리가 하믄 저 집이 오고 그랬어.

[마을 사람들 모두 모여서 잔치하고, 서로 품앗이로. 저 집 하면 우리가 가고, 우리가 하면 저 집이 오고 그랬어.]

조 초대할 때 특별한 음식은 있어요?

이 : 같이 먹는 음식도 많이 있제마는 잘 몰라. 잊어 불었어.

[같이 먹는 음식도 많이 있지만은 잘 몰라. 잊어버렸어.]

조 시어머니와 함께 생활하셨죠?

이 : 예. 시어머이랑 같이 살았제.

[예. 시어머니랑 같이 살았지.]

조 시집살이는 어떠셨어요?

이 : 시집살이도 그라고, 별로 엄허토 안 하고 살고 나왔제. 애기들 낳으믄 시어머이가 다 키워 주고, 시어머이가 오만²³ 살림살이 다 가꿔 줬제. 애기들 다 키고.

[시집살이도 그러고, 별로 엄하게 안 하고 살고 나왔지. 애기들 낳으면 시어머니가 다 키워 주고, 시어머니가 모든 살림살이 다 가꿔 줬지. 애기들 다 키우고.]

조 자식은 몇 명이나 낳으셨어요?

---

23 '오만'은 매우 종류가 많은 여러 가지를 이르는 말이다.

이: 그때에는 머 안하고 다 생긴 대로 낳게, 일곱.

[그때에는 뭐 안하고 다 생긴 대로 낳게, 일곱.]

조 그러면 첫 애기는 누가 받았어요?

이: 우리 시어머이 있응께 시어머이가 받제. 애기들 다 밥해 먹이고 가꾸고. 일곱을 다 그랬어, 일곱을. 둘은 어머이 돌아가시고 낳았어. 다 시어머이가 키 주고.

[우리 시어머니 있으니까 시어머니가 받지. 애기들 다 밥해 먹이고 기르고. 일곱을 다 그랬어, 일곱을. 둘은 어머니 돌아가시고 낳았어. 다 시어머니가 키워 주고.]

조 애기를 낳고 산후조리는 어떻게 하셨어요?

이: 산후조리 한 것은 날 받아 놓고, 언제 산후 한당께 준비해 놓고, 낳고. 그랑께 그때 되믄 잘 알제라, 잘 묵고.

[산후조리 한 것은 날 받아 놓고, 언제 산후 한다면 준비해 놓고, 낳고. 그러니까 그때 되면 잘 알아, 잘 먹고.]

조 산후조리 때에는 어떤 음식을 드세요?

이: 미역국. 쌀이 없으믄 보리밥도 묵고 쌀밥도 묵제만은, 보리밥도 많이 먹고. 미역국 끓에서 산모 조리해 주고 그라제.

[미역국. 쌀이 없으면 보리밥도 먹고 쌀밥도 먹지만은, 보리밥도 많이 먹고. 미역국 끓여서 산모 조리해 주고 그러지.]

[조] 그 당시에도 산후조리를 한 달씩 하셨어요?

이 : 한 두어가, 이레가 일주일인디. 세 이레까지 있으믄 아주 잘해 주는
것이라 했어. 삼주까지는 보통 일 안 해. 애기 낳았다고 산후조리로.
[한 두어가, 이레가 일주일인데. 세 이레까지 있으면 아주 잘해 주는
것이라 했어. 삼주까지는 보통 일 안 해. 애기 낳았다고 산후조리로.]

[조] 산후조리 때에 남편은 어떻게 해주셨어요?

이 : 아따, 수고했다고 그라고 독잔디 아들을 낳았다고 좋아서. 그래서
얼마나 좋아하고 잘해 주고 그랬제. 남편도 잘해 주고 시어머이도
잘해 주고. 잘해 갖고 그래도 이렇게 해서 요롱고까지 오래까지 살
아서 아픈 데 없이 살아.
[아니, 수고했다고 그러고 독자인데 아들을 낳았다고 좋아서. 그래
서 얼마나 좋아하고 잘해 주고 그랬지. 남편도 잘해 주고 시어머니
도 잘해 주고. 잘해 갖고 그래도 이렇게 해서 요렇게 오래까지 살아
서 아픈 데 없이 살아.]

[조] 그때에도 백일이면 잔치를 하셨어요?

이 : 안 하제, 잔치 없제. 우리 때는 백일 면, 면 그런 거 안 쇠 주제.
그저 날짜로만 백일 됐다 그런 기억만 하제.
[안 하지, 잔치 없지. 우리 때는 백일 뭔, 뭔 그런 거 안 쇄 주지.
그저 날짜로만 백일 됐다 그런 기억만 하지.]

[조] 그러면 첫 돌이 가장 큰 잔치인가요?

이 : 첫 돌도 그랗께 돌 때 떡 안 해줘서 엎으러진다 그래. 애기들이 탁

엎으러진다 와따[24] 돌에 떡 안 해줬던 거이다. 이램서 한 말이 떡 해줬는디 해도 돌 때믄 떡 해서 이녁[25] 식구끼리 그래서 미역국 끓이고 밥해 먹고 잔치 그런 거이 없었어. 아주 뭐한 사람들이나 하까, 그래도 벨로 없었어. 우리 자석들 낳을 때만 해도 아주 우리 못될 때 태어났어라, 아주 옛날에. 그래서 공부도 못하고 이 노화가 질 빠졌을 때라. 이녁이 이런 저기 나가도 보고, 밖에래도 가보믄은 다 수준이 높고. 지금은 돈 찾으러 가믄 달라요. 읍 사무실에 돈 찾으러 가믄 자기 이름 써야 준다고 그라고 이름 쓰라고 한디, 그랑께 그 놈만이라도 해서 손으로 옮겨 쓰고 그라제. 이녁 이름 석자도 잘 못 써. 아주 빠진 편이라. 너모.

[첫 돌도 그러니까 돌 때 떡 안 해줘서 엎어진다 그래. 애기들이 탁 엎어지면 아따 돌에 떡 안 해줬던 거다. 이러면서 한 말이 떡 해 줬는데 해도 돌 때면 떡 해서 자기 식구끼리 그래서 미역국 끓이고 밥해 먹고 잔치 그런 것이 없었어. 아주 뭐한 사람들이나 할까, 그래도 별로 없었어. 우리 자식들 낳을 때만 해도 아주 우리 가난할 때 태어났어, 아주 옛날에. 그래서 공부도 못하고 이 노화가 제일 뒤쳐졌을 때라. 내가 이런 저기 나가도 보고, 밖에라도 가면은 다 수준이 높고. 지금은 돈 찾으러 가면 달라요. 읍 사무실에 돈 찾으러 가면 자기 이름 써야 준다고 그러고 이름 쓰라고 하는데, 그러니까 그 놈만이라도 손으로 옮겨 쓰고 그러지. 자기 이름 석자도 잘 못

---

24 '아따'의 방언형이다.

25 '이녁'은 '자기'의 방언형으로 전남방언에서는 재귀대명사와 2인칭 대명사의 두 용법으로 사용되고 있다.

써. 아주 뒤쳐진 편이라. 너무.]

[조] 지금은 자식들이 집에 잘 내려와요?

이 : 멩절 때도 오고, 휴가 때도 오고. 일곱인디 이번에 휴가 때 여름에
와서 다 휴가철을 냉기고 다들 가고. 자식들도 다 나가 불고 우리까
지랑 살다가 인자 퍽 드러눴으면 자석들이 데려다가 어떻게 할거요.
그란 거 바란 거 살고 있제.
[명절 때도 오고, 휴가 때도 오고. 일곱인데 이번에 휴가 때 여름에
와서 다 휴가철을 넘기고 다들 가고. 자식들도 다 나가 버리고 우리
까지만 살다가 이제 퍽 드러누웠으면 자식들이 데려다 어떻게 할거
야. 그런 거 바라고 살고 있지.]

[조] 여기는 설, 추석 이외에 다 같이 지내는 명절은 있어요?

이 : 그런 것도 없고. 저그 저 딴 동네는 있는 데도 있어. 마을에서 북도
치고 당도 모시고 먼 다른 신을 모시고 하는 데도 있는디 우리는
그런 것도 없어. 절도 믿고 예수도 믿고 종교는 각각 다르나, 그렇고
막 섬기는 것들은 아직 없제.
[그런 것도 없고. 저기 저 다른 동네는 있는 데도 있어. 마을에서
북도 치고 당도 모시고 뭔 다른 신을 모시고 하는 데도 있는데 우리
는 그런 것도 없어. 절도 믿고 예수도 믿고 종교는 각각 다르나,
그렇게 막 섬기는 것들은 아직 없지.]

[조] 명절에는 어떤 음식을 드세요?

이 : 맹절에는 자석들이 와서 튀김도 허고, 멋 하고. 인자 지금은 떡도

잘 안 하고, 떡도 사다가. 저 읍에 가서 사다가, 떡도. 그라고 살제.
하루나 이틀이나 냉기고 다 가 불믄 혼자 이라고 있제.

[명절에는 자식들이 와서 튀김도 하고, 무엇 하고. 이제 지금은 떡도
잘 안 하고, 떡도 사다가. 저 읍에 가서 사다가, 떡도. 그리하고
살지. 하루나 이틀이나 넘기고 다 가 버리면 혼자 이러고 있지.]

조 여기에서 살면서 어떤 일을 하셨어요?

이 : 농사. 나락 심고, 보리 심고 그래서 묵고 살고, 나와서 묵고
살고 이런디런 공장도 없는 시대고, 한 가지 노동으로 해서 먹고
살제. 우리 때는.

[농사. 나락 심고, 보리 심고 그래서 먹고 살고. 나와서 묵고 살고
이런저런 공장도 없는 시대이고, 한 가지 노동으로 해서 먹고 살지.
우리 때는.]

조 논농사를 하셨어요?

이 : 논농사 하고, 보리농사 하고. 그래서 먹고 살어.

[논농사 하고, 보리농사 하고. 그래서 먹고 살아.]

조 지금도 농사를 하세요?

이 : 안 하제. 삼년 나마 됐제.

[안 하지. 삼년 남짓 됐지.]

조 그럼 밭들은 누가 관리해요?

이 : 저그, 척죽리에서 장사꾼들이 와 갖고 배추 그런 거 갖고 해 간다.
돈 째까썩 주고는, 그라고는 내나 불었어. 땅도 없어.
[저기, 척죽리에서 장사꾼들이 와 갖고 배추 그런 것을 해서 간다.
돈 조금 주고는, 그러고는 내놔 버렸어. 땅도 없어.]

조 논농사를 어떻게 하는지 알려주세요.
이 : 봄에 나락 씨 뿌려서 여름에 키 갖고, 가을이믄 추수하고. 그저 그것
허고 내년에 도로 또 하고 그러고 살았제.
[봄에 나락 씨 뿌려서 여름에 키워 갖고, 가을이면 추수하고. 그저
그것 하고 내년에 다시 또 하고 그러고 살았지.]

조 가을은 어떻게 하셨어요? 가족끼리 하는 거예요?
이 : 가족끼리도 하고 마을에서 모도 품앗이도 하고. 우리 것 해 주고
놈우 것 해 주고. 그러고 살았어.
[가족끼리도 하고 마을에서 모두 품앗이도 하고. 우리 것을 해 주고
남의 것을 해 주고. 그렇게 살았어.]

조 그러면 공동으로 같이 해요?
이 : 이런 마을에는 공동으로 해 갖고 공동으로 하는 것 별로 없제. 자기
그저 하고, 자기 농사 짓어서 하고.
[이런 마을에는 공동으로 해서 공동으로 하는 것은 별로 없지. 자기
것을 하고, 자기 농사를 지어서 하고.]

조　그런데 품앗이 같은 경우는 어떻게 하셨어요?

이 : 오늘은 이집 하고, 내일은 저집 하고 댕김시로 하고.

　　[오늘은 이집 하고, 내일은 저집 하고 다니면서 하고.]

조　모내기하면서 불렀던 노래는 있어요?

이 : 모내기함시로 옛날에 우리 어렸을 땍에는 소리 맞고 모도 심고 그라
　　지만은, 요런 디는 하도 좁은 데라 논들이 잘 자라 적응께. 그라고
　　소리 맞고 모 심고 그런 적은 없었어요.

　　[모내기하면서 옛날에 우리 어렸을 때에는 소리 하고 모도 심고 그
　　렇지만, 요런 곳은 하도 좁은 데라 논들이 잘 자라 적으니까. 그리고
　　소리 맞고 모 심고 그런 적은 없었어요.]

조　농사 안 할 때는 뭐하고 지내셨어요?

이 : 농사 안 할 때는 이렇게 모여서 친구들끼리 모여서 먹고, 시골이라
　　나나서 해 먹고, 놀고 그라요. 그라고 또 일하고 그라제, 별로 하는
　　것이 없제.

　　[농사 안 할 때는 이렇게 모여서 친구들끼리 모여서 먹고, 시골이라
　　나눠서 해 먹고, 놀고 그래요. 그리고 또 일하고 그러지. 별로 하는
　　것이 없지.]

조　모이면 어떻게 지내세요?

이 : 테레비나 보고, 픽픽 드러눕어 잠이나 자고, 테레비에서 나오는 말
　　들을 듣고 '세상이 저렇게 돌아가는구나.' 그라고 살지 뭐, 아주 뭐
　　별것[26] 없제라.

[텔레비전이나 보고, 픽픽 드러누워 잠이나 자고, 텔레비전에서 나
오는 말들을 듣고 '세상이 저렇게 돌아가는구나.' 그러고 살지 뭐.
아주 뭐 별것 없어라.]

조 다른 활동은 없으세요? 화투를 치거나...

이 : 화투도 안 치고, 마을 노인당에서는 화투도 잘 안쳐. 그저 말 한
자리나 하고, 놀고, 자고, 쪼까²⁷ 반찬하믄 다투고, 다투기도 하제.
[화투도 안 치고, 마을 노인당에서는 화투도 잘 안쳐. 그저 말 한
자리나 하고, 놀고, 자고, 조금 반찬하면 다투고, 다투기도 하지.]

조 평소에 생선도 많이 드셨어요?

이 : 여그도 인자 전복을 발전돼 갖고 많이 묵제라. 생선도 그러고 어장
이 이런 해변갓에도 그러고 흔허지 않어서 읍에 모인 디 가서 사다
묵고. 그라제라.
[여기도 이제 전복을 발전돼 갖고 많이 먹어요. 생선도 그렇고 어장
이 이런 해변가에도 그렇고 흔하지 않아서 읍에 모인 데 가서 사다
먹고. 그렇게 하지.]

조 모일 때에는 주로 어떤 음식을 만들어 드세요?

이 : 밥하고, 남자들이 있으믄 술하고 밥 묵고. 하다 못 하믄 막걸리라도,
술이라도 가져다 먹고 그라제. 옛날에는 고구마 그런 것 캐서 고구

---

26 '별 것'은 드물고 이상스러운 것을 말한다.
27 '쪼까'는 '조금'의 방언형이다.

마 쪄서 모도 같이 먹고 그랬제. 멋 해 갖고 같이 먹고. 품앗이 그라
제. 음식도 지역에서 많이 모여서 해먹고 그래. 근데 지끔은 고구마
도 모꼬지해도 못 먹고 그라제. 이제는 잘 못해.

[밥하고, 남자들이 있으면 술하고 밥 먹고. 하다못해 막걸리라도,
술이라도 가져와서 먹고 그러지. 옛날에는 고구마 그런 것을 캐서
고구마 쪄서 모두 같이 먹고 그랬지. 무엇 해 갖고 같이 먹고. 품앗
이 그러지. 음식도 지역에서 많이 모여서 해 먹고 그래. 그런데 지금
은 고구마도 모여서 못 먹고 그러지. 이제는 잘 못해.]

[조] 생활은 어떻게 하세요? 밭농사 돈도 받고 자식들이 보내주는 돈으
로 생활하시는 거예요?

이 : 그라제, 자석들도 주고 노인연금도 나오고, 이런 데서 국민연금 든
사람들은 그런 것도 받아서 벵원 댕기고, 묵고. 옛날같이나 세상이
좋아서, 밝아져서, 그래서 이렇게 오래 산당께라. 쪼깐 아프믄 벵원
이로 가고. 우리 어마이, 아버지 때는 이렇게 못 살았제라. 그저
칠십 칠날 돌아가시제.

[그렇지. 자식들도 주고 노인연금도 나오고, 이런 데서 국민연금
든 사람들은 그런 것도 받아서 병원 다니고, 먹고. 옛날과 다르게
세상이 좋아서, 밝아져서, 그래서 이렇게 오래 산다니까. 조금 아프
면 병원으로 가고. 우리 어머니, 아버지 때는 이렇게 못 살았지.
그저 칠십 칠세 돌아가셨지.]

[조] 그때 아프면 어떻게 했어요?

이 : 아프믄 집에서 누워서 죽 써서 구완하고 멕이고, 인자 자식들이 가

꾸고 그랬제. 어디 벵원에 안 갔제. 우리 어마이도. 근데 지끔은
벵원도 많이 생기고, 발전돼서 가고 오고 그라제. 우리들은 나이
잡쉈응께 돌아가실랑가 하고 돌아가시고 그랬제. 구십, 백 살 먹도
록 살고, 그땍에는 없었제. 우리 어마이, 아부지 때만 해도.
[아프면 집에 누워서 죽을 쑤어서 간호하고 먹이고. 이제 자식들을
기르고 그랬지. 어디 병원에 안 갔지. 우리 어머니도. 근데 지금은
병원도 많이 생기고, 발전돼서 가고 오고 그렇지. 우리들은 나이
들어서 돌아가실까 하면 돌아가시고 그랬지. 구십, 백 살 먹도록
살고, 그때에는 없었지. 우리 어머니, 아버지 때만 해도.]

조 아플 때 약 같은 건 드셨어요?

이 : 뭔 약 그런 거? 부칠 것도 없고 그라제. 옛날에는 머리가 많이 터지
믄 된장 같은 거 붙이고 그렇게 해서 낫고, 피 안 나믄 낫은다 그러
고. 이런 지끔은 대상 포진 걸리믄 병원 가고 무섭게 하제. 옛날에는
단독이라고 가서 밑에 물에가 뜬 푸란 이끼 그런 거 뜯아가 쌈해서
낫게 하고. 그런 걸로 낫게 하고 나이 잡순 어른들이 낫게 하제.
벵원 그란 건 몰랐어.
[뭔 약 그런 거? 부칠 것도 없고 그렇지. 옛날에는 머리가 많이 터지
면 된장 같은 거 붙이고 그렇게 해서 낫고, 피 안 나면 나은가 그러
고. 지금은 대상 포진 걸리면 병원 가고 무섭게 하지. 옛날에는 단독
으로 가서 밑에 물에 뜬 푸른 이끼 그런 것을 뜯어다가 싸매서 낫게
하고. 그런 걸로 낫게 하고 나이 드신 어른들이 낫게 하지. 병원
그런 것은 몰랐어.]

조 그때 평균 나이는 얼마였어요?

이 : 그저 한 칠십, 팔십 묵은 사람이 별로 드물었제. 우리 어마이 때.
[그저 한 칠십, 팔십 먹은 사람이 별로 드물었지. 우리 어머니 때.]

조 제사는 일 년에 몇 번 지내세요?

이 : 옛날에 우리는 교회 댕겨 붕께 제사도 안 모시고 하나님께만 기도
많이 하고, 뭔 그런 거 없고. 한 삼십 년, 사십 년 흘러강께 그런
것은 아주 멀어져 불었어. 그래도 옛날에 제사법은 있제. 옛날에
제사 지내믄 여러 가지 것 해 갖고 올리고. 우리 구목리는 다른 신
섬기는 것도 없고 아주 간단해. 기독교는 벨로 아닐지라도 이런 뭔
신방이나 구나무²⁸ 거기서 뭔 술도 붓어 놓고 하는 마을도 있제.
그란 데 없어.
[옛날에 우리는 교회 다녀 버리니까 제사도 안 모시고 하나님께만
기도 많이 하고, 뭔 그런 것은 없고. 한 삼십 년, 사십 년 흘러가니까
그런 것은 아주 멀어져 버렸어. 그래도 옛날에 제사법은 있지. 옛날
에 제사 지내면 여러 가지 것 해 갖고 올리고. 우리 구목리는 다른
신 섬기는 것도 없고 아주 간단해. 기독교는 별로 아닐지라도 이런
뭔 신방이나 상수리나무 거기서 뭔 술도 부어 놓고 하는 마을도 있
지. 그런 데 없어.]

조 기억에 남는 추억이 있어요?

이 : 추억 그란 거 없어. 옛날에 우리들 클 때 그란 거 생각하믄. 지끔은

---

28 '구나무'는 '상수리나무'의 방언형이다.

아주 펜하고 좋은 세상이제.

[추억 그런 거 없어. 옛날에 우리들 클 때 그런 거 생각하면, 지금은
아주 편하고 좋은 세상이지.]

[조] 학교는 어디까지 다녔어요?

이 : 학교 못 댕겼다. 그때 세상에는 아주 학교, 그런 것, 이상 사는 사람
이 학교 보냈으까 안 보내고 우리 축들은 한글도 잘 몰라, 한글도
모르고 자기 이름자도 쓸 줄 모르는 사람들 꽉 찼어.

[학교는 못 다녔다. 그때 세상에는 아주 학교, 그런 것, 어느 정도
사는 사람이 학교에 보냈을까 보내지 않은 우리 같은 사람들은 한글
도 잘 몰라. 한글도 모르고 자기 이름자도 쓸 줄 모르는 사람들 꽉
찼어.]

[조] 학교가 있었어요?

이 : 학교는 쩌그, 읍 곁에가 있는디, 일해 먹고 산다고 동네가 원체 발전
이 없는 데라 머이마들이나 초등학교 보냈으까, 가이나들은 갈키도
안 하고, 우리 때는 머이마들도 남자들도 못 가르쳤다고. 우리 태어
났을 때는.

[학교는 저기, 읍 옆에 있는데, 일해 먹고 산다고 동네가 원체 발전
이 없는 데라 남자애들이나 초등학교에 보냈을까, 여자애들은 가르
치지도 않고, 우리 때는 남자들도 못 가르쳤다고. 우리 태어났을
때는.]

조 어린 시절을 어떻게 보내셨어요?

이 : 옛날에 우리 산에 가믄 취노물도 꺾고 고사리 뜯고 그놈 고사리 꺾
어서 몰려 났다가 제사도 지내고, 취노물 뜯어다가 끄니에 국 끓에
먹고 노물 해 먹고. 이런 디는 먼 노물 가지가지 해 갖고 올리고
또 부침개 전 그런 거 해 갖고 지지고 떡하고 고기허고 그런 거 해
갖고 올리제. 그런데는 도시에는 고기 한나, 노물 한 가지 두 가지
것만 하믄 된다고 한디, 이런 데가 걸게[29] 하기는 하제. 여러 가지
것 해 갖고 제사 지내고.

[옛날에 우리 산에 가면 취나물도 꺾고 고사리 뜯고 그놈 고사리
꺾어서 말려 났다가 제사도 지내고, 취나물 뜯어다가 끼니에 국 끓
여 먹고 나물 해 먹고. 이런 데는 뭘 나물 가지가지 해 갖고 올리고
또 부침개 전 그런 거 해 갖고 지지고 떡하고 고기하고 그런 거 해
갖고 올리지. 그런데는 도시에는 고기 하나, 나물 한 가지 두 가지
것만 하면 된다고 하는데, 이런 데가 푸짐하게 하기는 하지. 여러
가지를 해 갖고 제사 지내고.]

조 그때 어떤 것이 가장 힘드셨어요?

이 : 그때는 바닥에 가서 고동이라고 잡어다가 키고, 잡어다가 반찬해
서. 그놈 간장에다가 제레서 반찬해서 묵고 그런 것 하고. 클 때
돼도 놀기를 잘 안았제. 바닥에 가서 고동도 잡고 산에 가 나무도
하고, 안 놀아보고. 그땐 그랬는데 인자 지금은 공장 생활을 해도
펜하게 하고 그라제.

---

29 '걸다'는 음식 따위가 가짓수가 많고 푸짐하다는 뜻이다.

[그때에는 바다에 가서 고동이라고 잡아다가 키우고, 잡아다가 반찬해서. 그놈 간장에다가 절여서 반찬해서 먹고 그런 것 하고. 클 때 돼도 놀기를 잘 안 했지. 바다에 가서 고동도 잡고 산에 가 나무도 하고, 안 놀아보고. 그때는 그랬는데 이제 지금은 공장 생활을 해도 편하게 하고 그렇지.]

2. 구목리 사람들의 어업 생활

김 : 옛날은 지주식[30]이라고 이렇게 소나무 사오 메타짜리. 바닥에 찔러서 칸이라고 있어. 요만하게 칸칸이 그 지주 들어간 데로 해서 열 칸으로 해서 했고, 지금은 인자 스치로폼 하얀 것으로 해서 대나무를 이만석하게 쪼개서 이렇게 엮어서 그거 하나 할라믄 사진 찍고 보고 해야지, 말로 해서는 몰라. 지주식 벅이라 해, 벅. 바다에 가믄 하얗게 뜨는.
[옛날은 지주식이라고 이렇게 소나무 사오 미터짜리. 바다에 찔러서 칸이라고 있어. 요만하게 칸칸이 그 지주 들어간 데로 해서 열 칸으로 해서 했고 ,지금은 이제 스티로폼 하얀 것으로 해서 대나무를 이만하게 쪼개서 이렇게 엮어서 그거 하나 하려면 사진 찍고 보고 말해야지, 말로 해서는 몰라. 지주식 벅이라 해, 벅. 바다에 가면 하얗게 뜨는.]

---

30 '지주식'은 바다에 지주를 박아 그물을 고정시켜 그물에 붙은 김발을 수확하는 방식이다.

[조] 그럼 할아버지 젊으셨을 때 하신 거예요? 김발을?

김 : 사십 년 전에 했고, 전에 것이고 그 후로는. 그 전에는 지주식이라고
했제. 지금은 띠어서 부유식[31]이라고 하제. 바다에 가믄 지금 다 칸
칸이 거 안 뜨게끔.
[사십 년 전에 했고 전에 것이고 그 후로는. 그 전에는 지주식이라고
했지. 지금은 띄워서 부유식이라고 하지. 바다에 가면 지금 다 칸칸
이 그거 안 뜨게끔.]

[조] 아까 할머니들 여쭤보니까 너무 힘들었다고.

김 : 그거이 지주식이라고 두 사람씩 들고 중량을 무거운 것으로 해서
물에다 노믄 가 브니까 물에서 이렇게 대서 일렬로 이렇게. 지금은
부유식 말고 예전 것은 지금은 하도 않고 완도나 가믄 하까. 지금은
그란 것도 없어.
[그것이 지주식이라고 두 사람씩 들고 중량을 무거운 것으로 해서
물에다 놓으면 가버리니까 물에서 이렇게 대서 일렬로 이렇게. 지금
은 부유식 말고 예전 것은 지금 하지도 않고 완도나 가면 할까. 지금
은 그런 것도 없어.]

[조] 그럼 할머니랑 두 분이 같이 가셔서 젊으셔서 하신 거예요?

김 : 인자 옛날에는 가령 그렇지. 가장 젊은 사람이 나이 먹은 사람들은.
겨울 가장 추울 때 하는 것이라 손 시랍고 옷도 그때는 지금같이

---

31 '부유식'은 바다에 지주를 박지 않고 그물에 스티로폼을 매달아 띄어서 김발을 수확하는
방식이다.

좋은 옷이 없어. 따뜻한 옷이 없어. 하여튼 이렇게 손 장갑하고 고무 장갑 끼고 해도 추웠고, 지금은 물 하나 손에 안 묻히고, 장갑 끼고 장화 신고 옷도 뜨뜻한디 옛날에는 사람이 노 저은 거 있어. 수천 미터를 노 저어 다녔제. 지금은 기계선이 아조 빠른 게 있어서 금방 갔다 금방 오믄 일도 아니고. 그란디 그랑께 인자 똑똑히 할라믄 부유식이라고, 이거는 마냥도 없이 저기 앞에다가 여기다 놓고 딱 놓고 가운데다가 여기서 망을 인자 두 개씩 뜨게끔 해서. 그걸 할라 믄 사진 찍어가면서 설명 듣고 해야제 여기는 완도 가야제 없고. [이제 옛날에는 가령 그렇지. 가장 젊은 사람이 나이 먹은 사람들은. 겨울 가장 추울 때 하는 것이라 손 시리고 옷도 그때는 지금같이 좋은 옷이 없어. 따뜻한 옷이 없어. 하여튼 이렇게 손 장갑하고 고무 장갑 끼고 해도 추웠고, 지금은 물 하나 손에 안 묻히고, 장갑 끼고 장화 신고 옷도 따뜻한데 옛날에는 사람이 노 저은 게 있어. 수천 미터를 노 저어 다녔지. 지금은 기계선이 아주 빠른 게 있어서 금방 갔다 금방 오면 일도 아니고. 그런데 그러니까 이제 똑똑히 하려면 부유식이라고, 이거는 마냥도 없이 저기 앞에다가 여기다 놓고 딱 놓고 가운데다가 여기서 망을 이제 두 개씩 뜨게끔 해서. 그걸 하려 면 사진 찍어가면서 설명 듣고 해야지 여기는 완도 가야지 없고.]

[조] 그럼 할아버지 젊으셨을 때 그 일을 제일 먼저 하신 거예요? 김발을?
김 : 김발은 인자 우리 아버지, 어머니 때부터 계속 해온 것이고, 육십 년도 칠십 년도부터는 보통 오염이 돼 갖고 안 되고. 저그 우에 목포 해남 안 간 데 없이 아무 할 줄 모르는 사람들한테 가서 그 사람들 다 개척해서 어촌계해서 발전시켜 감서 알려줘 감서 해서.

[김발은 이제 우리 아버지, 어머니 때부터 계속 해온 것이고, 육십
년도 칠십 년도부터는 보통 오염이 돼 갖고 안 되고. 저기 위에 목포
해남 안 간 데 없이 아무 할 줄 모르는 사람들한테 가서 그 사람들
다 개척해서 어촌계해서 발전시켜 가면서 알려줘 가면서 해서.]

☒ 그럼 할아버지 육십, 칠십 년대 김발 기술을 목포에 가서 알려 주신
거예요?

김 : 목포가 아니고 그 옆에 우북도, 앞에 수치, 비금, 비금도, 인자 여그
서 간 사람들이 어촌계를 구성해. 한 10명, 11명이믄 구성을 해.
앞에 간 사람들에 맞게끔. 어촌계 맞게 구성을. 배 같은 것도 그
사람들은 이렇게 반으로 못 쪼개. 이렇게 쪼개서 한디 이렇게 하믄
몰르고 저그서 책으로 내믄 모르까.
[목포가 아니고 그 옆에 우북도, 앞에 수치, 비금, 비금도. 이제 여
기서 간 사람들이 어촌계를 구성해. 한 10명, 11명이면 구성을 해.
앞에 간 사람들에 맞게끔. 어촌계 맞게 구성을. 배 같은 것도 그
사람들은 이렇게 반으로 못 쪼개. 이렇게 쪼개서 하는데 이렇게 하
면 모르고 저기서 책으로 내면 모를까.]

☒ 저는 그냥 할아버지께서 어떻게 일하셨는지 궁금해 가지고, 얼마나
힘드셨는지?

김 : 아, 일은 옛날 사람 힘으로는 참 너모 힘들었고 지금은 기계적이라,
모두가 다 기계적이어.
[아, 일은 옛날 사람 힘으로는 참 너무 힘들었고 지금은 기계적이라,
모두가 다 기계적이야.]

조 그럼 육, 칠십 년대까지 김발하시고 그 이후로는 그 일은 안 하신
거예요?

김: 그러제. 육십, 한 칠십 년까지 했을 거여, 그 일을. 그 이후로는 부유
식이라고, 망, 부유라고, 하얀 벽.
[그렇지. 육십, 한 칠십 년까지 했을 거야, 그 일을. 그 이후로는
부유식이라고, 망, 부유라고, 하얀 벽.]

조 아, 할아버지께서 그 일도 하신 거예요?

김: 그 앞으로도 하고 뒤로도 하고.
[그 앞으로도 하고 뒤로도 하고.]

조 아, 계속 그 일을 하셨구나? 지금은, 지금도 일을 하신 거예요?

김: 지금은 인자 놀고 먹는. 나이가 힘도 부족하지만은 할 수가 없고,
아이고 그거 돈 벌어 갖고 아프믄 뭣해. 약값 부족하고, 그러니까
지금은 어떻게든 건강하게만 살아 볼라고 사는 날까지는. 그런 노력
이고 인자 옛날같이 차근차근 적응하는 것이 사람 인력으로 하는
것은 상당히 복잡해. 말리고 또 어디 완도 축제, 장보고 축제 같은
거 가믄 김 체험하는 거. 이렇게 떠서 옛날에는 나무로 짠 것이 있
고, 다시꼬라고 있고 나무 이렇게 집을 엮어서 말리는 것이 있고,
여그서는 그것보고 인자 꼬챙이라고 해. 그라제. 말리고 인자 딱딱
찔르고. 인자 노력으로 한 것이 그것 아니믄 돈 벌 것이 없어. 지금
은 건강하믄 어디 가나 돈도 벌고 하는데, 옛날에는 돈 벌 데가 없응
께 돈벌이 할 데가 없고.
[지금은 이제 놀고 먹는. 나이가 힘도 부족하지만은 할 수가 없고,

아이고 그거 돈 벌어 갖고 아프면 뭐하겠어. 약값 부족하고, 그러니
까 지금은 어떻게든 건강하게만 살아 보려고 사는 날까지는. 그런
노력이고 이제 옛날같이 차근차근 적응하는 것이 사람 인력으로 하
는 것은 상당히 복잡해. 말리고 또 어디 완도 축제, 장보고 축제
같은 데 가면 김 체험하는 거. 이렇게 떠서 옛날에는 나무로 짠 것이
있고, 다시꼬라고 있고 나무 이렇게 짚을 엮어서 말리는 것이 있고,
여기서는 그거보고 이제 꼬챙이라고 해. 그렇지. 말리고 이제 딱딱
찌르고. 이제 노력으로 한 것이 그것 아니면 돈 벌 것이 없어. 지금
은 건강하면 어디 가나 돈도 벌고 하는데, 옛날에는 돈 벌 데가 없으
니까 돈벌이 할 데가 없고.]

[조] 그럼 할아버지 여기서 태어나신 거예요?

김 : 응, 여기서 태어나서 살제.

[응, 여기서 태어나서 살지.]

[조] 그럼 할아버지 어머니 아버지도 김발하시고 키우시고?

김 : 그라제. 여그서 같이 인자 부모 때부터 그것을 하고 보고 배우고
한 이, 삼십대 때 되든 청년 때 되든.

[그렇지. 여기서 같이 이제 부모 때부터 그것을 하고 보고 배우고
한 이, 삼십대 때 되면 청년 때 되면.]

[조] 그럼 자녀분들은 다 육지로?

김 : 그럼 인자 여기서 졸업은 하지마는 깊이는 못하고 저, 목포 거기
가믄 야푼 데가 그런 데로 땅 안 막는 데다가 막으믄 잘 되고 그니까.

여기는 맥혀 놔서 오염이 돼서 안 돼.

[그럼 이제 여기서 졸업을 하지만 깊이는 못하고 저, 목포 거기 가면 얕은 데가 그런 데로 땅 안 막는 데다가 막으면 잘 되고 그러니까. 여기는 막혀 놔서 오염이 돼서 안 돼.]

조 그럼 옛날부터 김발 말고 다른 일은? 여기서 농사나 김발, 물고기는 바다에 나갈 일은 없으셨어요?

김 : 인자 잡아다가 여그서 돈 받고 파는 것은 없고 먹고.

[이제 잡아다가 여기서 돈 받고 파는 것은 없고 먹고.]

조 아, 스스로 가족들끼리 먹으려고? 낚시?

김 : 응. 줄낚시라고.

[응. 줄낚시라고.]

조 줄낚시요?

김 : 응, 한 몇 천 메타 쭉 뻗처 놓고 인자 그거를 한 시간이나 있으믄 다시 걷어서 고기를 따고 미끼 해서.

[응, 한 몇 천 미터 쭉 뻗쳐 놓고 이제 그거를 한 시간이나 있으면 다시 걷어서 고기를 따고 미끼 해서.]

조 아, 그 배 노 저어서 가 가지고 줄 놔두고?

김 : 집이 어디여, 집이?

[집이 어디야, 집이?]

조 광주요.

김: 광중께 모르제. 시골 사람, 시골도 지금은 이런 거 몰라. 우리 아이들도 그때 한 것이 마침 고향 학교 다니고 이거 김 한 장을 안 달아봤어. 지금 보고 싶지 않다는 거여. 그 때 당시.

[광주니까 모르지. 시골 사람, 시골도 지금은 이런 거 몰라. 우리 아이들도 그때 한 것이 마침 고향 학교 다니고 이거 김 한 장을 안 달아봤어. 지금 보고 싶지 않다는 거야. 그때 당시.]

조 그때 물고기 잡아서 집에 가서 가족들이 같이 먹고?

김: 응, 가족들끼리 먹을라고 하는 것이고 돈 인자 그런 것은.

[응, 가족들끼리 먹으려고 하는 것이고 돈 이제 그런 것은.]

조 그럼 줄낚시 해서 어떤 물고기 잡혀요?

김: 우럭 같은 거, 농어, 민어, 도미.

[우럭 같은 거 농어, 민어, 도미.]

조 한 삼십 년 전에?

김: 사십 년도 전에. 지금도 하는 사람들은 많이 잡고 있고. 지끔도 줄낚시로 많이 잡혀.

[사십 년도 전에. 지금도 하는 사람들은 많이 잡고 있고. 지금도 줄낚시로 많이 잡혀.]

조 지금은 어떤 거 잡혀요?

김: 장어, 도미, 광어.

[장어, 도미, 광어.]

조 장어요?

김 : 광어, 광어. 열두 가지 다 잡혀.

　　[광어, 광어. 열두 가지 다 잡혀.]

조 열두 가지? 열두 가지가 뭐예요?

김 : 광어, 도미, 간재미, 뭐 하여튼 바닥에 열두 가지 고기가 다 잡혀.

　　[광어, 도미, 가자미, 뭐 하여튼 바다에 열두 가지 고기가 다 잡혀.]

조 그럼 옛날에는 그거 어떻게 요리? 회는 안 먹죠?

김 : 구워 먹고, 집에서 인자 사시미 해 먹고, 술, 술안주로 많이 하고,
　　지끔.

　　[구워 먹고, 집에서 이제 회 해 먹고, 술, 술안주로 많이 하고, 지금.]

조 그럼 할아버지, 김발은 할아버지 어머니도 하시고 어머니의 아버지
　　의 할아버지도 계속?

김 : 그렇제. 그렇게 해온 것이 이제 몇 십 년 해 오니까 육십오 년도
　　이상 그 때 당시 오염이 돼서 안 돼서 사람들이 다 위로 진출한 거여,
　　목포 쪽, 해남 쪽. 김빨이. 저 안 하는 데로.

　　[그렇지. 그렇게 해온 것이 이제 몇 십 년 해 오니까 육십오 년도
　　이상 그 때 당시 오염이 돼서 안 돼서 사람들이 다 위로 진출한 거야,
　　목포 쪽, 해남 쪽. 김발이. 저 안 하는 데로.]

조 아, 가서 거기 개척해서?

김: 그렇제. 개척장으로 가.

[그렇지. 개척장으로 가.]

조 그럼 이사를 가신 건가요?

김: 인자 가정은 두고 몸만 가서 거그서 방도 얻고 집도 짓고 사람이.

[이제 가정은 두고 몸만 가서 거기서 방도 얻고 집도 짓고 사람이.]

조 그럼 자녀들은, 자식들은 어떻게?

김: 여그서 학교 댕기고 노인들, 부모네가 인자 아이 봐주고.

[여기서 학교 다니고 노인들. 부모네가 이제 아이 봐주고.]

조 아, 어머니 아버지가 봐주시고?

김: 돈은 인자 많이 벌고, 그걸로 하믄 다음 해 시작하믄 그걸로 다시 들어가. 삼백 벌었다 하믄 삼백이 다음 시설비로 또 들어간다고. 한나도 아니고 다시 또 문짝 구입해다가 빚내서 하고 그놈은 인자 막 가정에서 쓰라고 벌어서 주고. 벌면서 쓰고 빚내고 벌어서 주고 이렇게 계속. 세상이 그렇게 계속 못 먹고 못 배우고 못 입고 아주 제일 흉년도 겪었고, 우리 나이가 팔십, 팔십 하난데, 삼십 세까진가 그렇게 고생했어. 그 후로는 인자 안 했제. 한 오십 년 됐제. 지끔은 부유식이라고 바다 위에 수십 대 해놓고.

[돈은 이제 많이 벌고, 그걸로 하면 다음 해 시작하면 그걸로 다시 들어가. 삼백 벌었다 하면 삼백이 다음 시설비로 또 들어간다고. 하나도 아니고 다시 또 문짝 구입해다가 빚내서 하고 그놈은 이제

막 가정에서 쓰라고 벌어서 주고. 벌어서 쓰고 빚내고 벌어서 주고 이렇게 계속. 세상이 그렇게 계속 못 먹고 못 배우고 못 입고 아주 제일 흉년도 겪었고. 우리 나이가 팔십, 팔십 하난데, 삼십 세까진가 그렇게 고생했어. 그 후로는 이제 안 했지. 한 오십 년 됐지. 지금은 부유식이라고 바다 위에 수십 대 해놓고.]

[조] 수십 대가 나가요?

김 : 발을 세워 놓고 기계로 이렇게 돌려. 그럼 한 열 몇 개썩 그놈을 갖다가 그래서 기계로 많이 막고 돈도 벌고.
[발을 세워 놓고 기계로 이렇게 돌려. 그럼 한 열 몇 개씩 그놈을 갖다가 기계로 많이 막고 돈도 벌고.]

[조] 그렇죠, 옛날에는 사람 많이 일하는데 다 손으로 하니까.

김 : 지끔은 전체 기계화여, 기계화. 말리는 것도 기계화, 뜯는 것도 기계, 전부 기계로 돼 있어.
[지금은 전체 기계화야, 기계화. 말리는 것도 기계화, 뜯는 것도 기계, 전부 기계로 돼 있어.]

[조] 겨울에만?

김 : 지금 팔월부터 물에 들어가믄 빨리는 시월부턴데 삼, 사월까지는 한단 말이여. 사월까지 하믄 인자 그것이 다 가. 시기적으로 안 돼. 펄이 들어와.
[지금 팔월부터 물에 들어가면 빨리는 시월부터인데 삼, 사월까지는 한단 말이야. 사월까지 하면 이제 그것이 다 가. 시기적으로 안

돼. 펄이 들어와.]

조 그럼 육, 칠십 년에는 시월부터 삼, 사월까지 다 목포로?

김 : 아니, 인자 전체 간 사람은 가고, 여그서 며칠 가믄은 여그서 이렇게
조수가 떠. 많이 겪어본 사람이 요놈 다섯 개 하고 하나 드믄드믄하
믄 여그서 할 사람은 여그서 하고 생활을 할 수 있는 젊은 사람들은
가고.
[아니, 이제 전체 간 사람은 가고, 여기서 며칠 가면은 여기서 이렇
게 조수가 떠. 많이 겪어본 사람이 이것 다섯 개 하고 하나 드믄드믄
하면 여기서 할 사람은 여기서 하고 생활을 할 수 있는 젊은 사람들
은 가고.]

조 어촌계에서?

김 : 그거 가서도 법적으로 어촌계를 구성을 해야 모든 것이 등록이 돼
야. 지금도 어촌계가 짱짱하제. 돈도 받고.
[거기 가서도 법적으로 어촌계를 구성을 해야 모든 것이 등록이 돼.
지금도 어촌계가 짱짱하지. 돈도 받고.]

조 근데 팔지 않죠?

김 : 안 팔제. 저 읍내 이포리 읍내 알어, 읍내?
[안 팔지. 저 읍내 이포리 읍내 알아, 읍내?]

조 농협 있는데?

김 : 읍에 가믄 거기 가믄 살려면은 식당에서 살라고.

[읍에 가면 거기 가면 사려면 식당에서 사려고.]

조 아, 관광객들?

김: 그렇제. 우리들도 가서 먹어 주제. 인자. 일주일에 한두 번썩 가서 친구들이랑 먹고. 여기는 팔리도 않고 자기네 가족끼리 먹어. 냉장 고에 넣어 놓고.

[그렇지. 우리들도 가서 먹어 주지. 이제 일주일에 한두 번씩 가서 친구들이랑 먹고. 여기는 팔리지도 않고 자기네 가족끼리 먹어. 냉 장고에 넣어 놓고.]

조 그럼 요리, 요리 같은 게 있어요? 여기서 많이 먹는 요리?

김: 여그서는 없어, 마을에서는. 자기 집에서 냉장고에 넣어 놓고 자기 식구들끼리 먹제. 인자 읍에 나가믄 식당마다 수족관에서 물 살레 줘. 고기 키워. 산 놈을 키워 가지고 건제서 이것 허고 이렇게 해 주고, 광어나 장어나 간재미, 사시미, 회.

[여기서는 없어. 마을에서는. 자기 집에서 냉장고에 넣어 놓고 자기 식구들끼리 먹지. 이제 읍에 나가면 식당마다 수족관에서 물에 살려 줘. 고기 키워. 산 놈을 키워 가지고 건져서 이것 하고 이렇게 해 주고 광어나 장어나 가자미, 회.]

조 그럼 옛날에 김발할 때는 김 많이 드셨겠네요?

김: 아, 김이야. 대체나.

[아, 김이야. 대체나.]

조 또 일하면 먹고 싶지 않을 거 같은데?

김: 그러니까 인자 김밥을 말아 갖고 찬으로 갖고도 들어가고.

[그러니까 이제 김밥을 말아 갖고 반찬으로 갖고도 들어가고.]

조 아, 근데 김밥에 김치 이런 거 안 넣고?

김: 김치 넣고 단무지 넣고 이런 거 요리가 많이 들어가.

[김치 넣고 단무지 넣고 이런 거 요리가 많이 들어가.]

조 옛날에도 단무지 있었어요?

김: 여그 옛날부터 단무지 있었제.

[여기 옛날부터 단무지 있었지.]

조 저는 단무지 일본 음식인 줄 알았는데.

김: 그렇제. 단무지 옛날부터 그건 여그가 있었제.

[그렇지. 단무지 옛날부터 그건 여기가 있었지.]

조 그럼 옛날에 김에다 밥, 김치, 단무지 말아 가지고 일하러 갈 때, 김발할 때도 도시락?

김: 그러제, 도시락같이, 아침에 가서 오후 늦게 오게 되믄 찬할 때 먹을라고.

[그렇지. 도시락같이. 아침에 가서 오후 늦게 오게 되면 배고플 때 먹으려고.]

조 그럼 보통 몇 시에 일을 나가신 거예요?

김 : 인자 물 때를 봐서 오후, 오전에 갈 때 있고, 오전에 가믄 오후 세 시경에 인자 들어오고, 오후에 열두 시에 가믄 저녁 다섯 시에 해 질 무렵. 인자 해가 따뜻하니까 일을 더 하고.

[이제 물 때를 봐서 오후, 오전에 갈 때 있고, 오전에 가면 오후 세 시경에 이제 들어오고, 오후에 열두 시에 가면 저녁 다섯 시에 해 질 무렵. 이제 해가 따뜻하니까 일을 더 하고.]

조 : 근데 아까 할머니 여쭤보니까 새벽 두 시, 세 시에?

김 : 아, 인자 그것은 새벽 한 시에 작업을, 일을, 김을 만들어. 그때는 기계로 돌려서 하는 거 있어. 그때는 기계로 하는 것이 빠르고 건초가 좋아. 요롷게 좋은 것은 구멍이 땡땡땡 허고 마포 알어? 마포?

[아, 이제 그것은 새벽 한 시에 작업을, 일을, 김을 만들어. 그때는 기계로 돌려서 하는 거 있어. 그때는 기계로 하는 것이 빠르고 건초가 좋아. 이렇게 좋은 것은 구멍이 땡땡땡 하고 마포 알아? 마포?]

조 : 마포가 뭐예요, 마포?

김 : 삼옷, 마포 있고 명주 있고 그라제, 옷이.

[삼옷, 마포 있고 명주 있고 그렇지, 옷이.]

조 : 아, 종류요? 명주, 천?

김 : 기계로 젓는 놈은 명주 겉이 좋고 부드럽고 구먹 없이 삼베 옷은 구멍이 뻣뻣허게 얽어 있고 그런 식이여, 김 자체가. 인자 쩌그 일본 수출할라고 일본에서 완도까지 검사를 와.

[기계로 젓는 것은 명주 겉이 좋고 부드럽고 구멍 없이. 삼베 옷은

구멍이 뻣뻣하게 얽어 있고 그런 식이야, 김 자체가. 이제 저기 일본 수출하려고 일본에서 완도까지 검사를 와.]

조 일본에서 뺏어 가려고?

김: 아니, 수출하려고.

[아니, 수출하려고.]

조 그때가 언제예요, 할아버지?

김: 그거이 칠십 년도, 육십오 년도.

[그것이 칠십 년도, 육십오 년도.]

조 그때 일본에서 그 김을 가지고 가요?

김: 여그서 해도 일본서 일본이로 화이구찌라고 굴, 굴에다 온도 맞춰서 구운 것이 화이비여. 화이비라는 것은 김을 온도 맞춰서 구워 놓은 것이 그건 여그서 만들어 놓은 것이 다 일본이로 가져가. 수출해, 일본으로 수출을.

[여기서 해도 일본에서 일본으로 화이구찌라고 굴, 굴에다 온도 맞춰서 구운 것이 화이비야. 화이비라는 것은 김을 온도 맞춰서 구워 놓은 것이 그건 여기서 만들어 놓은 것이 다 일본으로 가져가. 수출해, 일본으로 수출을.]

조 아, 만든 김을 불에 더 건조시켜서 일본에 수출을?

김: 여그서 만들어 놓은 것은 그 이전까지는 갑이 없는데 일본으로 가져 가 불믄 여그서도 한국서도 비슷하게 받을라믄 금년 겨울에 많이

사 가지고 그것을 한 일 년을 돈도 많지 해서 놔뒀다가 지금 집 폴고 하믄 상당히 돈을 많이 받어. 지금은 공장에서 많이 해 갖고 김을 구워서 잘라서 사람이 먹게끔 가공해서 그렇게 나오니까 평소 그렇게 잘 나와, 지끔.

[여기서 만들어 놓은 것은 그 이전까지는 값이 없는데 일본으로 가져가 버리면 여기서도 한국서도 비슷하게 받으려면 금년 겨울에 많이 사 가지고 그것을 한 일 년을 돈도 많이 해서 놔뒀다가 지금 집 팔고 하면 상당히 돈을 많이 받아. 지금은 공장에서 많이 해 갖고 김을 구워서 잘라서 사람이 먹게끔 가공해서 그렇게 나오니까 평소 그렇게 잘 나와, 지금.]

[조] 옛날에는 겨울에만 먹었겠어요?

김 : 어, 옛날에는 그렇지. 겨울에만 먹제. 지금은 여름 겨울 없이 계속 지금은 공장들이 있어서, 김 공장들이 있어. 만들어서 그 판매하기 좋게 잘잘하게 잘라서 한 놈 크게 한 것, 또 김밥하기 좋게 다양하게 그렇게 해서 파는데 계속 화이비라는 것이 온도를 맞춰서 일 년 내내 놔둬도 없게끔 도수를 맞춰 놓은 것이 화이비여. 그람 그것은 언제든 일 년 내내 팔수 있제. 조금 내서 팔고, 또 팔고. 일본이로 많이 수출했고. 지금도 일본에가 있는가 모르겠네.

[어, 옛날에는 그렇지. 겨울에만 먹지. 지금은 여름 겨울 없이 계속 지금은 공장들이 있어서, 김 공장들이 있어. 만들어서 그 판매하기 좋게 잘잘하게 잘라서 한 놈 크게 한 것, 또 김밥하기 좋게 다양하게 그렇게 해서 파는데 계속 화이비라는 것이 온도를 맞춰서 일 년 내내 놔둬도 없게끔 도수를 맞춰 놓은 것이 화이비야. 그러면 그것은

언제든 일 년 내내 팔 수 있지. 조금 내서 팔고, 또 팔고, 일본으로 많이 수출했고, 지금도 일본에 있는지 모르겠네.]

[조] 돈도 많이? 한국 김이 유명하니까.

김 : 그러제 김이 일본서 왔고, 종자도 일본서 갖다 혔고, 종자라고 종자 포자 만드는 공장이 많이 있어, 한국도.

[그렇지. 김이 일본에서 왔고, 종자도 일본에서 갖다 했고, 종자라고 종자 포자 만드는 공장이 많이 있어, 한국도.]

[조] 김도 종자가?

김 : 그렇제. 종자로 해서 따악. 그 안에다 넣고 비니루 해서 물 넣고 그 안에서 부착시켜 갖고 피거든 포자가. 지끔은 다시마, 미역만 종자 부착해 갖고 줄에다 타악 감어, 테에다. 근디 옛날에는 김도 포자 붙였어. 그 쭉 피주는 거 안에다가 물에다 띠 놓믄 포자 붙어 갖고 깨끗하게 포래. 김만 그런 것이었어.

[그렇지. 종자로 해서 따악. 그 안에다 넣고 비닐 해서 물 넣고 그 안에서 부착시켜 갖고 피거든 포자가. 지금은 다시마, 미역만 종자 부착해 갖고 줄에다 탁 감아. 테에다. 근데 옛날에는 김도 포자 붙였어. 그 쭉 펴주는 거 안에다가 물에다 떼 놓으면 포자 붙어 갖고 깨끗하게 파래. 김만 그런 것이었어.]

[조] 그럼 아까 건장하는 거를 새벽 한 시, 두 시? 너무 어두워서 불이 없어서 옛날에는 어떻게?

김 : 옛날에는 등불, 양초도 글고 석유로 하는 남포, 이런 거 들고 댕기는

암만 해도 그것이 아조 캄캄하지만은 그거 열 개 써도 전깃불 이만
한 거 하나 못하제. 촛불도 켰고, 그라고 땡땡 언 아침에 그놈을
인자 날이 밝아지믄 말려야. 건장이라는 것은 인자 건조장이여, 건
조장. 한 사오십 메타 건조장을 이 키만이나 높이 나락으로 엮어서
대 붙여서 이렇게 해 갖고 거그다 붙여 노믄 열두 시나 되믄 인자
그것이 다 말러서 그놈을 건져 갖고.

[옛날에는 등불, 양초도 그리고 석유로 하는 남포, 이런 거 들고
다니는 아무리 해도 그것이 아주 캄캄하지만 그거 열 개 켜도 전깃
불 이만한 거 하나 못하지. 촛불도 켰고, 그리고 땡땡 언 아침에
그놈을 이제 날이 밝아지면 말려야. 건장이라는 것은 이제 건조장이
야, 건조장. 한 사오십 미터 건조장을 이 키만큼이나 높이 나락으로
엮어서 대 붙여서 이렇게 해 갖고 거기다 붙여 놓으면 열두 시나
되면 이제 그것이 다 말라서 그놈을 건져 갖고.]

[조] 그럼 할아버지 새벽 열두 시에 나가서 건장하고 또 배타고 가고?
김 : 그렇지. 한 열 시나 돼서 배 끝나믄 점심 먹고 나믄 인자. 옛날에는
힘들었고 그래도 젊은 사람들 잠이 부족해 갖고. 그래도 돈, 그것
한 번 물 때 가고 한 번 보고한 것이라 그러게 안 하믄 할 수가 없어.
해 있어야 말리고. 해가 와야, 비쳐야 말리니까. 그것을 건조시키게
만들어 놓은 것을 발장이라 그래, 발장.

[그렇지. 한 열 시나 돼서 배 끝나면 점심 먹고 나면 이제. 옛날에는
힘들었고 그래도 젊은 사람들 잠이 부족해 갖고. 그래도 돈, 그것
한 번 물 때 가고 한 번 보고한 것이라 그렇게 안 하면 할 수가 없어.
해 있어야 말리고. 해가 와야, 비쳐야 말리니까. 그것을 건조시키게

만들어 놓은 것을 발장이라 그래, 발장.]

[조] 그렇죠. 하루도 안 할 수 없으니까.

김: 그러니까 각 붙여서 요만해.

　　[그러니까 각 붙여서 요만해.]

[조] 김 크기구나.

김: 그라제. 크기는 좀 더 큰 것에다가 이만하게 틀을 짜서 딱 디고 통에
　　다 잘잘허게 부순 것을 물에다가 여그서 이렇게 해서 부어. 그라믄
　　인자 옆을 들어서 내믄 그것이 한 이천 장. 이천 장 삼천 장 만들믄
　　하루 저값 해.

　　[그렇지. 크기는 좀 더 큰 것에다가 이만하게 틀을 짜서 딱 대고
　　통에다 작게 부순 것을 물에다가 여기서 이렇게 해서 부어. 그러면
　　이제 옆을 들어서 내면 그것이 한 이천 장. 이천 장 삼천 장 만들면
　　하루 제값 해.]

[조] 그럼 그거 얼마나 받으셨어요?

김: 백 장 보고 한 톳[32]이라 해. 그것이 삼천 원, 사천 원. 그러믄 검사품
　　은 오백 그람 나가야 돼. 검사품은 두꺼워. 얇게 뜨믄은 여그서 판
　　것이고 위로 가는 것은 이렇게 두꺼워야 돼. 요만하게 여기서 요
　　규가 이십 센치, 십오 센치

　　[백 장 보고 한 톳이라 해. 그것이 삼천 원, 사천 원. 그러면 검사품

---

32 '김'을 세는 단위로서 '톳'은 김 100장을 말한다.

은 오백 그램 나가야 돼. 검사품은 두꺼워. 얇게 뜨면 여기서 판 것이고 위로 가는 것은 이렇게 두꺼워야 돼. 요만하게 여기서 요구가 이십 센티, 십오 센티.]

조 그럼 일본 사람들은 돈을 더 많이 쳐 주나요?

김: 돈을 많이 주고 사제. 그때 한 오륙천 원.

[돈을 많이 주고 사지. 그때 한 오륙천 원.]

조 두 배네요. 하루에 그럼 천 장 정도 말리신 거예요?

김: 하루 천 장 아니고 이천에서 삼천 장.

[하루 천 장 아니고 이천에서 삼천 장.]

조 두 분이서?

김: 두 분이도 하고, 옆에 해주는 사람도 있고 톳이 이십 톳하고 삼십 톳, 한 톳이 백장잉께. 해 갖고 그것이 큰 돈이고 돈이 벌 데가 없고 그걸로 아그들 전부 다 가르키고 광주에가 학교 보내고, 광주. 우리 아이들도 그때 큰 아이부터도 광주로 댕기고 인자, 고등학교까지는 여그서 댕기고.

[두 분도 하고, 옆에 해주는 사람도 있고 톳이 이십 톳하고 삼십 톳, 한 톳이 백장이니까. 해 갖고 그것이 큰 돈이고 돈을 벌 데가 없고 그걸로 아이들 전부 다 가르치고 광주에 학교 보내고, 광주. 우리 아이들도 그때 큰 아이부터도 광주로 다니고 이제, 고등학교까지는 여기서 다니고.]

조 지금은 이제 학교가 없어요?

김 : 있어. 그 뒤로 계속 고등학교, 중학교 다 있제. 그랑께 아주 좋았제.
그것이 한 팔십 년도네.
[있어. 그 뒤로 계속 고등학교, 중학교 다 있지. 그러니까 아주 좋았
지. 그것이 한 팔십 년도네.]

조 할아버지, 건장하는 건조장? 건조장은 집에 하나씩 있어요?

김 : 짚으로 엮어. 나락 훑으고 남은 집으로 엮어, 이렇게.
[짚으로 엮어. 나락 훑고 남은 짚으로 엮어, 이렇게.]

조 집집마다 있는 거예요?

김 : 아니, 인자 김발하는 사람들은 있고.
[아니, 이제 김발하는 사람들은 있고.]

조 하는 사람들은 전부 가지고 있어요?

김 : 아니, 생활할 수 있는 젊은 사람들하고 아닌 사람들은 비스듬한 어
덩33, 양지바른 어덩이 있어. 어덩에다가.
[아니, 생활할 수 있는 젊은 사람들하고 아닌 사람들은 비스듬한
언덕, 양지바른 언덕이 있어. 언덕에다가.]

조 거기다가 짚을 얹고?

김 : 얹는 사람도 있고 안 얹는 사람도 있고, 그랑께 아주 보통 건장 있는

---

33 '언덕'의 방언형이다.

사람은 삼십 집 중이 열 집도 안 돼. 그 사람들은 많이씩 하는 사람들
이고 할 수 있는 일이 많애. 왜냐믄 말뚝이 수십 개 찔르고, 또 이만
썩한 말장 막대를 야달 개 찌르고 손이 아주 얼마나 필요한지 몰라.
[없는 사람도 있고 안 없는 사람도 있고, 그러니까 보통 건장 있는 사람
은 삼십 집 중에 열 집도 안 돼. 그 사람들은 많이씩 하는 사람들이고
할 수 있는 일이 많아. 왜냐하면 말뚝을 수십 개 찌르고, 또 이만한
말장 막대를 여덟 개 찌르고 손이 아주 얼마나 필요한지 몰라.]

조 그럼 형제들하고 같이 하신 거예요?

김 : 그렇제. 형제들하고 같이 하고 이 또 머냐 요 집을 새끼를 꽈. 그래
서 뚜장이라는 것은 이렇게 띠를 맨단 거제. 집 이 띠에가 묶음 전체
를 다 묶어. 몇 수백 개를 묶어야 돼.
[그렇지. 형제들하고 같이 하고 이 또 뭐냐 요 짚을 새끼를 꽈. 그래
서 뚜장이라는 것은 이렇게 띠를 맨다는 거지. 짚 이 띠에 묶음 전체
를 다 묶어. 몇 수백 개를 묶어야 돼.]

조 그럼 할아버님은 형제들하고 같이 하셨어요?

김 : 그라제. 형제들도 없으믄 놈. 다른 사람들도 빌리고.
[그렇지. 형제들도 없으면 남. 다른 사람들도 빌리고.]

조 그럼 건조장이 없는 나머지 분들은 그렇게 땅에다가?

김 : 그라제, 땅에다가.
[그렇지. 땅에다가.]

[조] 그럼 돈을 별로 못 받죠, 상태가?

김 : 상태가 안 좋제. 아무래도 말른 것도 이것은 뽈리 몰른디 저것은 인자
말해서 부패된다고 해서 상해 갖고 오래돼서 안 마르고 물기 있으믄
저 안 좋고 좀. 여기가 머냐, 상태가 깨끗하게 네 귀가 탁 나와야
되는데, 그것은 오그라들어. 두껍고 얇고 그것은 파지. **빼야 돼.**
[상태가 안 좋지. 아무래도 마른 것은 이것은 빨리 마르는데 저것은
이제 말해서 부패된다고 해서 상해 갖고 오래돼서 안 마르고 물기
있으면 저 안 좋고 좀. 여기가 뭐냐, 상태가 깨끗하게 네 귀가 탁
나와야 되는데, 이것은 오그라들어. 두껍고 얇고 그것은 파지. 빼
야 돼.]

[조] 집에서 먹고?

김 : 그랗제. 백 장에 못 들어가.
[그렇지. 백 장에 못 들어가.]

[조] 그걸 일일이 검사해요, 백 장을?

김 : 검사를 다 하제.
[검사를 다 하지.]

[조] 누가 검사해요?

김 : 검사국이 완도서 수협에다 하는데, 수협에서 팔아주는데 중매인이
한 삼사십 명이 된디 하나 한 집껏을 탁 펼쳐 노믄 다 그 전체 펴
봐. 그럼 귀가 딱 떨어지고, 떨어지고 이렇게 해야 가만있어. 내가
책 한나. 검사하는 방법이 김이 지금 요거이 김이여. 김도 길어,

이만한데 김이 접은단 말이여. 그럼 인자 검사할 때는 고놈을 딱 갖고 와서, 요 반대쪽에가 김이 요렇게 타르르 해주면 또 이쪽도 타르르.

[검사국이 완도서, 수협에다 하는데, 수협에서 팔아주는데 중매인이 한 삼사십 명이 되는데 하나 한 집 것을 탁 펼쳐 놓으면 다 그 전체 펴 봐. 그럼 귀가 딱 떨어지고, 떨어지고 이렇게 해야 가만있어. 내가 책 하나, 검사하는 방법이 김이 지금 요것이 김이야. 김도 길어, 이만한데 김을 접는단 말이야. 그럼 이제 검사할 때는 그놈을 딱 갖고 와서, 요 반대쪽에 김이 요렇게 타르르 해주면 또 이쪽도 타르르.]

[조] 두 번 세는 거예요?

김 : 그러체. 이쪽, 저쪽 다 봐야 귀가 잘라진 놈이 없는가, 정확하게 나와야 합격이제.

[그렇지. 이쪽, 저쪽 다 봐야 귀가 잘라진 놈이 없는가, 정확하게 나와야 합격이지.]

[조] 수협이 언제부터 있었어요?

김 : 일제 때. 원래는 김이 일제 때부터 일본 사람들이 만들어 놓은 거이여. 종자가 일본서 조센종 있고, 일본서도 종자 원액을 갖다가 여그서 만들어. 원액을 갖다가 배양실에서 뿌려서 석화, 꿀족에 딱 붙여. 배양실에서 붙으믄 그거를 사다가 바닥에다가 띄워놓고 발, 그것이 한 백 메타? 못 되고 한 오십 메타? 그거를 몽땅질해서 부착을 해서 바닥에 띄워놓는 거여. 헌디 그때 당시에는 그거 없을 때, 없을 때는

꿀밭이 있어, 석화밭이라고, 바다에 가믄 그 숲에다가 발을 띄워. 그러믄 인제 그 석화에는 그 꿀 종자를 가지고 있는 그것이 인자 꿀 종자가 있는 데가 포자, 바다에 가믄 가끔씩 꿀밭에 그놈 맞춰서 발을 딱 인자 크믄 조금 잘른 것을 요렇게 캐, 미쳐 가지고 유동성이 있지.

[일제 때. 원래는 김이 일제 때부터 일본 사람들이 만들어 놓은 것이야. 종자가 일본서 조선종도 있고, 일본에서도 종자 원액을 갖다가 여기서 만들어. 원액을 갖다가 배양실에서 뿌려서 석화 굴쪽에 딱 붙여. 배양실에서 붙으면 그것을 사다가 바다에다가 띄워놓고 발, 그것이 한 백 미터? 못 되고 한 오십 미터? 그거를 몽땅질해서 부착을 해서 바다에 띄워놓는 거야. 그런데 그때 당시에는 그거 없을 때, 없을 때는 굴밭이 있어, 석화밭이라고, 바다에 가면 그 숲에다가 발을 띄워. 그러면 이제 그 석화에는 그 굴 종자를 가지고 있는 그것이 이제 굴 종자가 있는 데가 포자, 바다에 가면 가끔씩 굴밭에 그놈 맞춰서 발을 딱 이제 크면 조금 짧은 것을 요렇게 캐, 밀쳐 가지고 유동성이 있지.]

북고리 사람들의 삶과 바다

1. 북고리 사람들의 생애

조 여기서 계속 사셨던 거예요? 어렸을 때부터?

박: 아니요, 저 옆 동네에서 시집 왔지. 가메 타고.
　　[아니요, 저 옆 동네에서 시집 왔지. 가마 타고.]

조 여기도 가메 타고?

박: 음, 가메 타고. 쩌 아래 소당이란 마을에서 북고리로 시집 왔어.
　　이 마을은 북고리고, 나 친정은 소당이고.
　　[음, 가마 타고. 저 아래 소당이란 마을에서 북고리로 시집 왔어.
　　이 마을은 북고리고. 내 친정은 소당이고.]

조 그러면 시집은 언제 오셨어요?

박: 시집은 스물다섯 살에 왔을까. 스물다섯에, 나이를 많이 먹고 왔어,
　　그때만 해도.
　　[시집은 스물다섯 살에 왔을까. 스물다섯에, 나이를 많이 먹고 왔

어. 그때만 해도.]

[조] 결혼하고 신혼집은 어떻게 마련하셨어요?

박: 신혼집은 무스게. 기양 그 남자가 군인이 되어 강께. 신혼도 어쩐지
모르고 냉기고 그랬어. 씨어머이한테 씨만[34] 혼따게 살았지. 2월
달엔가 시집 와 갖고, 3월 달엔가 그해 그냥 군인으로 가 버렸어.
[신혼집은 무슨. 그냥 그 남자가 군인이 되어 가니까. 신혼도 어떤지
모르고 넘기고 그랬어. 시어머니한테 심하게 혼나며 살았지. 2월
달엔가 시집 와 가지고, 3월 달엔가 그해 그냥 군인으로 가 버렸어.]

[조] 남편은 어떤 분이셨어요?

박: 남편은 처음에 시집 와서 같이 일하고 그랬제. 일하고 그 다음 술을
먹어서 제대로 못 살고 돌아갔제.
[남편은 처음에 시집 와서 같이 일하고 그랬지. 일하고 그 다음 술을
먹어서 제대로 못 살고 돌아갔지.]

[조] 결혼생활은 어땠어요?

박: 북고리가 우리 친정 작은아버지가 살았는디, 이 마을 나 시집 온
집이 술도 안 먹, 집안도 좋다고 친정 작은아버지가 나를 여웠어.
시집 옹께, 시어머이도 애기 낳고 있어. 작은아버지가 종신[35]했어
도, 그꺼짓 거리를, 작은 아버지도. 그래 갖고 에러운 세상을 많이

---

34 '마음에 들지 않게 몹시'라는 뜻이다.
35 '중신, 중매'는 결혼이 이루어지도록 중간에서 소개하는 일'을 말한다.

살았어요, 나는. 눈물 나, 눈물. 어려운 세상을 살았지. 애기 돌이
안 되는데, 시어머이가 애기를 낳는데 오직 허겠소? 그래 갖고 나를
데려다 놓고, 남편이라는 사람은 군인이 되어 가지고. 군인에 갔다
와서도, 술을 얄팍 먹고 좋은 세상 못 살았어요.

[북고리가 우리 친정 작은아버지가 살았는데, 이 마을 나 시집 온
집이 술도 안 먹고, 집안도 좋다고 친정 작은아버지가 나를 여의었
어. 시집 오니까, 시어머니도 애기 낳고 있어. 작은아버지가 중신했
어도, 그까짓 거리를, 작은아버지도. 그래 갖고 어려운 세상을 많이
살았어요, 나는. 눈물 나, 눈물. 어려운 세상을 살았지. 애기 돌이
안 되는데, 시어머이가 애기를 낳는데 오직 하겠소? 그래 갖고 나를
데려다 놓고, 남편이라는 사람은 군인이 되어 가지고. 군대에 갔다
와서도, 술을 몹시 먹고 좋은 세상 못 살았어요.]

[조] 그 당시에는 중매를 통해서만 결혼을 할 수밖에 없었어요?

박 : 그랬지. 다 중매로 했지. 이렇게 연애하고 그런 법은 없었어, 구식에
는. 중매로 했는데, 바로 오라버니랑 장나베[36]가 이런 데다 나를 넣
었당께. 세상천지 시어미도 애 낳느라. 그래서 막둥이 씨아제네가
나서 돌 지내고. 물도 없응께 어디서 저 크나큰 동으로 물 넣어다가,
돌 지내고. 안 죽응께 내가 그저 살고 있어야! 그런 에러운 세상
살면서.

[그랬지. 다 중매로 했지. 이렇게 연애하고 그런 법은 없었어, 구식
에는. 중매로 했는데, 바로 오라버니랑 작은아버지가 이런 데다 나

---

36 '작은아버지'를 발음한 것이다.

를 넣었다니까. 세상천지 시어머니도 애 낳느라. 그래서 막둥이
시아주버님네가 나서서 돌 지내고. 물도 없으니까 어디서 저 크나큰
통으로 물 넣어다가, 돌 지내고. 안 죽으니까 내가 그저 살고 있어
야! 그런 어려운 세상 살면서.]

조 그럼 시어머니와 함께 지내면서 힘든 점은 어떤 것이었어요?
박 : 죽고 살고 논매고 오면 언능 안 왔다고 머이라고, 환장하겠소. 나는
논밭에 가서 논매고 땀 찍찍 흘리고, 나락에 긁히고 그러고 나면은
늦게 온다고 그러고. 우리 시엄씨가 유별나서, 없어 갖고. 한번은
또, 밧을 뫼러 갔나 했는데, 내가 개가리 장만하면 잘하나 못하나
새댁이고 젊응께, 내가 집에서 개가리 장만해야 되겠소이. 그런데
나 보고는 밭 매러 가고, 당신이 개가리 장만한다오. 또 늦게 온다고
또 남 말 하고[37]. 안 죽응께 세상을 살았지. 그런데 끝끝내 이렇게
고생하고 살어. 친정에서는 밥 좋고, 맏딸로 생겨 갖고, 호강 받고
살아 갖고. 우리 친정 작은 아배가 그렇지. 작은 아배가 술 안 먹는
내렉이라고, 김씨네 술 안 먹고 좋은 내력이라고 그래 갖고서, 나를
여기다 시집 보냈응께.
[죽고 살고 논매고 오면 빨리 안 왔다고 뭐라고 하고, 환장하겠소.
나는 논밭에 가서 논매고 땀 줄줄 흘리고, 나락에 긁히고 그러고
나면은 늦게 온다고 그러고. 우리 시어머니가 유별나서, 없어 갖고.
한번은 또, 밭을 매러 갔나 했는데, 내가 음식 장만하면 잘하나 못하
나 새댁이고 젊으니까, 내가 집에서 음식을 장만해야 되지 않겠소.

---

37 '자신의 허점이나 잘못은 모르고 다른 사람에 대해 이러쿵저러쿵 한다.' 라는 뜻이다.

그런데 나 보고는 밭 매러 가고, 당신이 음식 장만한다고. 또 늦게
온다고 또 남 말 하고. 안 죽으니까 세상을 살았지. 그런데 끝끝내
이렇게 고생하고 살아. 친정에서는 밥 좋고, 맏딸로 생겨 갖고, 호
강 받고 살아 갖고. 우리 친정 작은아버지가 그렇지. 작은아버지가
술 안 먹는 내력이라고, 김씨네 술 안 먹고 좋은 내력이라고 그래
갖고서, 나를 여기다 시집 보냈으니까.]

조 그때 애는 어떻게 낳았어요?

박 : 집에서 다 낳았어.

[집에서 다 낳았어.]

조 그러면 시어머니가 받아주셨어요?

박 : 시어머니가 받았제. 집에 있었응께. 시어머니가 같이 애 낳는디 얼
마나 받아줬어. 시어머니가 낳은 애 있고, 보쌀대끼 밥하고 그랬는
데, 시어머니는 젊응께 들로 일하러 가드만. 내가 씨아제 업고, 애
기 그 놈 업고 보쌀 때 밥하고 그랬어.

[시어머니가 받았지. 집에 있었으니까. 시어머니가 같이 애 낳는데
얼마나 받아줬어. 시어머니가 낳은 애 있고, 포대기하고 밥하고 그
랬는데, 시어머니는 젊으니까 들로 일하러 가더군. 내가 시아주버
님 업고, 애기 그 놈 업고 포대기하고 밥하고 그랬어.]

조 고생 많으셨어요.

박 : 고생은 고생. 나같이 한 사람 없지. 저런 사람도 다 말 못하고. 저런
사람, 호강에 산 사람. 같은 시집오고 있어도, 씨엄네 잘 만나고

서방도 만나고 그렇께 좋은 세상 살았는디 나는, 나는 서방도 못
만났지, 씨엄씨도 엄청 시엄씨 만났지.
[고생은 고생. 나같이 한 사람은 없지. 저런 사람도 다 말 못하고.
저런 사람, 호강에 산 사람. 같은 시집오고, 시어머니 잘 만나고
서방도 만나고 그러니까 좋은 세상 살았는데 나는, 나는 서방도 못
만났지, 시어머니도 호된 시어머니 만났지.]

조 자식은 몇 명이나 낳으셨어요?

박: 자식은 낳은다고 낳은 거이, 지금 남자 애기를 넷 낳고 딸을 둘을
낳고 그랬는디, 장애자를 낳아 붓어. 또 세상 산 거이 엉망진창이여.
내 세상 산 것은. 이게 부끄러운 말로. 그란데다 젊어서 남편이 마흔
몇 살에 돌아가서 버렸어. 인자 그렇게 이렇게 시집 살다가 그랑께
나는 설움이 우리 어매 외탁해. 그러 놓고, 씨엄도 에로운 씨엄마는
에롭게 살다가 남편이 마흔 넷인가 다섯인가 일찍이 가 버렸어. 술
푸대 먹다가. 그래 보내 그 놈 아그들을 먹여 살릴라고 배 타고 노
젓으면서 청각 매서 폴고, 뭣 해서 폴고 해서 애 새끼들을 먹이고
살았는데. 궁기듯 하고 그렇게 살았는데. 그 때 일을 마이 했고,
이걸 좀 보세요. 골병들어서요. 그때 일을 많이 하고, 못해 일을
지금. 뱅원에서 날마다 산디. 그런데다가 또 쑥을 캐 갖고, 쑥을
캐러 가서 이고 오다가, 뭔 줄에 걸려 뒤깨져서 엎으러져서, 석달
간 서울 메느리 집 가서 방에 휠체어 끌고 다녔어. 그래 갖고 안진배
된다고 했는데, 근데 요케 걸어요.
[자식은 낳은다고 낳은 것이, 지금 남자 애기를 넷 낳고 딸을 둘을
낳고 그랬는데, 장애인을 낳아 버렸어. 또 세상 산 것이 엉망진창이

야. 내 세상 산 것은. 이게 부끄러운 말로. 그런데다 젊어서 남편이 마흔 몇 살에 돌아가 버렸어. 이제 그렇게 이렇게 시집 살다가 그러니까 나는 설움이 어머니를 닮았어. 그래 놓고, 시어머니도 어려운 시어머니는 어렵게 살다가 남편이 마흔 넷인가 다섯인가 일찍이 가 버렸어. 술 몹시 먹다가. 그리 보내고 그 놈 아이들을 먹여 살리려고 배 타고 노 저으면서 청각 매서 팔고, 뭐 해서 팔고 해서 애 새끼들을 먹이고 살았는데. 굶기듯 하고 그렇게 살았는데. 그 때 일을 많이 했고, 이걸 좀 보세요. 골병들어서요. 그때 일을 많이 하고, 못해 일을 지금. 병원에서 날마다 사는데. 그런데다가 또 쑥을 캐 갖고, 쑥을 캐러 가서 이고 오다가, 뭔 줄에 걸려 뒤로 넘어져서 엎드러져서, 석 달 간 서울 며느리 집 가서 방에 휠체어 끌고 다녔어. 그래 갖고 앉은뱅이 된다고 했는데, 근데 요렇게 걸어요.]

조 자식 낳고 산후 조리는 어떻게 하셨어요?

박: 첫 애기는 낳음씨로 여그 해변 가서 미역을 뜯어다 묵은 거예요. 그란디 미역도 많이 뜯어나 놓고 사도 안 해 갖고, 초고국밥 묵을 때나 미역국 묵을 때나. 미역도 시일에 메누리 들일 때는 없었어. 없어서 서럽긴 했어.

[첫 애기는 낳으면서 여기 해변 가서 미역을 뜯어다 먹은 거예요. 그런데 미역도 많이 뜯어나 놓고 사지도 안 해 갖고, 초고국밥 먹을 때나 미역국 먹을 때나. 미역도 시일에 며느리 들일 때는 없었어. 없어서 서럽기는 했어.]

조 자식을 키우면서 아플 때에 어떻게 하셨어요?

박: 내는 밤나 죽였어. 병원 못 가고 그대로 놔 버리니께 죽어 버리지.
그리고 저런 데 가서 약초 사다 먹이고, 또 의사 가서 한번 봐주고
그랬어. 이 동네에서 저 넘에 가믄 의사가 있는디, 그러면 의사가
한 번씩 봐주고. 그건데 애기 못 낫는다고, 씨피피인가 뭐 그런 병인
가 기양 죽어 버렸어.

[나는 매번 죽였어. 병원 못 가고 그대로 놔 버리니까 죽어 버리지.
그리고 저런 데 가서 약초 사다 먹이고, 또 의사한테 가서 한번 봐주
고 그랬어. 이 동네에서 저 너머에 가면 의사가 있는데, 그러면 의사
가 한 번씩 봐주고. 그런데 애기 못 낫는다고, 씨피피인가 뭐 그런
병인가 그냥 죽어 버렸어.]

조 민간요법 같은 건 있어요?

박: 몰라. 딴 사람은 머리 터지고 하면 머리에다 된장 붙이고 그랬어.
그런데 난 그런 것은 안 해 봤어.

[몰라. 딴 사람은 머리 터지고 하면 머리에다 된장 붙이고 그랬어.
그런데 난 그런 것은 안 해 봤어.]

조 애들 키우면서 첫돌이나 백일은 지냈어요?

박: 지냈지. 백일 되면 차르고.

[지냈지. 백일 되면 차리고.]

조 돌잔치는 크게 하셨어요?

박: 크게 안 했지. 어찌 꺼여, 형편이 못 된디. 성제 간에 미역국 같은

거 많이 끓여서 쌀 중간 성제 간에 노나 먹고, 시엄네 제제금 나오니까 시엄네 알게 하구. 어이그그, 내 세상. 저 친정에 갔다 옹께이, 큰집에서 살 던 헐던 집 다 독아지 떨어지더만 뭐라고 재정금 났당께, 친정에 갔다 옹께. 내 산 세상 구슬로 뀐다면 하늘에 꼽다 찔려도 못 찔르께. 그래 갖고 쑥 뜨러 가서 내 뒤를 부사 갖고. 우리 아들 친구가 "숙모 이모는 쑥만 나오믄 서울 오요" 그란디 그래도 메누리가 좋게 내색 없지. 여수에서 얻었는디.

[크게 안 했지. 어찌 하겠어, 형편이 못 되는데. 형제간에 미역국 같은 거 많이 끓여서 쌀도 중간에 형제간에 나눠 먹고, 시어머니가 따로따로 나오니까 시어머니네 알게 하고. 어이그그, 내 세상. 저 친정에 갔다 오니까, 큰집에서 살던 헐던 집 다 장독대 떨어지더니만 뭐라고 재정금 났다니까, 친정에 갔다 오니까. 내 산 세상 구슬로 뀐다면 하늘에 꿰다 찔려도 못 찌를 겨. 그래 갖고 쑥 뜨러 가서 내 뒤를 부숴 갖고. 우리 아들 친구가 "숙모 이모는 쑥만 나오면 서울 와요." 그런데 그래도 며느리가 좋게 내색 없지. 여수에서 얻었는데.]

조 지금 자식들은 어디에서 살고 있어요?

박 : 딸 둘 서울서 살고 큰아들, 작은아들 둘 서울서 살고, 장애자 둘 뎃고.

[딸 둘 서울서 살고 큰아들, 작은아들 둘 서울에서 살고, 장애자 둘 데리고.]

조 지금 아들 둘이랑 같이 생활하세요?

박 : 아들 둘이 장애자. 큰아들은 메누리를 잘 얻어 놓기에 내가 살지.
메누리가 저번 날도 와서 청심환도 사다 주고, 뭣 하고 뭣 하고.
[아들 둘이 장애자. 큰아들은 며느리를 잘 얻어 놓기에 내가 살지.
며느리가 저번 날도 와서 청심환도 사다 주고, 무엇 하고 무엇 하고.]

조 자주 내려 와요?

박 : 자주는 못 와. 서울서 횟집하고 있어. 바뽕께 자주는 못 내려오고.
[자주는 못 와. 서울서 횟집하고 있어. 바쁘니까 자주는 못 내려오고.]

조 명절 때에 와요?

박 : 내가 큰메누리는 잘 얻어 갖고. 큰메누리네 방에서 석달 휠체어 끌
고 다니고 그랬어. 휠체어가 농을 다 찍어 버렸어. 근데 메누리가
"농이 문제요, 엄마 몸이 중허제."
[내가 큰며느리는 잘 얻어 갖고, 큰며느리네 방에서 석달 휠체어
끌고 다니고 그랬어. 휠체어가 농을 다 찍어 버렸어. 근데 며느리가
"농이 문제요, 엄마 몸이 중요하지."]

조 손자, 손녀는 어떻게 지내요?

박 : 우리 큰 손주 딸은 시집가고, 군인 남자 만나 시집가고. 작은 손주도
남자 있고. 아그들 셋인데, 하나 머이마고 둘이 가시나인데, 인자
머이마 막둥이는 인자 고등학교 몇 학년인가.
[우리 큰 손주 딸은 시집가고, 군인 남자 만나 시집가고. 작은 손주
도 남자 있고. 아이들 셋인데, 하나 남자아이고, 둘이 여자아이인

데, 이제 남자아이 막둥이는 이제 고등학교 몇 학년인가.]

조 추석 때에 자식들이 내려오면 할머니가 요리 해놓고 전도 해놓고
그러신가요?

박: 아니오. 오늘이 기라믄 내일 우리 며느리가 계란을 몇 판썩 사서
갖고 오믄, 한번은 십 키로짜리 포대를 들퍼 오드랑께 "아야, 여기
서 벼 싼 쌀 먹고 싼 쌀도 못 다 먹는 뭔 쌀을 또 갖고 오냐께".
나 저 읍에서 사와야겠다고 설탕을 두 개 사온 거요. 그래 갖고 즈그
장사 중간에 모두 다 나누어 주고, 인심 쓰고 그러하지. 참 한나썩이
여. 나 읍에서도 사 갖고 다루기 힘들다고.
[아니요. 오늘이 명절이라면 내일 우리 며느리가 계란을 몇 판씩
사서 갖고 오면. 한번은 십 킬로그램짜리 포대를 들고 오더라니까.
"애야, 여기서 벼 싼 쌀 먹고 싼 쌀도 못 다 먹는 뭔 쌀을 또 갖고
오냐?" 하니까, 나 저 읍에서 사와야겠다고 설탕을 두 개 사온 거요.
그래 갖고 자기들 장사 중간에 모두 다 나누어 주고, 인심 쓰고 그러
하지. 참 하나씩이야. 나 읍에서도 사 갖고 다루기 힘들다고.]

조 진짜 좋은 며느리네요.

박: 진짜, 저 여수인디. 여러 번 세상 살게 만드네. 저런 사람들은 다
편하게 살지, 남편들이 있고. 지금은 아무 것도 못하고 국가에서
먹여주고 함께 살아요. 오늘도 방에 수리해 놓는다고, 정부에서.
[진짜, 저 여수인데. 여러 번 세상 살게 만드네. 저런 사람들은 다
편하게 살지, 남편들이 있고. 지금은 아무 것도 못하고 국가에서
먹여주고 하니까 살아요. 오늘도 방을 수리해 놓는다고, 정부에서.]

[조] 집에까지 와서 수리해 주는 게 서비스인가요?

박 : 네. 서비스로 문도 정면에 달아주고 이런 에어컨도 하나 주고. 오늘
은 등 달러 온다고. 장애자들이 있어 나서. 나도 이젠 빙신됭께 아무
것도 못하고 밥만 먹고 살아요. 장애자 아들 하나가 나이가 여러
살 먹었는디 가이나여. 집 청소도 다 하고 나를 도와주고 그래요.
[네. 서비스로 문도 정면에 달아주고 이런 에어컨도 하나 주고. 오늘
은 등 달러 온다고. 장애자들이 있어 나서. 나도 이젠 병신되끼³⁸
아무 것도 못하고 밥만 먹고 살아요. 장애자 아들 하나가 나이가
여러 살 먹었는데 여자야. 집 청소도 다 하고 나를 도와주고 그래요.]

[조] 밥은 직접 해서 드세요?

박 : 그러하지. 내가 된장국 같은 건 끓이고 반찬은 내가 맹들고.
[그렇지. 내가 된장국 같은 건 끓이고 반찬은 내가 만들고.]

[조] 그럼 반찬은 주로 어떤 것을 드세요?

박 : 지금 조카들이 호박 생겨서 호박 주면 갖다 된장국 끓여 먹고, 인자
가을에 김채 담가 놓으믄 배추를 먹고 그러지 머. 뭣을 해 먹겠소?
[지금 조카들이 호박 생겨서 호박을 주면 갖다 된장국 끓여 먹고,
이제 가을에 김치 담가 놓으면 배추를 먹고 그러지 뭐. 무엇을 해서
먹겠소?]

[조] 가장 좋아하는 음식은 뭐예요?

---

38 '거동이 힘드니까'의 뜻이다.

박 : 좋아하는 음식도 젊어서 말이지, 인제는 김치, 진장[39]에는 김치 하
    나도 매워서 못 먹어. 입술 알러지가 심하고 신경 쓰이고 아프고
    항께 매운 것이라면 못 먹고 된장국 끓여 먹고. 안 매운 그런 갓
    김치나 먹지, 배추는 안 먹어. 젓갈 같은 것도 맛있제. 그런 거는
    먹도 안하고. 이 나이 평생 술은 안 먹어요. 술을 먹고 이것저것
    먹는 사람이 젓갈 같은 것도 잘 묵제.
    [좋아하는 음식도 젊어서 말이지, 이제는 김치, 이제는 김치 하나도
    매워서 못 먹어. 입술 알레르기가 심하고 신경 쓰이고 아프고 하
    니까 매운 것이라면 못 먹고 된장국 끓여 먹고. 안 매운 그런 갓 김치나
    먹지, 배추는 안 먹어. 젓갈 같은 것도 맛있지. 그런 거는 먹지도
    않고. 이 나이 평생 술은 안 먹어요. 술을 먹고 이것저것 먹는 사람
    이 젓갈 같은 것도 잘 먹지.]

조 혹시 집에서 대대로 내려오는 요리법 같은 건 있으세요?

박 : 그건 김치, 묵은 김치.
    [그건 김치, 묵은 김치.]

조 옛날에 직접 김장하셨어요?

박 : 예예.
    [예예.]

---

39 '겨우내 먹기 위하여 김치를 한꺼번에 많이 담그는 일. 또는 그렇게 담근 김치'를 말한다.

조 김장하는 방법을 좀 알려주세요.

박: 김장? 외쪽해서 갱물⁴⁰에 절어 갖고, 쌀풀 써서 쌀을 담궜다가 풀
   써 갖고, 고치가루 젓어서 배추에 문대믄 먹지.
   [김장? 쪼개서 바닷물에 절여 갖고, 쌀풀 쒀서 쌀을 담갔다가 풀
   쒀 갖고, 고춧가루 저어서 배추에 문대면 먹지.]

조 여기서 젓갈 넣어서 먹어요?

박: 네, 젓갈 넣고. 풀을 쑨 통에다 풀하고 고치가루하고 마늘 양념 젓어
   갖고 거기다 젓갈 쳐 갖고 배추에 문대면 그것이 김치지.
   [네, 젓갈 넣고. 풀을 쑨 통에다 풀하고 고춧가루하고 마늘 양념
   저어 갖고 거기다 젓갈 쳐 갖고 배추에 문대면 그것이 김치지.]

조 옛날에는 냉장고가 없었을 때는 항아리 같은 데 담아 가지고 밖에다
   놔두고.

박: 네, 그랬는데. 냉장고에 있는 김장 김치는 이참에 아들이 와서 다
   싣고 간 것 같애. 다 빈 냉장고가 있어.
   [네, 그랬는데. 냉장고에 있는 김장 김치는 이번에 아들이 와서 다
   싣고 간 것 같아. 다 빈 냉장고가 있어.]

조 다 가져가 버렸어요?

박: 식당 항께.
   [식당하니까.]

---

40 '바닷물'의 방언형이다.

조 그럼 할머니 손맛 좋으시겠어요. 식당에 배달 갈 정도면.

박 : 옛날처럼 못해 줘. 건강하구 할 때는 했는디. 올 같은 해는 못하지. 나이도 있는 데다가, 배추도 못 갈고, 땅도 이젠 없어져 버리고.
[옛날처럼 못해 줘. 건강하고 할 때는 했는데, 올해 같은 해는 못하지. 나이도 있는 데다가, 배추도 못 갈고, 땅도 이젠 없어져 버리고.]

조 예전에는 농사도 지으셨어요?

박 : 농사도 했지. 농사를 지어서 논도 매고, 시집 살 때하고, 제저금[41] 살 때는 논 같은 것은 없어 버리고 안 하고. 에런 시어머이 만나 갖고 나 고상고상 뭐람시 하기로 해 쌓고.
[농사도 했지. 농사를 지어서 논도 매고, 시집 살 때하고, 분가해서 살 때는 논 같은 것은 없어 버리고 안 하고. 어려운 시어머니 만나 갖고 나 고생고생 뭐하면서 하기로 해 쌓고.]

조 품앗이 같은 것도 하고요?

박 : 옛날에 모 할 때에, 이 집 모하고 저 집 모하고 품앗이 댕기고 그랬지. 그라고 나 같은 논 없는 사람은 품팔이 댕기고. 오늘 가서 얼마 벌고 오면 모 하면은 얼마를 주는 그런 품팔이 댕기고 그랬지.
[옛날에 모 할 때에, 이 집 모하고 저 집 모하고 품앗이 다니고 그랬지. 그리고 나 같은 논 없는 사람은 품팔이 다니고. 오늘 가서 얼마 벌고 오면 모 하면은 얼마를 주는 그런 품팔이 다니고 그랬지.]

---

41 '딴살림'의 방언형이다.

조 품팔이 없을 때는 어떻게 하셨어요?

박: 아적밥 먹고 나가서 바닥에 그 하나씩 있는 톳 줏어서 그 놈 몰려서 이구 와서 그 놈 팔고. 노조 댕기는 것도 김치에 담고 그리고 청각, 그 청각 해서 몰려 놓믄 또 저런 완도에서 여기까지 사러 와 버레. 그럼 팔고. 그럼 사는 사람들이 형편이 어렵다고 하믄 김도 바꿔서 주고 그러더구만. 이래저래 먹고 살았지. 놈 아니믄 못살지. 지금도 땅이 하나도 없응께, 풋고추도 누가 따서 먹으라고 주고, 이웃마을 에서 호박 같은 것도 챙겨줘서 잘 먹고. 놈의 도움 아니믄 폴쎄 죽었지. 정부 아니고 남 아니고, 도와주는 사람 없으면 뽈쎄 죽었지. 인자 여름이 되면 밭농사 하고, 저 바다에 물이 한낮 채워서 들 때가 있고, 쑥 빠져 썰 때가 있어. 그러믄 밭일을 하다가도 물이 쑥 썰 먼은, 배 타고 나가서 청각도 밀고.

[아침밥 먹고 나가서 바다에 그 하나씩 있는 톳 주워서 그것 말려서 이고 와서 그것 팔고. 노조 다니는 것도 김치에 담고 그리고 청각, 그 청각 해서 말려 놓으면 또 저런 완도에서 여기까지 사러 와 버려. 그럼 팔고. 그럼 사는 사람들이 형편이 어렵다고 하면 김도 바꿔서 주고 그러더구만. 이래저래 먹고 살았지. 남 아니면 못살지. 지금도 땅이 하나도 없으니까. 풋고추도 누가 따서 먹으라고 주고, 이웃마 을에서 호박 같은 것도 챙겨줘서 잘 먹고. 남의 도움 아니면 벌써 죽었지. 정부 아니고 남 아니고, 도와주는 사람 없으면 벌써 죽었지. 이제 여름이 되면 밭농사 하고, 저 바다에 물이 가득 채워서 들 때가 있고, 쑥 빠져 썰 때가 있어. 그러면 밭일을 하다가도 물이 쑥 빠지 면, 배 타고 나가서 청각도 뜯고.]

[조] 청각은 뭐예요?

박 : 김치에도 넣고, 도시 사람이 사 먹어. 그런 사람들이 사러 와, 산에. 그럼 또 팔고. 내 세상은 선생님인데다 할 이야기가 아니야. 징하게 도 서럽게 살아서 말을 하자면 다 못해. 이 동네에서도 저런 할매들 은 남편이 있고 부자집이라서 남편은 술 안 먹고 옹께 고생 안 하고 살았는디, 나는 유독이 남편이 술 먹다가 일찍 죽어버링께. 아그들 이 그러믄, 내가 일 안 하믄 밥을 궁길 수밖에 그전에는 국가에서 주지도 아니 하고, 그래도 지금은 국가에서 쌀은 쌀 주고. 우리 아가 들은 돈으로 주고, 그렇께 먹고 살지.

[김치에도 넣고, 도시 사람이 사 먹어. 그런 사람들이 사러 와, 산에. 그럼 또 팔고. 내 세상은 선생님한테다 할 이야기가 아니야. 매우 서럽게 살아서 말을 하자면 다 못해. 이 동네에서도 저런 할머니들 은 남편이 있고 부잣집이라서 남편은 술 안 먹고 오니까 고생 안 하고 살았는데, 나는 유독이 남편이 술 먹다가 일찍 죽어버리니까. 아이들이 그러면, 내가 일 안 하면 밥을 굶길 수밖에 그전에는 국가 에서 주지도 않고, 그래도 지금은 국가에서 쌀은 쌀 주고. 우리 아이 들은 돈으로 주고, 그러니까 먹고 살지.]

[조] 예전에는 밭일이나 농사할 때 노래도 불렀어요?

박 : 그거는 "김 팔아 팔자 고치고~" 그랬지. 친정에 우리 가이나 때 살았 을 때는, 팔자 고치고 또 "서윤"이라고 밤에 가서 일이삼사 배우고. 그래서 인제 "서윤" 대님시로 포도시 이녁 우리의 이름을 쓴디, 선생 님네 앞에 가서 써라믄 손이 떨려 갖고 못 써. 서퉁께.

[그거는 "김 팔아 팔자 고치고~" 그랬지. 친정에 우리 처녀일 때

살았을 때는, 팔자 고치고 또 "서윤"이라고 밤에 가서 일이삼사 배우
고. 그래서 이제 "서윤" 다니면서 겨우 자기, 우리의 이름을 쓰는데,
선생님네 앞에 가서 쓰려면 손이 떨려 갖고 못 써. 서투니까.]

조 새참 같은 것은 뭘로 드셨어요?

박 : 밥이제. 비 맞고 뭐 하고 밀죽 쒀 갖고 밀죽 먹고. 주로 밭에서는
써쑥하고 쒸쒸하고 반씩 섞어서 더운밥이라고 해 갖고 와서 새참
먹고. 낮에는 쌀밥해서 먹고.
[밥이지. 비 맞고 무엇 하고 밀가루죽 쒀 갖고 밀가루죽 먹고. 주로
밭에서는 서숙하고 수수하고 반씩 섞어서 더운밥이라고 해 갖고 와
서 새참 먹고, 낮에는 쌀밥해서 먹고.]

조 예전에는 밭을 하면 막걸리도 마시고 그러잖아요. 그런 것도 아예
안 드시고?

박 : 안 묵어. 술이란 것은 아예 어른 잃고 술 먹고 귀천했는디⁴² 내가
묵것소? 처음부텀 안 묵는 술이라 안 묵어.
[안 먹어. 술이란 것은 아예 어른 잃고 술 먹고 돌아가셨는데 내가
먹겠소? 처음부터 안 먹는 술이라 안 먹어.]

조 그런데 여기서 마시려면 술을 직접 담그는 거예요? 아니면 사다 먹
어요?

박 : 소주 사다 먹지. 저 읍에 가서. 읍에서 삼겹살 사고, 여기 아저씨들

---

42 '사람이 죽다.' 라는 뜻이다.

도 잘 안 먹어.

[소주 사다 먹지. 저 읍에 가서. 읍에서 삼겹살 사고, 여기 아저씨들
도 잘 안 먹어.]

조 겨울처럼 밭농사 못할 때에는 어떻게 생업을 유지하셨어요?

박: 그럴 때는 미리 해 놨다 먹고, 따술 때 해 놨다 먹고. 김장 같은
것은 해 놨다 시한에 추울 때 먹고, 곡석도 미리 준비해 놨다 먹으면
기양도 한두 달 되면 손발로 벌어먹게 따스해지고.

[그럴 때는 미리 해 놨다 먹고, 따뜻할 때 해 놨다 먹고. 김장 같은
것은 해 놨다 한겨울에 추울 때 먹고, 곡식도 미리 준비해 놨다 먹으
면 그냥도 한두 달 되면 손발로 벌어먹게 따뜻해지고.]

조 겨울에는 바다에 나가요?

박: 겨울에는 추워서 못 나가고 여름밖에 못해. 지금은 전혀 아무 것도
못해. 정부에서 그리 알아서 싼 쌀 주고 먹고, 영수 에미는 애기들이
있응께 주고 먹고.

[겨울에는 추워서 못 나가고 여름밖에 못해. 지금은 전혀 아무 것도
못해. 정부에서 그리 알아서 싼 쌀 줘서 먹고. 영수 어미는 아이들이
있으니까 주고 먹고.]

조 시집오기 전에는 어떠셨어요?

박: 시집은 부자집서 태어나 갖고, 오뉴월 염치도 저는 쌀독아지 돼서
쌀 독아지에 쌀 퍼먹고 배고픈 사람을 퍼 주고 그랬어요, 내가. 그랬
는데 시집 와 갖고 나무 땔 일 친정에는 이롭게 했는데, 시집옹께

나무도 없어, 불 열 나무도. 그래 갖고 풀이나 솔나무 갖다 여무 피우고. 씨엄씨는 이렇게 시키고. 보리에 친 끝보리쌀으 절구로 한 나절을 찧어 갖고 낮에 점심을 한 거여. 내가 글을 모르오. 내가 글은 안다면 다 적어 갖고 자석들도 뵈우고 선생님들도 좀 뵈므 꺼 짓거리 아니겠는가. 참말이오. 그런 세상 살았소.

[시집은 부잣집에서 태어나 갖고, 오뉴월 염치도 저는 쌀독 돼서 쌀 항아리에 쌀 퍼먹고 배고픈 사람을 퍼 주고 그랬어요, 내가. 그랬는데 시집 와 갖고 나무 땔 일 친정에는 이롭게 했는데, 시집오니까 나무도 없어, 불 넣을 나무도. 그래 갖고 풀이나 소나무 갖다 넣으면 피우고. 시어머니는 이렇게 시키고. 보리에 친 끝보리쌀은 절구로 한나절을 찧어 갖고 낮에 점심을 한 거야. 내가 글을 모르오. 내가 글을 안다면 다 적어 갖고 자식들도 보게 하고 선생님들한테도 좀 보게 하면 거짓말이 아니겠는가. 참말이오. 그런 세상 살았소.]

[조] 부모님은 어떤 일을 하셨어요?

박 : 우리 부모님은 어렸을 때 농사짓고 살았어요. 저 서당이란, 여기서 가면 저 면사무소 옆에 마을에서 사는디, 그 논에서 나락을 이렇게 벼를 짜서 쌀밥만 먹고 살고 모지로 생겨 갖고 고방[43]으로 컸어요. 울집서도 그랬는디. 우리 친정 작은아버지가 이런데다 여운당께. 작은아버지가 소개해 갖고, 그렇게 내가 서럽게 작은아버지께 밀려 가지고 욕한 거요. 세상에~ 내 핏줄을, 내 이런데다 여웠을까 싶어.

[우리 부모님은 어렸을 때 농사짓고 살았어요. 저 서당이란, 여기서

---

43 '고상하게'의 뜻이다.

가면 저 면사무소 곁에 마을에서 사는데, 그 논에서 나락을 이렇게
벼를 짜서 쌀밥만 먹고 살고 모지로 생겨 가지고 고상하게 컸어요.
우리집에서도 그랬는데. 우리 친정 작은아버지가 이런데다 여위니
까. 작은아버지가 소개해 갖고, 그렇게 내가 서럽게 작은아버지께
밀려 가지고 욕한 거요. 세상에~ 내 핏줄을, 내 작은아버지가 이런
데다 여위었을까 싶어.]

[조] 형제자매는 어떻게 되세요?

박: 내가 제일 맏이 딸이고, 그 댐에 동생 있고, 그 댐에 남동생 둘이
있고. 지금 여동생은 서울에서 살고 있어. 그때는 이렇게 공부도
못하게 해서 애입이라고 나갔는디, 저 복이 있었던가. 부자집으로
가 갖고 부자들과 그래 갖고. 아기들으 아흐라들이 가리키고, 또
식모는 식모대로 있고, 그러한 집에 가 갖고는, 어쩧게 갖고는 그
집에서 간호사로 일하게 되므. 간호사로 가 갖고 좋은 남편 만나
갖고 시상 편하게 살어. 내 막내동생이. 그리고 남동생 둘이 서울서
살고. 여동생 하나는 이 근래에 베울터란 동네에서 뽀로 살다가 못
살고 죽어 있고. 내가 이렇게 서럽게 살지.
[내가 제일 맏이 딸이고, 그 담에 동생 있고, 그 담에 남동생 둘이
있고. 지금 여동생은 서울에서 살고 있어. 그때는 이렇게 공부도
못하게 해서 가정교사라고 나갔는데, 저 복이 있었던가. 부잣집으
로 가 갖고 부자들과 그래 갖고. 아이들은 아이들이 가르치고, 또
식모는 식모대로 있고, 그러한 집에 가 갖고는, 어떻게 갖고는 그
집에서 간호사로 일하게 돼서. 간호사로 가 갖고 좋은 남편 만나
갖고 세상 편하게 살아. 내 막냇동생이. 그리고 남동생 둘이 서울에

서 살고. 여동생 하나는 이 근래에 베울터란 동네에서 빠듯이 살다
가 못 살고 죽었고. 내가 이렇게 서럽게 살지.]

[조] 할머니의 최근 일상은 어떠세요?

박 : 아침 먹고 주욱 있다가 일 많은 사람들 오면 그 사람들 따라가제.
내가 있을 수는 없응께. 그리고 한참 있다가 저녁때쯤에 다시 집에
돌아가서. 우리는 집에 가서 저녁밥 먹고, 먹기 싫으면 저 선창 가
고. 선창 가면 겁나게 시원해서 좋아. 그라고 연속극 할 때면 또
들어가서 연속극 보고. 사는 게 편해. 방에 다 에어컨 있지만은 선창
에 가 있는 버릇이 늘어나 가지고. 모기도 하나도 없고 바람 불면
시원하고. 그라고 주로 이야기도 하고 텔레비전도 보고 잠도 자고.
잠을 많이 자. 그랑께 여기서 서울로 간 사람, 저번 날 댕기러 와서
생전 서울은 드러누웠은 법이 없다고 그랑께, 거기는 도시길이고
여기는 시골길이니깐. 누워서 많이 살아. 누웠어야 편하고.
[아침 먹고 쭉 있다가 일 많은 사람들 오면 그 사람들 따라가지.
내가 있을 수는 없으니까. 그리고 한참 있다가 저녁때쯤에 다시 집
에 돌아가서. 우리는 집에 가서 저녁밥 먹고, 먹기 싫으면 저 선창에
가고. 선창에 가면 매우 시원해서 좋아. 그리고 연속극 할 때면 또
들어가서 연속극 보고. 사는 게 편해. 방에 다 에어컨 있지만은 선창
에 가 있는 버릇이 늘어나 갖고. 모기도 하나도 없고 바람 불면 시원
하고. 그리고 주로 이야기도 하고 텔레비전도 보고 잠도 자고. 잠을
많이 자. 그러니까 여기서 서울로 간 사람, 저번 날 다니러 와서
항상 서울은 드러누워 있는 법이 없다고 그러니까, 거기는 도시길이
고 여기는 시골길이니깐. 누워서 많이 살아. 누워있어야 편하고.]

[조] 할머니 집은 여기서 가까우세요?

박 : 쩌 바닷가 위에서 살어. 여기서 건너가면 쩌 기와집 뚫려 있는. 여기
서 건너가면 우리집 뵌다. 껌은 기와집. 내가 어째서 저 집을 구했냐
면, 김 공장에 댕김시로 밤에 밤새도록 잠을 못 자고, 요로코롬 해서
김 묶어서, 김 공장에 댕기고 해서 보내고. 우리집이 징하게, 우리
집이 제일 북고리에서 깨끗하데이. 우리가 그라고 그 애기 장애자
머이마가. 그리고 짓어 지기가 깨끗이 짓어 갖고. 여기 봐, 저런
연자가 다 흙인디 우리 집은 흙연자를 다 개레 버렸어, 베니다로.
[저 바닷가 위에서 살아. 여기서 건너가면 저 기와집 뚫려 있는.
여기서 건너가면 우리집 보이는데, 검은 기와집. 내가 어째서 저
집을 구했냐면, 김 공장에 다니면서 밤에 밤새도록 잠을 못 자고,
요렇게 해서 김 묶어서, 김 공장에 다니고 해서 보내고. 우리집이
매우, 우리 집이 제일 북고리에서 깨끗해. 우리가 그리고 그 아이
장애자 아들이. 그리고 지어. 자기가 깨끗이 지어 갖고, 여기 봐,
저런 연자가 다 흙인데 우리 집은 흙연자를 다 가려 버렸어, 슬레이
트로.]

[조] 집을 직접 지으신 거예요?

박 : 응. 짓을 때는 서럽게, 남편하고 서럽게 저거 작게 해서 모래 세재에
다 그릏그 집을 짓고 씻었는디. 그래 놔도 가볍게 한자 낌 했어,
그 집을. 그렇게 좋게 낌 했어. 저기 완도에서 목수들이 와서 낌
했어. 그란디 요게 우에 천장 백이 이런 베니다로 흙으 안 떨어지게
연자로 다 개레 버렸어. 흙 하나 안 떨어지고 깨끗하고. 집은 부자집
터여. 가난한 집인디 집은 부자집 터여.

[웅. 짓을 때는 서럽게, 남편하고 서럽게 저거 작게 해서 모래에다 그렇게 집을 짓고 씻었는데. 그래 놓아도 가볍게 혼자 낌 했어, 그 집을. 그렇게 좋게 낌 했어. 저기 완도에서 목수들이 와서 낌 했어. 그런데 요게 위에 천장 벽이 이런 슬레이트로 흙을 안 떨어지게 연자로 다 가려 버렸어. 흙 하나 안 떨어지고 깨끗하고. 집은 부잣집 터야. 가난한 집인데 집은 부잣집 터야.]

조 마을 사람들과의 관계는 어떠세요?

박: 생전 입씨름 안하고 살만하면 살지, 옛날에 비해서라면. 다 서로 이해하고 관대항께.

[생전 입씨름 안하고 살만하면 살지, 옛날에 비해서라면. 다 서로 이해하고 관대하니까.]

조 마을 사람들과 함께 지낼 때 뭐하세요?

박: 여기에 요가 선생이 댕게, 요가 선생이 운동을 하라고 시키믄은 다 드러눕다 일어나서 하도 못 항께. 이렇게 활개치고 서서 해야 되는데, 다 아프니까 앙거서 할랑께 돼야제. 깝깝해 그 요가도. 그런데 지금 방학부터 요새는 안 댕겨. 공부를 쪼끔 시키려는데, 아기람 일이삼사도 모르고 아무 것도 모르는데 어떻게 하겠소. 뭐 보릿고개 노래 그런 거 배운대도 그것도 못하고, 하여튼 못하겠소. 나이가 이렇게 돼 버링께.

[여기에 요가 선생이 다녀, 요가 선생이 운동을 하라고 시키면 다 드러눕다 일어나서 너무 못 하니까. 이렇게 활개치고 서서 해야 되는데, 다 아프니까 앉아서 하니까 어디 돼야지. 갑갑해 그 요가도.

그런데 지금 방학부터 요즘은 안 다녀. 공부를 조금 시키려는데,
아기처럼 일이삼사도 모르고 아무 것도 모르는데 어떻게 하겠소.
뭐 보릿고개 노래 그런 거 배운대도 그것도 못하고, 하여튼 못하겠
소. 나이가 이렇게 돼 버리니까.]

조 마을 회관에서 반찬은 다른 데서 보내 주는 거예요?

박 : 우리가 가을에 김장하면 김치 하나 있고, 또 색다른 거 있어. 어제는
저 엄네가 제사 지내 갖고 오늘 가져옹께 먹고.
[우리가 가을에 김장하면 김치 하나 있고, 또 색다른 거 있어. 어제
는 저 집에서 제사 지내 갖고 오늘 가져오니까 먹고.]

조 제사는 지금도 많이 지내시나요?

박 : 있는 사람은 다 지내지. 그 전에는 여기를 제사 지내믄 막 있는 것을
많이썩 이고 와서 그랬어. 그랬는데 이렇게 나눠 먹으라믄 귀찮아서
그것은 없애버리고, 지금은 쬐금 먹을 치만 갖다 놔. 식구가 적응께.
[있는 사람은 다 지내지. 그 전에는 여기에서 제사 지내면 막 있는
것을 많이씩 이고 와서 그랬어. 그랬는데 이렇게 나눠 먹으려면 귀
찮아서 그것은 없애버리고, 지금은 조금 먹을 만큼만 갖다 놔. 식구
가 적으니까.]

조 마을에서 잔치 같은 것을 하고 그래요?

박 : 그러제, 그러제. 복날 그런 때 닭 같은 것 다 같이 먹고. 나는 그럼
여그서 또 먹고 가믄 집이 있는 아그들이 걸려 죽었어.
[그렇지, 그렇지. 복날 그런 때 닭 같은 것 다 같이 먹고. 나는 그럼

여기서 또 먹고 가면 집에 있는 아이들이 마음에 걸려 죽겠어.]

[조] 복날에도 닭 드셨어요?

박 : 응, 닭 많이 사다 먹었어. 그리고 또 정부에서도 싱싱한 닭을 동네마다 줬어. 안 먹고 시 마리 다 여기다 줬어. 식구는 적고 항께. 노인들 잘 먹고 살제. 속 편하고 한 사람 잘 먹고 살지. 정부에서 그렇게 주고. 정부에서 나온 돈을 받고 닭도 산 놈도 정부에서 나온 돈 갖고 샀지. 회장이 있고 반장 있고 하는데, 회장이 샀지.

[응, 닭 많이 사다 먹었어. 그리고 또 정부에서도 싱싱한 닭을 동네마다 줬어. 안 먹고 세 마리 다 여기다 줬어. 식구는 적고 하니까. 노인들 잘 먹고 살지. 속 편하고 한 사람 잘 먹고 살지. 정부에서 그렇게 주고. 정부에서 나온 돈을 받고 닭도 산 것도 정부에서 나온 돈 갖고 샀지. 회장이 있고 반장 있고 하는데, 회장이 샀지.]

[조] 명절은 설과 추석 이외에 지내는 명절이 있어요?

박 : 그전 같이 많이 안 지내. 추석, 설은 걸게 모두 지내고 자식들도 오고 그란디, 이 보름에는 여기서 별로 가정에서 안 지내. 여름에도 많이 안 지내.

[그전 같이 많이 안 지내. 추석, 설은 걸게 모두 지내고 자식들도 오고 그러는데, 이 보름에는 여기서 별로 가정에서 안 지내. 여름에도 많이 안 지내.]

2. 북고리 사람들의 어업 생활

[조] 제가 여기 할머니, 할아버지 옛날에 바다 나가서 어떻게 하셨는지
궁금해 가지고.

김 : 옛날에 우리들은 새우요. 새우 잡은다고, 진도, 진도 말 들었죠?
진도까지 여기서.

[옛날에 우리들은 새우요. 새우 잡는다고, 진도, 진도 말 들었죠?
진도까지 여기서.]

[조] 여기서 배타고?

김 : 여기서 쪼까난 제주선 그때는 배도 안 컸어요. 배도 한 삼 톤, 삼
톤 넘었것지. 그런 배를 타고 저 진도라고 거까지 가요. 그 앞바다에
서 새우를 잡아요. 그라믄 안개나 지믄 오도 가도 못 하고 거기서
자요. 뭐 물건도 다 버리고 썩어 붕게 여름이라 그렇게 세상을 살았
어요. 그라고 안개 지믄 못 오고 거기서 자고 원 없이 고생했어요.
이제 날 좋으면 내려와요.

[여기서 조그만 제주선 그때는 배도 안 컸어요. 배도 한 삼 톤, 삼
톤 넘었겠지. 그런 배를 타고 저 진도라고 거기까지 가요. 그 앞바다
에서 새우를 잡아요. 그러면 안개가 지면 오지도 가지도 못 하고
거기서 자요. 뭐 물건도 다 버리고 썩어 버리니까 여름이라 그렇게
세상을 살았어요. 그리고 안개 지면 못 오고 거기서 자고 원 없이
고생했어요. 이제 날 좋으면 내려와요.]

조 그게 몇 년 전쯤에?

김 : 몇 살에 했으까 나이도 그때는 기억을 안 해 놔서.

　[몇 살에 했을까 나이도 그때는 기억을 안 해 놔서.]

조 육십? 이십 년 전에요?

김 : 육십, 칠십 그런 나이에 그렇게 했지.

　[육십, 칠십 그런 나이에 그렇게 했지.]

조 그럼 얼마 안 됐네요?

김 : 얼마 안 됐지요. 그래서 그때 그렇게 벌어서 애기들 갈치고 다 광주

　에다 광주에다 애기들 다 시키고.

　[얼마 안 됐지요. 그래서 그때 그렇게 벌어서 애기들 가르치고 다

　광주에다 광주에다 애기들 다 시키고.]

조 아, 육십 년, 칠십 년대?

김 : 네, 그렇게 했어요.

　[네, 그렇게 했어요.]

조 그럼 그 배를 타고 진도까지 얼마나 걸려요? 시간이?

김 : 한 두어 시간 걸리지요. 배만 잘 댕기면 한디 그때 배는 잘 안 댕겼어

　요. 지금은 고속이라 날라댕겨요. 바로 여기 지금 추자라고 제주

　그쪽.

　[한 두어 시간 걸리지요. 배만 잘 다니면 하는데 그때 배는 잘 안

　다녔어요. 지금은 고속이라 날아다녀요. 바로 여기 지금 추자라고

제주 그쪽.]

조 추자도?

김 : 예, 그런 데까지 다 다녔어요. 우리 아저씨가 삼치를 잘 잡았어요.

　　[예, 그런 데까지 다 다녔어요. 우리 아저씨가 삼치를 잘 잡았어요.]

조 아, 삼치? 여기서요?

김 : 삼치 잡으러도 댕겼어요. 나는 추자, 추자 돌아댕기면 나는 무서
　　갖고 물이 푸래. 물이 푸래 갖고 배는 적지 막 물 속으로.

　　[삼치 잡으러도 다녔어요. 나는 추자, 추자 돌아다니면 나는 무서워
　　갖고 물이 파래. 물이 파래 갖고 배는 작지 막 물 속으로.]

조 아, 할아버지랑 두 분이서 배 타고?

김 : 예.

　　[예.]

조 그럼 할아버지는 삼치를 어떻게 잡으세요? 그물?

김 : 삼치 잡은 낚시가 있어요.

　　[삼치 잡는 낚시가 있어요.]

조 낚시? 줄낚시 같은?

김 : 아니요, 이렇고 아야줄로 해요. 아야줄로 이렇게 끗고 댕겨요. 그라
　　믄 그 양반은 고기는 잘 잡았어요. 그때 삼치를 낚으믄은 줄줄이
　　막 끗어 올르믄 나는 갖다 재고, 배에다 뱃장 안에다 상항께 여기서

이름났어요, 고기 잘 잡은다고.

[아니요, 이렇게 와이어줄로 해요. 와이어줄로 이렇게 끌고 다녀요. 그러면 그 양반은 고기는 잘 잡았어요. 그때 삼치를 낚으면 줄줄이 막 끌어 올리면 나는 갖다 재고, 배에다 뱃장 안에다 상하니까 여기서 이름났어요, 고기 잘 잡는다고.]

조 아, 여기 바다에서?

김 : 저 멀리 추자.

[저 멀리 추자.]

조 추자도까지 가서?

김 : 거까지 댕겨. 여기서는 그런 고기 없어.

[거기까지 다녀. 여기서는 그런 고기 없어.]

조 여기는 그런 고기가 없어요?

김 : 그런 고기 없고 여기서도 이제 도미 같은 것은 더 이상 멀리 나가믄 있다 그라고. 지금도 여기서도 추자까지 댕김시로 도미 이런 놈 엊그저께 잡아서 노인당에 죽 쒀 잡수라고 이런 도미를 아깝들 안 하요. 그래 아주 죽 쒀서 온 노인들이 다 잘 잡쉈다 해.

[그런 고기 없고 여기서도 이제 도미 같은 것은 더 이상 멀리 나가면 있다 그라고. 지금도 여기서도 추자까지 다니면서 도미 이런 놈 엊그저께 잡아서 노인당에 죽 쒀 잡수라고 이런 도미를 아깝지 않아요. 그래 아주 죽 쒀서 온 노인들이 다 잡쉈다 해.]

⬚조 아, 그럼 여기 고기가 없어서 전복, 미역 이런 거 하는 거예요?

김 : 전복도 젊어서는 전복하고 이제 늙어징께, 힘이 없응께 못 해요.
얼마 힘든 것이라 그랑께 젊은 양반 있으면 쪼깐 한 번 가서 보였으
면 좋겠는디, 어찌끼 이런 거이 자라난가.

[전복도 젊어서는 전복하고 이제 늙어지니까, 힘이 없으니까 못 해
요. 얼마 힘든 것인지 그러니까 젊은 양반 있으면 조금 한 번 가서
보였으면 좋겠는데, 어떻게 이런 것이 자라는가.]

⬚조 그럼 처음으로 일하신 게 전복은 아니죠?

김 : 처음으로 우리들은 그때 김 했지요. 김 하다 김이 안 됐던가 또 인자
또 새우를 잡았어요. 그라다가 놈은 다 새우를 안 잡고 여기 가깐
바다에서 전복을 한디 우리집 아저씨는 꼭 먼 바다에 가서 그 새우
를 잡을 때 너무 힘들었지요, 그랑께.

[처음으로 우리들은 그때 김 했지요. 김 하다가 김이 안 됐던가 또
이제 또 새우를 잡았어요. 그러다가 남은 다 새우를 안 잡고 여기
가까운 바다에서 전복을 하는데 우리집 아저씨는 꼭 먼 바다에 가서
그 새우를 잡을 때 너무 힘들었지요, 그러니까.]

⬚조 그럼 작은 배로 가신 거예요?

김 : 예, 작은 배로 댕겼지요.

[예, 작은 배로 다녔지요.]

⬚조 두 분이서?

김 : 예, 배도 크도 안 했지요. 그때는 지금은 배들이 기계가 좋응께 날라

댕기고 배도 안 댕기고 그때는 위험했지요.

[예, 배도 크지도 않았지요. 그때는 지금은 배들이 기계가 좋으니까 날아다니고 배도 안 다니고 그때는 위험했지요.]

㉠ 그러면 가서 며칠 동안 계신 거예요? 한 번 가면?

김 : 그날 날이 좋으면 매일 와서 그 새우를 말려야 돼요. 그래 갖고 매일 댕겨요. 잠 안 자고 새벽에 또 나가야 되고 멀리라 네 시면 또 가야 돼요. 날이 깜깜하면 그런 그물을 못 놔요. 어디가 어딘지 모릉께 그렇게 살았어요.

[그날 날이 좋으면 매일 와서 그 새우를 말려야 돼요. 그래 갖고 매일 다녀요. 잠 안 자고 새벽에 또 나가야 되고 멀어서 네 시면 또 가야 돼요. 날이 깜깜하면 그런 그물을 못 놔요. 어디가 어딘지 모르니까 그렇게 살았어요.]

㉠ 그럼 배 타고 세 시간?

김 : 배 타고 또 내려야 돼. 내려서 또 그 물건을 전부 다 씻어서 공장에서 말려야 되제.

[배 타고 또 내려야 돼. 내려서 또 그 물건을 전부 다 씻어서 공장에서 말려야 되지.]

㉠ 아, 공장에서요?

김 : 예.

[예.]

조 공장이 있었어요?

김 : 공장이 있었어요. 기계가 이런 방만한 기계가 다 있었어요.

  [공장이 있었어요. 기계가 이런 방만한 기계가 다 있었어요.]

조 그럼 그건 마을에서 다 같이 사용하는?

김 : 아니요, 재적은 다 따로 따로 해요. 자기 꺼 자기.

  [아니요, 재적은 다 따로 따로 해요. 자기 꺼 자기.]

조 할머니, 할아버지 그럼 기계가 있었어요?

김 : 그라제. 따로 따로 하제. 안 한 사람 또 못한 사람은 안 하고.

  [그렇지. 따로 따로 하지. 안 한 사람 또 못한 사람은 안 하고.]

조 그럼 그걸 가져다가 수협에?

김 : 수협에다도 팔고 또 그 광주로도 여기서 사서 물건을 사 올린 사람
  이 있었어요. 예, 그렇게 있어요. 그때 새우 잘 잡았지요. 뭐 새우를
  몇 박스썩 잡았어. 하루믄 그때 큰 박스로 그거이 몇 키로짜린가
  그런 좋은 샘이, 지금은 모르겠어요. 누가 한가 안 한가 옛날에는
  그놈 해 갖고 애기들 젤치고 많이 했어요. 그랑께 고기도.

  [수협에다도 팔고 또 그 광주로도 여기서 사서 물건을 사 올린 사람
  이 있었어요. 예, 그렇게 있어요. 그때 새우 잘 잡았지요. 뭐 새우를
  몇 박스씩 잡았어. 하루면 그때 큰 박스로 그것이 몇 킬로짜린가
  그런 좋은 샘이, 지금은 모르겠어요. 누가 한가 안 한가 옛날에는
  그놈 해 갖고 애기들 가르치고 많이 했어요. 그러니까 고기도.]

조 어떤 고기를?

김 : 또 고기도 이런 좋은 고기도 들어요. 바닥을 이러고, 이러고 그물로 새우 잡다 이러고 큰 그물로 차고 끌고 가.

[또 고기도 이런 좋은 고기도 들어요. 바다를 이러고, 이러고 그물로 새우 잡다 이러고 큰 그물로 차고 끌고 가.]

조 그 안에 고기도 같이?

김 : 그랑께 막 이런 놈도.

[그러니까 막 이런 놈도.]

조 그럼 고기는 안 팔고 드셨겠어요.

김 : 그랬지요. 많이 형제간도 주고 안 하는 사람 형제간도 주고 놈도 주고 고기는 아주 씩씩하게 먹었어요. 그때 우리들은 참 형제가 많아서 이리저리 주고 나쁜 것은 버리고 고생 많이 했어요, 그때.

[그랬지요. 많이 형제간도 주고 안 하는 사람 형제간도 주고 남도 주고 고기는 아주 씩씩하게 먹었어요. 그때 우리들은 참 형제가 많아서 이리저리 주고 나쁜 것은 버리고 고생 많이 했어요, 그때.]

조 그럼 새우 잡는 거 몇 년이나 하셨어요?

김 : 몇 년 했으꺼요. 한 오 년 했든가 많이 했어요. 고놈 해 갖고 애기들 다 갈치고 우리 먹고.

[몇 년 했을 거예요. 한 오 년 했든가 많이 했어요. 그놈 해 갖고 애기들 다 가르치고 우리 먹고.]

[조] 그럼 김발하시고 새우 잡고

김 : 네, 처음에는 김발했어요. 김발해서도 거시기 했는디 인제 뒤로 안
되게 그랬던가 새우잡이를 그렇게 했어요.
[네, 처음에는 김발했어요. 김발해서도 뭐 했는데 이제 뒤로 안 되니
까 그랬던가 새우잡이를 그렇게 했어요.]

[조] 그럼 새우잡이는 어떻게 그만 두신 거예요?

김 : 늙으믄 못하지. 힘으로 항게. 이제 새우 잡다가 또 전복을 말판에
했어요.
[늙으면 못하지. 힘으로 하니까. 이제 새우 잡다가 또 전복을 말판에
했어요.]

[조] 전복은 양식?

김 : 전복은 인자 사다가 인자 바다에 키워요. 그랑게 미역줄도 막고 다
시마줄 막고 그렇게 해서 그라게, 너무 늙으믄 힘들어요. 못해요.
우리 애기들은 다 서울 가 있고 광주 가 있고 큰아들은 광주 가 있고
아들 서인디, 대전에가 한나 있고 우리 애기들은 그런 일을 안 시켜
봐서 어려서 못해요. 그래 서울에서 모두 와서 지금 여기서 전복해
서 돈 많이 버나, 벌지요. 그래도 나는 그 일이 힘등께 느그 부러워
하지 말라고 나는 그래요.
[전복은 이제 사다가 이제 바다에 키워요. 그러니까 미역줄도 막고
다시마줄 막고 그렇게 해서 그렇게, 너무 늙으면 힘들어요. 못해요.
우리 아이들은 다 서울 가 있고 광주 가 있고 큰아들은 광주 가 있고
아들 셋인데, 대전에 하나 있고 우리 아이들은 그런 일을 안 시켜

뵈서 어려워서 못해요. 그래 서울에서 모두 와서 지금 여기서 전복
해서 돈 많이 버나, 벌지요. 그래도 나는 그 일이 힘드니까 너희
부러워하지 말라고 나는 그래요.]

조 그럼 전복 몇 년 하다가?

김 : 전복 모르겠어요. 한 삼 년 한 사 년 했으까, 전복 많이 못 했어요.
내가 아파 붕께.
[전복 모르겠어요. 한 삼년 한 사년 했을까, 전복 많이 못 했어요.
내가 아파 버리니까.]

조 그럼 전복 새끼를 키우려면 얼마나?

김 : 요만한 것을 갖다가 이런 정도 곱게 킬라면 한 삼년.
[요만한 것을 갖다가 이런 정도 곱게 키우려면 한 삼년.]

조 그럼 삼 년 다 자라기 전에 그만 포기하신 거예요?

김 : 아, 팔아.
[아, 팔아.]

조 아, 팔고?

김 : 몇 년 팔아 먹었어요. 그란데 인제 또 새끼를 이만씩 사다 키워야
할 껀디 내가 아파 붕께 더 이상 못 하겠다고 내가 그만둬 버렸어요.
그래서 우리는 제일 먼저 끝내 버렸어요. 우리 나이 또래에는.
[몇 년 팔아 먹었어요. 그런데 이제 또 새끼를 이만큼씩 사다 키워
야 할 건데 내가 아파 버리니까 더 이상 못 하겠다고 내가 그만둬

버렸어요. 그래서 우리는 제일 먼저 끝내 버렸어요. 우리 나이 또래
에는.]

조 그럼 그게 팔십 년대? 칠십 년?

김 : 팔십 년대에.

　　[팔십 년대에.]

조 그게 뭐 새끼를 바다에 뿌리고 그리고 미역, 다시마를 넣어주면 그
　　걸 먹고?

김 : 달라붙어서 크지요. 그라믄 그것도 실수 없이 잘 크믄 한디 요새는
　　많이 죽은다 합디다. 옛날에 우리들 할 때만 해도 많이 안 죽었어요.

　　[달라붙어서 크지요. 그러면 그것도 실수 없이 잘 크면 하는데 요새
　　는 많이 죽는다고 해요. 옛날에 우리들 할 때만 해도 많이 안 죽었
　　어요.]

조 그럼 매일 매일 미역을 넣어줘야 하나요?

김 : 아니요, 한 일주일 만에 한 번씩 주까.

　　[아니요, 한 일주일 만에 한 번씩 줄까.]

조 아, 일주일에 한 번씩?

김 : 그렇게 아주 어찌케 날마다 하믄 힘들어 안 돼.

　　[그렇게 아주 어떻게 날마다 하면 힘들어서 안 돼.]

조 삼 년 진짜 오래 걸리네요. 키우는데.

김 : 오래 걸리지요. 그랑께 한 삼 년 키우면 이렇게 굵다 합디다. 그란디
이렇게 크다 또 죽어 불어요. 그랑께 못해요. 여기 요 양반들 고생하
지요. 젊은 애기들이 서울서 지금 많이 왔어요. 많이 와서 하고 있어
요. 그란디 우리 애기들 어려서부터 일을 안 시켜서.

[오래 걸리지요. 그러니까 한 삼 년 키우면 이렇게 굵다고 해요.
그런데 이렇게 크다 또 죽어버려요. 그러니까 못해요. 여기 요 양반
들 고생하지요. 젊은 아이들이 서울에서 지금 많이 왔어요. 많이
와서 하고 있어요. 그런데 우리 자식들 어려서부터 일을 안 시켜서.]

조 근데 이제 또 기술도 많이 좋아지고 다 자동이니까.

김 : 지금은 기계도 좋고 배도 뭐 이 억짜리네 그런 배를 짓어 갖고 돈이
어마어마 들어. 돈 없는 사람 못 해요. 여기 와도 빚 내 갖고 아마
죽도록 해 봐야 놈의 종노릇빽에 아니여. 그랑께 내 돈으로 해야
돈을 모으제. 내 돈으로 하면 금방 부자 되제.

[지금은 기계도 좋고 배도 뭐 이 억짜리네 그런 배를 지어 갖고 돈이
어마어마 들어. 돈 없는 사람 못 해요. 여기 와도 빚 내 갖고 아마
죽도록 해 봐야 남의 종노릇밖에 아니야. 그러니까 내 돈으로 해야
돈을 모으지. 내 돈으로 하면 금방 부자 되지.]

조 할머니 그러면 옛날에 새우 잡으러 다니실 때 배 타고 뭐 진도도
가고 추자도도 가고 그러면 안 무서워요? 배 혹시 파도가 막 치면?

김 : 무섭지요. 파도가 치면 목숨을 걸고 해요. 그랑께 우리 아저씨 대리
를 잡았당께, 가지 말자고. 저기 나가믄 파도가 막 이렇게 배는 째까

나제.

[무섭지요. 파도가 치면 목숨을 걸고 해요. 그러니까 우리 아저씨
다리를 잡았다니까, 가지 말자고. 저기 나가면 파도가 막 이렇게
배는 조그맣지.]

[조] 배가 어느 정도 크기? 몇 미터 정도?

김 : 배가 지금 여기 잘잘한 배들 그런 배들보다 쪼깐 더 컸어요. 바닥에
그만 가자고 대리를 잡고 사정을 했지요. 으득으득 가다가 그래도
운행이 안 돼서 근가 돌리더라고.

[배가 지금 여기 잘잘한 배들 그런 배들보다 조금 더 컸어요. 바다에
그만 가자고 다리를 잡고 사정을 했지요. 으득으득 가다가 그래도
운행이 안 돼서 그런가 돌리더라고.]

[조] 지금은 매일 뉴스에 나오잖아요. 파도도 나오고 바람도 나오는데
옛날에는 그게 없으니까.

김 : 그랬지. 실수도 많이 했지. 그랑께 바다에서 죽기도 한 사람 꽉 찼지
요. 아, 나는 바다 어떤 아가씨가 뭐 가수 될라고 바다에 즈그 아빠
랑 나옹께 나는 보고 울었어요. 바다에 안 당긴 사람 속을 몰라요.
아주 바로 죽을 목숨이 돼도, 그 먼 디라 얼른 못 오고 그랑께, 나는
바다에 댕김시롱 즈그 아빠 따라 댕김시로 그거 했당께. 나는 눈물
을 흘리고 그 프로를 봤어요. 너무 너무 고생을 많이 해 갖고 인제는
그랑께 우리 애기들이 어제도 막 저번 날에 태풍 내린다고 우리집
아저씨가 대리가 아프다고 광주 전대 병원에 예약을 했는디, 지금
네 번짼가 올라갔는디 이렇게 안 듣고 저랑께로 이번도 예약해서

꼭 미리 가야된다고 태풍 온당께 미리 나가서. 그래 갖고 어제 사흘 만에 들어왔는디 오늘 왔다고 이렇게 우리 시골로 이렇게 공기도 좋고 좋은디, 그래 큰아들이 뭐 오리, 오리 뭐 탕이라고 어디 또 잘 한다라고 먼 디로 또 가드만 광주에서 그래 갖고 또 고놈 잘 먹었 는디 뜬금없이 뭐 옷 산다 말도 안 한 사람들이 또 뜬금없이 백화점 으로 가서는 즈그 아빠 옷 사고 내 옷 산당께 나는 벌벌 떨고 나는 뭐 하러 이러고 비싼 옷 산데 집에 있는 옷도 만한디 그라고.
[그랬지. 실수도 많이 했지. 그러니까 바다에서 죽기도 한 사람 꽉 찼지요. 아, 나는 바다 어떤 아가씨가 뭐 가수 되려고 바다에 자기 아빠랑 나오니까 나는 보고 울었어요. 바다에 안 다닌 사람 속을 몰라요. 아주 바로 죽을 목숨이 돼도, 그 먼 데라 얼른 못 오고 그러 니까, 나는 바다에 다니면서 자기 아빠 따라 다니면서 그거 했다니 까. 나는 눈물을 흘리고 그 프로를 봤어요. 너무 너무 고생을 많이 해 갖고 이제는 그러니까 우리 아이들이 어제도 막 저번 날에 태풍 내린다고 우리집 아저씨가 다리가 아프다고 광주 전대 병원에 예약 을 했는데, 지금 네 번짼가 올라갔는데 이렇게 안 듣고 저러니까 이번에도 예약해서 꼭 미리 가야된다고 태풍 온다니까 미리 나가서. 그래 갖고 어제 사흘 만에 들어왔는데 오늘 왔다고 이렇게 우리 시골 로 이렇게 공기도 좋고 좋은데, 그래 큰아들이 뭐 오리, 오리 뭐 탕이라고 어디 또 잘하는 데라고 먼 데로 또 가더니만 광주에서 그래 갖고 또 그놈 잘 먹었는데 뜬금없이 뭐 옷 산다 말도 안 한 사람들이 또 뜬금없이 백화점으로 가서는 자기 아빠 옷 사고 내 옷 산다니까 나는 벌벌 떨고 나는 뭐 하러 이렇게 비싼 옷 산데 집에 있는 옷도 많은데 그러고.]

조 그러면 배 타는데 태풍 만난 적도 있으시겠어요?

김 : 태풍 만나면은 할 수 없이 저 돛대라고 진도 앞에 돛대 거기서 할
수 없이 잤어요. 딱 놔 놓고 배에서 자요. 그라믄 철렁 철렁.
[태풍 만나면 할 수 없이 저 돛대라고 진도 앞에 돛대 거기서 할
수 없이 잤어요. 딱 놔 놓고 배에서 자요 그러면 철렁 철렁.]

조 배에서 자요?

김 : 예, 그 째까난 배 안에서 자믄 이렇게 철렁철렁하니 바람은 치고
하믄은 잠을 못 자지요. 그런 세상을 살았어요. 지금은 하도 시대가
좋아져 붕께 배도 좋지. 배도 금방 아무리 파도 쳐도 날라가 불지.
그때는 배가 안 됭께. 뭐 탁탁이 배라고 탁탁탁 하고 아무리 잘 나가
는 배들도 아주 배가 지금은 뭐 추자도 금방 뭐 한 시간이면 가제.
한 시간이면 가고 남제.
[예, 그 조그만 배 안에서 자면 이렇게 철렁철렁하니 바람은 치고
하면은 잠을 못 자지요. 그런 세상을 살았어요. 지금은 하도 세상이
좋아져 버리니까 배도 좋지. 배도 금방 아무리 파도 쳐도 날아가
버리지. 그때는 배가 안 되니까. 탁탁이 배라고 탁탁탁 하고 아무리
잘 나가는 배들도 아주 배가 지금은 추자도 금방 뭐 한 시간이면
가지. 한 시간이면 가고 남지.]

조 추자도에서 삼치 잡고 진도에서 새우 잡고?

김 : 추자에서도 삼치 많이 잡았어요. 우리집 아저씨가 어찌 잘 잡든까
요런 놈을 잡으믄 나는 끗어서 차곡차곡 재요. 뱃장 안에다가. 선도
가 좋아요. 좋다고 그랑께 우리 삼치는 갖고 가면 선도 좋게 해 갖고

온다고 알아줬어요. 아주 반듯반듯하게 못한 사람 바쁘다고 휘휘 땡껴쁘믄 고기가 띄엄띄엄 벌어져 갖고 보기가 싫어요, 그때. [추자에서도 삼치 많이 잡았어요. 우리집 아저씨가 어찌 잘 잡든가 요런 놈을 잡으면 나는 끌어서 차곡차곡 재요, 뱃장 안에다가. 선도가 좋아요. 좋다고 그러니까 우리 삼치는 갖고 가면 선도 좋게 해 갖고 온다고 알아줬어요. 아주 반듯반듯하게 못한 사람 바쁘다고 휘휘 던져 버리면 고기가 띄엄띄엄 벌어져 갖고 보기가 싫어요, 그때.]

[조] 손발이 척척 맞으셨네요, 잡고 넣고.

김 : 네, 잡고 재고 우리 아저씨가 놈보도 유등나게 잘 잡았어요. 그랑께 배를 더 할라 해도 내가 그만 하자고, 애기들 다 이제 즈그 벌어 즈그 크고 항께 그만 하자고. 내가 우리 배는 그때만 해도 그 이상 컸어요. 그랬드만 한 해만 더 했으믄 좋으 꺼인디, 우리집 아저씨는 그 생각이 하도 그런 거이 소질 있어 갖고 놈 못해도 잘했어요. 그때는 기름값이 하도 비싸 갖고 기름값으로 많이 먹었응께 그라제. [네, 잡고 재고 우리 아저씨가 남보다 유별나게 잘 잡았어요. 그러니까 배를 더 하려고 해도 내가 그만 하자고, 애기들 다 이제 자기 벌어 자기 크고 하니까 그만 하자고, 내가 우리 배는 그때만 해도 그 이상 컸어요. 그랬더니 한 해만 더 했으면 좋을 건데, 우리집 아저씨는 그 생각이 하도 그런 것이 소질 있어 갖고 남 못해도 잘했어요. 그때는 기름값이 아주 비싸 갖고 기름값으로 많이 먹었으니까 그렇지.]

조 그게 칠십 년대?

김 : 예, 한 칠십 년대 그렇게 됐을 것이요. 뭣을 안 항께 그란가 또 저렇
고 아프다 있당께. 성가셔.

[예, 한 칠십 년대 그렇게 됐을 거예요. 뭘 안 하니까 그런가 또
저렇게 아프다고 있다니까. 성가셔.]

조 그럼 뱃일을 언제까지 하셨어요?

김 : 육십 살, 칠십 살 먹어서 그렇게 했지.

[육십 살, 칠십 살 먹어서 그렇게 했지.]

조 그럼 배 타는 게 무서우면 티비 보니까 제사도 지내고 하던데, 그런
건 안 하셨어요? 뭐 나가서 아무 일 없게 해 주세요 이런 거?

김 : 나는 그때 불교를 많이 믿었어요. 절로 저 광주 밑으로 보림사까지
다 댕기고 절로는 많이 댕겼어요. 배 타다가도 시간 있고 그런 또
공 들이는 시간이 있어. 그랑께로 그렇게 오라믄 가고 그러고 댕겼
어요. 그란디 안 한 사람은 전혀 안 해요.

[나는 그때 불교를 많이 믿었어요. 절로 저 광주 밑으로 보림사까지
다 다니고 절로는 많이 다녔어요. 배 타다가도 시간 있고 그런 또
공 들이는 시간이 있어. 그러니까 그렇게 오라면 가고 그렇게 다녔
어요. 그런데 안 한 사람은 전혀 안 해요.]

조 그럼 가서 배 사고 없이 해달라고 기도하시고?

김 : 물론 그렇게 했지요. 인자는 또 내가 교회로 들어갔어요.

[물론 그렇게 했지요. 이제는 또 내가 교회로 들어갔어요.]

조 지금은 교회 다니시고?

김 : 교회 댕긴 지도 한 칠, 팔 년 돼 가요.
　　[교회 다닌 지도 한 칠, 팔 년 돼 가요.]

조 뭐 배 타서 조심해야 되는 거 있어요?

김 : 하긴 배가 제일 무섭지요. 육지에는 조심할라믄 조심하지만, 바다
　　에는 느닷없이 바람이 그때는 기상대도 잘 안 맞고 지금은 기상대가
　　딱딱 맞아 붕께. 아주 지금도 좀 안 맞은 기상도 있어요. 그란디
　　그때는 참 무작정 나가믄 고생 많이 하고 목숨 잃어 불고 오는 사람
　　도 있고 그렇게 살았어요.
　　[하긴 배가 제일 무섭지요. 육지에는 조심하려면 조심하지만, 바다
　　에는 느닷없이 바람이 그때는 기상대도 잘 안 맞고 지금은 기상대가
　　딱딱 맞아버리니까. 아주 지금도 좀 안 맞는 기상도 있어요. 그런데
　　그때는 참 무작정 나가면 고생 많이 하고 목숨 잃어버리고 오는 사
　　람도 있고 그렇게 살았어요.]

조 식사는 어떻게 하셨어요? 배에서

김 : 식사를 해서 먹지요, 곤로.⁴⁴ 째까난 곤로 갖고, 곤로.
　　[식사를 해서 먹지요, 곤로. 조그만 곤로 갖고, 곤로.]

조 곤로? 곤로가 뭐예요?

김 : 째까난 곤로라고 즈그 일회용 고게 갖고 댕김시롱 국도 끓여 묵고

----

44 '곤로'는 석유를 연료로 불을 사용하는 화로를 가리킨다.

고깃국도 끓여 묵고 다 된장 같은 거 갖고 가야지.

[조그만 곤로라고 그 일회용 그거 갖고 다니면서 국도 끓여 먹고
고깃국도 끓여 먹고 다 된장 같은 거 갖고 가야지.]

조 아, 된장 같은 거 갖고 가서 물고기 넣어서?

김 : 과일 같은 것도 사 갖고 가고 그렇게 했어요.

[과일 같은 것도 사 갖고 가고 그렇게 했어요.]

조 그럼 몇 시에 나가셨어요? 새우랑 삼치 잡을 때?

김 : 보통 여기서 새벽 늦어야 다섯 시에 나가지.

[보통 여기서 새벽 늦어야 다섯 시에 나가지.]

조 한 네 시, 다섯 시 정도에?

김 : 일찍 나가야 돼요. 배도 안 댕기고 그때 지금은 배 댕깅께 지금은
한 몇 백 명 추자를 간다 합디다. 몇 백 명 날라가 불어 배가.

[일찍 나가야 돼요. 배도 안 다니고 그때 지금은 배 다니니까 지금은
한 몇 백 명 추자를 간다고 해요. 몇 백 명 날아가 버려 배가.]

조 그때는 추자까지 얼마나?

김 : 그때는 한 시간썩 갔어요. 배가 안 당길 때.

[그때는 한 시간씩 갔어요. 배가 안 다닐 때.]

조 진도는 두 시간?

김 : 참 그때 세상 산 일 생각하믄 놈은 돈 다 벌어서 뭣 할까 해도, 그땐

기름값이 약간 비쌌어요. 반절 기름값으로 나가 붕드만.

[참 그때 세상 산 일 생각하면 남은 돈 다 벌어서 뭐 할까 해도, 그땐 기름값이 약간 비쌌어요. 반절 기름값으로 나가 버리더만.]

조 아, 물고기 팔면은?

김 : 물건을 팔믄은 저 집은 돈 다 뭣 하까 그래요. 더 잘한 사람 있어요. 다 똑같이 한 것이 아니라 바다에 나가도 아주 못한 사람 있지. 고생만 원 없이 하고 더 잘한 사람 있고. 잘한 사람 고기도 잘 잡고 못한 사람 고생만 더 하제, 못 항께.

[물건을 팔면은 저 집은 돈 다 뭐 할까 그래요. 더 잘한 사람 있어요. 다 똑같이 한 것이 아니라 바다에 나가도 아주 못한 사람 있지. 고생만 원 없이 하고 더 잘한 사람 있고. 잘한 사람 고기도 잘 잡고 못한 사람 고생만 더 하지, 못하니까.]

조 할머니 잘하셨으니까.

김 : 그런 걸 잘해요. 뭐 우리 사촌 언니가 저 노화읍에가 산디, 그 삼치 잽이를 한디, 우리집 아저씨는 나도 안 가고 그땐 혼자 가서 고기를 그렇게 잡아 올리드라하요. 즈그는 한나 못 잡으믄 그랑께 즈그는 곡 봤다요.

[그런 걸 잘해요. 뭐 우리 사촌 언니가 저 노화읍에 사는데, 그 삼치 잡이를 하는데, 우리집 아저씨는 나도 안 가고 그땐 혼자 가서 고기를 그렇게 잡아 올렸다고 해요. 자기는 하나도 못 잡으면 그러니까 자기는 욕 봤다고.]

조 거기 삼치가 있는 곳에 배를 멈춰야? 그럼 어떻게 아세요? 할아버지
  옛날에 기술도 없는데

김 : 그랑께 아무 어탐⁴⁵도 없는디 자기 머릿속에 어탐 말로 찍어졌다,
  그거야. 그랑께 어장을 했싼 사람은 개념으로 그렇게 살았어. 우리
  는 그래 갖고 우리, 우리 저 친정 장남네가 광주에서 산디 느그는
  어떻게 돈을 번디 이렇게 아그들 다 하숙을 시키냐. 놈은 다 자취하
  고 그란디. 그때 우리는 어련히 바다를 댕김시롱 고기를 잡으믄 이
  손이 낚시에 다 찔려서 떨어져 나가고 인자 아들이 그만하자 하랍
  디다.
  [그러니까 아무 어탐도 없는데 자기 머릿속에 어탐이 찍어졌다, 그
  거야. 그러니까 어장을 했던 사람은 개념으로 그렇게 살았어. 우리
  는 그래 갖고 우리, 우리 저 친정 장남네가 광주에서 사는데 너희는
  어떻게 돈을 버는데 이렇게 아이들 다 하숙을 시키냐. 남은 다 자취
  하고 그러는데. 그때 우리는 어련히 바다를 다니면서 고기를 잡으
  면 이 손이 낚시에 다 찔려서 떨어져 나가고 이제 아들이 그만하자
  해요.]

조 또 겨울에 추운데 옛날에 옷도 지금처럼 두꺼운 게 없고.

김 : 그때는 옷도 그렇고 없었지. 그랑께 갑바⁴⁶ 배에 갑바가 있어. 그
  갑바만 입으믄 막 바람 맥어져. 아무리 추와도 물도 와도 물도 안
  젖지. 그렇게 살지. 장화 신고.

---

45 '어탐'은 어선 바닥에 있는 어군을 찾고 분석하는 장비로서 '어군 탐지기'의 줄임말이다.
46 '갑바'는 흔히 '타포린', '천막' 등으로도 불리며 다용도 방수포를 가리킨다.

[그때는 옷도 그렇고 없었지. 그러니까 갑바 배에 갑바가 있어. 그 갑바만 입으면 막 바람 막아져. 아무리 추워도 물도 와도 물도 안 젖지. 그렇게 살지. 장화 신고.]

조 근데 좀 무겁죠?

김 : 무겁지. 그렇게 무겁지는 안 해. 그렇게 살았지. 여기 사람들 참 고생 많이 했어. 여기서 살아도 바다에 안 나간 사람 안 나가고 다 하제는.

[무겁지. 그렇게 무겁지는 않아. 그렇게 살았지. 여기 사람들 참 고생 많이 했어. 여기서 살아도 바다에 안 나간 사람 안 나가고 다 하지는.]

조 사계절 내내 배를 탄 거예요? 봄, 여름, 가을, 겨울?

김 : 그랬지.

[그랬지.]

조 그럼 삼치는 언제 잡혀요?

김 : 삼치는 겨울에, 겨울에 주로 맛있고, 고기가 여름 것은 맛이 없어.

[삼치는 겨울에, 겨울에 주로 맛있고, 고기가 여름 것은 맛이 없어.]

조 봄, 여름에는 뭐 잡으셨어요?

김 : 봄, 여름에는 새우 잡고 또 낚시질도 도미 같은 것도 낚시도 여러 가지 있어요. 여기 사람들이 여기 사람들.

[봄, 여름에는 새우 잡고 또 낚시질도 도미 같은 것도 낚시도 여러

가지 있어요. 여기 사람들이 여기 사람들.]

[조] 그러면 옛날에 여기 할머니, 할아버지 많이 추자에 가서 삼치를 잡
았나 봐요?
김 : 우리가 주로 많이 했어요. 딴 사람들은.
[우리가 주로 많이 했어요. 딴 사람들은.]

[조] 가긴 했는데 많이 못 잡은 거예요?
김 : 응, 딴 사람들은 가도 못 잡은 사람도 있고 우리집 양반이 제일 많이
했어. 그래 아주 이 부락.
[응, 딴 사람들은 가도 못 잡은 사람도 있고 우리집 양반이 제일
많이 했어. 그래 아주 이 부락.]

[조] 주로 삼치로 어떤 요리 해 드셨어요?
김 : 주로 구워서 먹으믄 맛있어요. 삼삼하니 간 해 갖고 구워서 먹으믄
딴 고기는 다 이렇고 냉장고에 오래 놔두면 변한디, 그 고기는 밴
일이 없어 항시 맛있어. 잘 싸서 비니리에 잘 싸서 여 놓으믄 이
년까지 먹어.
[주로 구워서 먹으면 맛있어요. 삼삼하니 간 해 갖고 구워서 먹으면
딴 고기는 다 이렇게 냉장고에 오래 놔두면 변하는데, 그 고기는
변하는 일이 없어 항상 맛있어. 잘 싸서 비닐에 잘 싸서 넣어 놓으면
이 년까지 먹어.]

[조] 그건 젓갈은 안 하죠?

김 : 젓갈은 안 하제. 그 창시가 젓갈이 아마 그렇게 맛있다고 아주.

[젓갈은 안 하지. 그 창자가 젓갈이 아마 그렇게 맛있다고 아주.]

[조] 아, 삼치 젓갈도 해요?

김 : 창시.

[창자.]

[조] 창시?

김 : 그것은 많이는 못 해. 창시라고. 그 좋은 것이 있드만. 고것만 따서

간 해드만.

[그것이 많이는 못 해. 창자라고. 그 좋은 것이 있더만. 그것만 따서

간 하더만.]

[조] 할머니 배에서 일하실 때 노래 같은 건 안 부르셨어요? 힘든데.

김 : 노래 많이 불렀지, 노래.

[노래 많이 불렀지, 노래.]

[조] 어떤 노래 있었어요? 가사 생각나세요?

김 : 일할 때 노래 참 뭔 노래를 불렀을까. 우리집 아저씨는 노래도 잘

불렀는디, 지금은 한나 안 하고.

[일할 때 노래 참 뭔 노래를 불렀을까. 우리집 아저씨는 노래도 잘

불렀는데, 지금은 하나 안 하고.]

[조] 기억나는 거 있으면 가사라도 알려주시면 찾아보려고.

김 : 배에서 부르는 노래. 어머니. 옛날에 우리 주로 먼 노랠 불렀을까. 바다에서 많이 불렀지. 어머니 참 보릿고개 노래하고 비슷해 보릿 고개.

[배에서 부르는 노래. 어머니. 옛날에 우리 주로 뭔 노래를 불렀을까. 바다에서 많이 불렀지. 어머니 참 보릿고개 노래하고 비슷해 보릿 고개.]

[조] 혹시 가사 조금 생각나세요?

김 : 가사를 먼 노래를 불렀던가, 많이 불렀지만은 인자는 노래라고는 잘 안 항께.

[가사를 뭔 노래를 불렀던가, 많이 불렀지만은 이제는 노래라고는 잘 안 하니까.]

[조] 가사만 알려 주세요, 한 소절만.

김 : 먼 노래를 주로 많이 불렀을까.

[뭔 노래를 주로 많이 불렀을까.]

[조] 혹시 할아버지 불렀던 노래 생각나세요?

김 : 그 양반이 노래 많이 불렀지만은 인자는 노래를 안 항께. 나는 노래 하라고. 노래에 아마 마음도 편하고 그란다 해도, 노래 옛날에 젊어 서는 가수라고도 했었는디, 하도 노래를 안 항께.

[그 양반이 노래 많이 불렀지만은 이제는 노래를 안 하니까. 나는 노래하라고. 노래에 아마 마음도 편하고 그렇다 해도, 노래 옛날에

젊어서는 가수라고도 했었는데, 하도 노래를 안 하니까.]

조 배에서 민요나 아니면?

김 : 민요를 많이 하지요.

[민요를 많이 하지요.]

조 어떤 민요 있어요?

김 : 한 지가 오래돼서.

[한 지가 오래돼서.]

조 뱃노래 이런?

김 : 뱃노래 노래 많이도 불렀지만은 생각이 안 나네요.

[뱃노래 노래 많이도 불렀지만은 생각이 안 나네요.]

조 어머니 제목이 어머니예요?

김 : 응, 어머니 아버지 그 어디에 계십니까, 그런 노래도 많이 불렀는데.

[응, 어머니 아버지 그 어디에 계십니까, 그런 노래도 많이 불렀는데.]

조 지금은 노래 안 부르세요? 할아버지랑?

김 : 전혀 안 해요. 전혀 안 하고 노래는 아주 옛날에 잘한다고 소문났어
요. 노래 음이 좋았어요.

[전혀 안 해요. 전혀 안 하고 노래는 아주 옛날에 잘한다고 소문났어
요. 노래 음이 좋았어요.]

[조] 아, 설운도 노래예요? 비가 오나 눈이 오나 바람이 부나?

김: 어머니.

　　[어머니.]

[조] 그럼 할머니 여기서 태어나셨어요?

김: 예.

　　[예.]

[조] 할아버지도 여기서?

김: 할아버지는 이 마을에 태어나고, 나는 신의라고 그 마을에서 거가
　　우리 친정 그람 어디, 어디 댕겨 오셨어요?

　　[할아버지는 이 마을에 태어나고 , 나는 신의라고 그 마을에서 거기
　　가 우리 친정 그러면 어디, 어디 다녀오셨어요?]

[조] 저는 노화읍만 갔다가 여기로 왔어요.

김: 노화읍 어느 마을에.

　　[노화읍 어느 마을에.]

[조] 구목리.

김: 구목리? 구목리서 올라오믄 바로 또 신의인디.

　　[구목리? 구목리에서 올라오면 바로 또 신의인데.]

[조] 아, 아마 몰랐나 봐요.

김: 거기도 이렇게 이런 회관 있어요. 복지관이라고 거기도 막 마을이

커요. 거기는 싹 모여 삽디야. 이 부락은, 부락은 커도 여기서 살다
저기서 살다 항께. 여기도 백 가구 넘어요. 백 사십 가군가 뭐 된다
합디다, 여기가.
[거기도 이렇게 이런 회관 있어요. 복지관이라고 거기도 막 마을이
커요. 거기는 싹 모여 산대요. 이 부락은, 부락은 커도 여기서 살다
저기서 살다 하니까. 여기도 백 가구 넘어요. 백 사십 가구인가 뭐
된다고 해요, 여기가.]

조 아까 할아버지께서 여기가 제일 잘 산다고 복고 마을이?

김 : 옛날에는 여가 제일 못 살았어요. 그랬는디 바다에서 돈을 벌어 붕께
요. 사람들이 이렇게 일어나 불었제.
[옛날에는 여기가 제일 못 살았어요. 그랬는데 바다에서 돈을 벌어
버리니까요. 여기 사람들이 이렇게 일어나 버렸지.]

조 바다에서 물고기 잡고?

김 : 물고기 잡고 부지런한 사람 이렇게 전복 하다 고기 또 잡아요. 별
것 다 해요. 부지런한 사람 힘이 좋고.
[물고기 잡고 부지런한 사람 이렇게 전복 하다 고기 또 잡아요. 별
것 다 해요. 부지런한 사람 힘이 좋고.]

조 그럼 고기를 잡으면 삼치는 얼마나 받으셨어요? 뭐 킬로 당?

김 : 키로에 그때, 그때 해 갖고 삼치는 별로 안 비쌍께. 키로로 구천
원이었던가, 어쨌던가. 삼치가 제일 싸요. 큰 놈 사믄 또막 또막
갈라서 그때 막 잡아서 또막 또막 갈라서 딱 씻쳐서 싸서 여서 먹을

만치 딱 짤라서 먹을랄 때 소금 뿌려 해나 불면 제일 맛있어.
[킬로에 그때, 그때 해 갖고 삼치는 별로 안 비싸니까. 킬로로 구천
원이었던가, 어쨌던가. 삼치가 제일 싸요. 큰 놈 사면 또막 또막
갈라서 그때 막 잡아서 또막 또막 갈라서 딱 씻어서 싸서 넣어서
먹을 만큼 딱 잘라서 먹으려고 할 때 소금 뿌려 해놓아 버리면 제일
맛있어.]

조 그럼 구워 가지고?

김 : 그래 갖고 서울로도 그렇고 올려봤어. 그렇게 해 주랑께.
[그래 갖고 서울로도 그렇게 올려봤어. 그렇게 해 주라니까.]

조 그럼 그렇게 삼치 잡으면 하루에 몇 킬로 정도 잡으셨어요?

김 : 제일 많이 잡을 때가 백 키로.
[제일 많이 잡을 때가 백 킬로.]

조 백 키로? 그럼 배가 꽉 찼겠네요.

김 : 이런 큰 광주리로 두어 개 잡지. 그라믄 아주 소문나 불어, 이 노
화가.
[이런 큰 광주리로 두어 개 잡지. 그러면 아주 소문나 버려. 이 노
화가.]

조 그러면 추자도에서 잡아서 여기 와서 파시는 거예요?

김 : 여기서 부락, 부락 인자.
[여기서 부락, 부락 이제.]

조 돌아다니면서?

김 : 아니, 가만 나둬도 자기네가 다 전화로 맞췄어요. 전화로 나는 몇 키로 주라, 나는 몇 키로 주라, 그래요.

[아니, 가만 놔둬도 자기네가 다 전화로 맞췄어요. 전화로 나는 몇 킬로 주라, 나는 몇 킬로 주라, 그래요.]

조 그 분들은 여기 사람들 아니면 육지에서 온 사람들이에요?

김 : 다 여기 사람들이에요.

[다 여기 사람들이에요.]

조 아, 여기서 뭐 장사하시는 분들?

김 : 장사도 안 하고 우리들은 바로.

[장사도 안 하고 우리들은 바로.]

조 개인한테?

김 : 개인으로.

[개인으로.]

조 아, 저는 뭐 한 번에 수협에 판매하는 줄 알았어요. 연락 오면 뭐 몇 키로 필요해, 그러면은 와서 가져가고.

김 : 딴 부락에서도, 딴 마을에서도 가져가고 전화가 있응께. 지금은 일도 아니었지. 우리 아저씨가 차가 없어. 차 운전을 뗄라다가 냅두고 차가 없응께 전화로 하믄 자기네가 차 타고 와요.

[딴 부락에서도, 딴 마을에서도 가져가고 전화가 있으니까. 지금은

일도 아니었지. 우리 아저씨가 차가 없어. 차 운전을 떼려다가 놔두
고 차가 없으니까 전화로 하면 자기네가 차 타고 와요.]

조 새우도 그렇게?

김 : 새우도 새우는 옛날에는 바로 상인이 왔어요.

[새우도 새우는 옛날에는 바로 상인이 왔어요.]

조 육지에서?

김 : 네, 육지에서 와서 여기서 엄마 차로 싫고 가고 그라제.

[네, 육지에서 와서 여기서 엄마 차로 신고 가고 그렇지.]

조 그럼 새우는 어떻게 보관해요? 잡아서?

김 : 새우는 다 뜨지라. 떠 갖고 말려 갖고 그 깨끗이 씻쳐 갖고 공장에서
빨갛게 놀려요. 그래 갖고 비니리 딱 씨서 이런 고급 박스에다 몇
개로.

[새우는 딱 뜨지요. 떠 갖고 말려 갖고 그 깨끗이 씻어 갖고 공장에
서 빨갛게 놀려요. 그래 갖고 비닐 딱 싸서 이런 고급 박스에다 몇
개로.]

조 지금처럼 얼음이랑 냉동 없이?

김 : 냉동 없이.

[냉동 없이.]

[조] 잡아서 껍질을?

김 : 말려 갖고 말리믄은 껍질 그것도 소용없이 다 먹은 것이 돼. 맛있는
것이라 그때 새우는 최고 좋은 것이었는디, 지금 그런 새우 벨로
없으띠다.
[말려 갖고 말리면 껍질 그것도 소용없이 다 먹는 것이 돼. 맛있는
것이라 그때 새우는 최고 좋은 것이었는데, 지금 그런 새우 별로
없어요.]

[조] 그땐 냉동 창고 없었죠?

김 : 그때는 없었지요. 그때는 냉장고도 잘잘하고 바로 말려야 돼.
[그때는 없었지요. 그때는 냉장고도 잘잘하고 바로 말려야 돼.]

[조] 아, 바로 근데 여름에는 힘들었겠어요?

김 : 힘들지. 바로 상해 붕께 바로 씻쳐서 바로 기계로 말려야죠.
[힘들지. 바로 상해 버리니까 바로 씻어서 바로 기계로 말려야죠.]

[조] 그 옛날에는 여름에는 말리고 바로 가지고 다시 들어와야 되겠네요.

김 : 예, 사로 와요.
[예, 사러 와요.]

[조] 아, 사러 바로.

김 : 상인 있었어요, 그때.
[상인 있었어요, 그때.]

[조] 새우는 비싸죠? 옛날에 삼치보다 비쌌죠?

김 : 새우도 비쌌죠. 무시 못 했제.

　　[새우도 비쌌죠. 무시 못 했지.]

[조] 그땐 킬로 당 얼마였어요? 새우가 말려서 판매하면?

김 : 모르겠어요. 그때 하도 오래돼서 새우 잡은 지도 오래됐어요. 내
　　세월이 이렇게 갔을까. 인제 암것도 못하고 겉만 이라제. 째깐만
　　걸어 댕겨도 피곤하고. 아따, 광주를 병원에를 꼭 또 보호자를 뗀고
　　오란다데. 어쩌고 가까 하고 또.

　　[모르겠어요. 그때 하도 오래돼서 새우 잡은 지도 오래됐어요. 내
　　세월이 이렇게 갔을까. 이제 아무것도 못하고 겉만 이러지. 조금만
　　걸어 다녀도 피곤하고. 아니, 광주를 병원에를 꼭 또 보호자를 데리
　　고 오라고 하대. 어떻게 갈까 하고 또.]

[조] 결혼식 어디서 한가요?

박 : 친정에서 했제. 그때 세상에 배 딱 깔아 놓고 꽃을 달고 사무관대[47]
　　도 쓰고 먹시로 이렇게 귀한 주름 잡아 갖고 여기 주름 잡아 갖고
　　여이서 이렇게 찌 갖고 사무관대 쓰고. 사무관대는 진짜 썼제. 그것
　　도 옛날이여. 그때는 그랬든가 저랬든가 무섭고 몰르고 아무것도
　　몰르는디.

　　[친정에서 했지. 그때 세상에 배 딱 깔아 놓고 꽃을 달고 사무관대도

---

47 '사모관대(紗帽冠帶)'의 방언형이다. 사모와 관대를 아울러 이르는 말. 본디 벼슬아치의
　　복장이었으나, 지금은 전통 혼례에서 착용한다.

쓰고 다리미로 주름 잡아 가지고 여기 주름을 잡아 가지고 여기서
이렇게 껴 가지고 사무관대 쓰고. 사무관대는 진짜 썼지. 그것도
옛날이요. 그때는 그랬든가 저랬든가 무섭고 모르고 아무것도 모르
는데.]

[조] 시집살이도 하셨나요?

박 : 시집살이인 것도 모르고 살았제. 옛날에 여자는 열야달에 시집을 와.
[시집살이인 것도 모르고 살았지. 옛날에 여자는 열여덟에 시집을 와.]

[조] 식사를 무슨 밥을, 보리밥을?

박 : 식사를 보리랑 고구마, 그래 이런 밥풀에 밥을 한끔[48] 해놨다가, 열
식구인디 우거지를 딱 걷어내요. 우거지를 걷어 걷어내서 속에 부드
러운 것만 담아서 해. 밥그릇에 담아 두고 보면은 밥이 째끄마히[49]게
떠 놔 내 밥에 덜어 놓고 우리 아버님이 덜어주고 그라다가 몇 번
덜어주고.
[식사를 보리랑 고구마, 그래 이런 밥풀에 밥을 가득 해 놓았다가,
열 식구인데 우거지를 딱 걷어내요. 우거지를 걷어, 걷어내서 속에
부드러운 것만 담아서 해. 밥그릇에 담아 두고 보면 밥이 조그마하
게 떠 놓아 내 밥에 덜어 놓고 우리 아버님이 덜어 주고 그러다가
몇 번 덜어 주고.]

---

48 '꽉'의 방언형이다.
49 '쪼그마하다'의 방언형이다.

조 여기 전복은 누가 하세요?

김 : 다 젊은 사람들이 해야제, 우리들이 늙응께 못하구, 그 힘이 약애.

[다 젊은 사람들이 해야지, 우리들이 늙어서 못하고, 그 힘이 약해.]

조 전복 양식은 몇 년 하셨어요?

김 : 삼십 년 되제. 삼십 년 넘었제.

[삼십 년 되지. 삼십 년 넘었지.]

조 여기 전복은 앞에서 생산되는 거는 다 개인이 하는 건가요? 조합에
서 하는 건가요?

김 : 다 개인이고 일은 인쟈 한 서넛이 옛날 말로 품앗이를 그렇게 이자
또 오늘은 우리 꺼 내일은 니 꺼 이렇게 돌아가면서. 사람은 인건비
로 사서 다 이렇게 살았어.

[다 개인이고 일은 이제 한 셋이나 넷이 옛날 말로 품앗이를 그렇게
이제 또 오늘은 우리 것, 내일은 네 것 이렇게 돌아가면서. 사람은
인건비로 사서 다 이렇게 살았어.]

조 전복 말고 다른 거 뭐가 있나요?

김 : 없제. 지금은 없제.

[없지. 지금은 없지.]

조 옛날에는 뭐 많이 잡으셨어요?

김 : 옛날에는 김하고 미역하고 그렇게 해서 돈도 많이 벌었제.

[옛날에는 김하고 미역하고 그렇게 해서 돈도 많이 벌었지.]

조 생선은 어떻게 파셨어요?

김: 형편에 따라서 다르제.

　　[형편에 따라서 다르지.]

조 예전에 식사하실 때는 따로따로 하셨어요?

김: 그랬제. 방도 이렇게 되고 부엌에서 올렸고 남은 거는 다 여자가
　　먹고. 그런 세상 살았제.

　　[그랬지. 방도 이렇게 되고 부엌에서 올렸고 남은 거는 다 여자가
　　먹고. 그런 세상 살았지.]

조 예전에 바다에서 하면 안 되는 행위가 있었나요?

김: 그런 때는 있었죠. 옛날에 우리들이 바닥에서 새우 어장을 했어요.
　　그런디 허가 없으면 못 한다고. 그러면 우리들은 너무나 힘들게 허
　　가 없이 다녀요. 그때 우리들은 진짜 힘들었어요. 정부에서 그렇게
　　시킨 놈이 허가 없이 잡았다고 벌금 물고 힘들었어요, 그때. 그렇게
　　바다에서 벌어 갖고 애기들도 가르치고 먹고 살았어요. 힘들었어
　　요. 그래 갖고 완도까지 잽혀 가고 그런 사람이 있었어요. 그 불법이
　　라고 오라고, 그때 허가를 내면 돈이 많이 등께 못 하구. 그렇게
　　살았어요.

　　[그런 때는 있었죠. 옛날에 우리들이 바다에서 새우 어장을 했어요.
　　그런데 허가 없으면 못 한다고. 그러면 우리들은 너무나 힘들게 허
　　가 없이 다녀요. 진짜 힘들었어요. 정부에서 그렇게 시킨 놈이 허가
　　없이 잡았다고 벌금 물고 힘들었어요, 그때. 그렇게 바다에서 벌어
　　가지고 아이들도 가르치고 먹고 살았어요. 힘들었어요. 그래 가지

고 완도까지 잡혀 가고 그런 사람이 있었어요. 그게 불법이라고 오라고, 그때 허가를 내려면 돈이 많이 드니까 못 하고. 그렇게 살았어요.]

[조] 예전에 제사할 때 따로 뭐 하셨어요?
김: 다 같이 부정한 거 없이 깨끗한. 북치고 절도 하고 그랬어요.
[다 같이 부정한 거 없이 깨끗한. 북치고 절도 하고 그랬어요.]

[조] 누가 와서 제를 지내는 거예요?
김: 이장님이에요 아니면 청년들이에요.
[이장님이에요 아니면 청년들이에요.]

[조] 그분은 따로 어떻게 준비해야 해요? 제 지내기 전에.
김: 따로 준비 없이 사람이 다 같이 해.
[따로 준비 없이 사람이 다 같이 해.]

[조] 혹시 술 마셔도 괜찮아요?
김: 그 사람 술도 마셔요.
[그 사람 술도 마셔요.]

[조] 제 드리기 전에 술 먹어도 돼요?
김: 그런 것은 안 되고.
[그런 것을 안 되고.]

조 또 뭐 안 해야 되요? 혹시 안 해야 되는 것 뭐가 있어요?

김: 이런 부락제[50] 안 먹고 부정 타면 안 되고.

[이런 부락제 안 먹고 부정 타면 안 되고.]

조 그러면 어떤 게 부정한 건가요?

김: 말하자면은 상이 들거나 초상난 거 그 사람이 빠져야 돼요.

[말하자면은 상이 들거나 초상이 난 거 그 사람이 빠져야 돼요.]

조 태풍이 오면 혹시 여기서 어떻게 하세요?

김: 길에 안 나가게 되지.

[길에 안 나가게 되지.]

조 배는 어떻게 해요?

김: 배도 다 잡아야지, 돈으로 다 사야 되고 다치면 어떻게. 아무 데도 다른 데도 가지 말라고 방에 가만히 있으라고. 경찰이 못 가게 했어.

[배도 다 잡아야지, 돈으로 다 사야 되고 다치면 어떻게 해. 아무 데도 다른 데도 가지 말라고 방에 가만히 있으라고. 경찰이 못 가게 했어.]

조 옛날에 경찰이 없을 때는 어떻게 하셨어요?

김: 옛날에는 더러 인제 댕겼지요. 그때는 배도 돌고 태풍이 와도 그냥 가요. 고기 잡으러도 댕겼어요.

---

50 동신제. 마을 사람들이 마을을 지켜 주는 신인 동신(洞神)에게 공동으로 지내는 제사이다.

[옛날에는 더러 이제 다녔지요. 그때는 배도 돌고 태풍이 와도 그냥 가요. 고기 잡으러도 다녔어요.]

조 태풍 와도요?

김 : 태풍이 오문 안 가요, 못 가고. 지금은 집집마다 핸드폰이 있어서 언제 태풍이 오네, 바람이 언제 심하네, 다 알아들어요. 좋은 세상이야. 많이 좋아졌어.
[태풍이 오면은 안 가요, 못 가고. 지금은 집집마다 핸드폰이 있어서 언제 태풍이 오고 바람이 언제 심한지 다 알아요. 좋은 세상이야. 많이 좋아졌어.]

조 생선을 어떤 날 많이 잡을 수 있어요? 예측할 수 있어요?

김 : 물때에 따라서 한다요. 그런디 나는 그런 어장은 안 해 봤어 모르는디. 어떤 날은 더 들고, 어떤 날은 높고, 바람이 안 불고, 낚시질을 간다거나 어장을 간다던지 가면은 날씨가 좋아야 날씨도 그렇고 항상 바다에서 고기를 잡는다 해서 무조건 잘 잡는 것도 아니고 어떤 날을 잘 잡고 어떤 날은 가면 또 못 잡아.
[물때에 따라서 한대요. 그런데 나는 그런 어장은 안 해 봤어 모르는데. 어떤 날은 더 들고, 어떤 날은 높고, 바람이 안 불고, 낚시질을 간다거나 어장을 간다던지 가면은 날씨가 좋아야 날씨도 그렇고 항상 바다에서 고기를 잡는다고 해서 무조건 잘 잡는 것도 아니고 어떤 날을 잘 잡고 어떤 날은 가면 또 못 잡아.]

조 어떤 날에 바다에 나가면 안 되나요? 혹시 절대 안 나가는 날도 있어요?

김 : 바람이 씔 때, 파도가 씨거나 태풍이 분다거나 그런 날은 전혀 안 나가제. 바람이 조용하면 가고. 행사 있으면은 또 안 나가. 초상이 나거나. 옛날에는 부모님이 돌아가시면은 초상 났다고 하면. 그러면은 상주들이나 이웃 사람들이나 지금은 다 한번 왔을 텐데. 그런 단체가 있었어. 지금은 그런 게 없어.

[바람이 셀 때, 파도가 세거나 태풍이 불거나 그런 날은 전혀 안 나가지. 바람이 조용하면 가고, 행사 있으면 또 안 나가, 초상이 나거나. 옛날에는 부모님이 돌아가시면 초상이 났다고 하면. 그러면 상주들이나 이웃 사람들이나 지금은 다 한번 왔을 텐데. 그런 단체가 있었어. 지금은 그런 게 없어.]

조 잡은 물고기 나중에 팔아요? 직접 시장에 나가서 팔아요?

김 : 팔제. 여이서 백머리가 가서 많이 잡아서 앵기⁵¹면 살 수도 있고 그 사람이 판다고만 하면 살 수도 있고 팔 수도 있는디.

[팔지. 여기서 백머리에 가서 많이 잡아서 옮기면 살 수도 있고 그 사람이 판다고만 하면 살 수도 있고 팔 수도 있는데.]

조 예전에 배를 많이 타보셨어요?

김 : 배 많이 타 봤제. 젊을 때 저 진도 바다까지 물고기도 많이 잡으러 댕기고, 새우도 많이 잡으러 댕기고, 바다서 한시도 쉬지 않고 그런

---

51 '옮기다'의 방언형이다.

세상에 살았어요.

[배 많이 타 봤지. 젊을 때 저 진도 바다까지 물고기도 많이 잡으러 다니고, 새우도 많이 잡으러 다니고, 바다서 잠깐 동안도 쉬지 않고 그런 세상에 살았어요.]

조 옛날에 타는 배가 지금 타는 배와 많이 다르죠?

김: 다르제. 옛날에 나무로 짓은 배, 다 나무배, 20명만 타제.

[다르지. 옛날에 나무로 지은 배로, 다 나무배야, 20명만 타지.]

조 옛날에 배를 어떻게 만들었어요? 직접 만드셨어요?

김: 배 짓은 사람이 있제. 그런 기술자 있어. 지은 사람한테 사야 돼요. 그 배를 짓을 때 짓은 사람이 지어서 팔거나 우리가 주문하면은 그 기술자 배 짓은 사람이 지어 주라 그러면은 이제 내 배요. 내가 주 문하면은 한 달 짓었든지 반 날 짓었든지 짓으면은 그거 내 배가 되거든.

[배 만드는 사람이 있지. 그런 기술자가 있어. 배 만드는 사람한테 사야 돼요. 그 배를 만들 때 만드는 사람이 지어서 팔거나 우리가 주문하면은 그 기술자 배를 만드는 사람에게 배 지어 주라고 그러면 은 이제 내 배가 돼요. 내가 주문하면 한 달 만들거나 반 날 만들거나 다 만들면 그거 내 배가 되지.]

조 그 배를 지은 사람을 어떻게 찾으셨어요?

김: 여기 마을도 있지요, 배를 짓고 이제 없어져 가제. 지금 짓은 사람이 없어졌어.

[여기 마을도 있죠. 배를 만들고 이제 없어져 가지. 지금은 배 만드는 사람이 없어졌어.]

[조] 목선은 어떻게 만드셨어요?

김: 첨에 나무를 재단 해다가, 목포에서 나무를, 그때는 나무로 지은 뱅께, 우리는 외팔배는 안 했응께 모른디 나무 목선으로 지은 배는 요렇게 첨에 나무를 썰어 밑에 놓고 옆에 붙인 놈은 판자로 썰어서 얄게 붙여 해 갖고 옆에 붙이고 또 욱에 붙인 놈은 이렇게 붙이고 그렇게 해 가지고 배를 타고 댕겼어. 앞에는 묘시, 여기 기간방, 뒤에는 도모.

[처음에 나무를 재단을 해다가, 목포에서 나무를, 그때는 나무로 지은 배니까, 우리는 외팔배(?)는 안 했으니까 모르는데 나무 목선으로 지은 배는 요렇게 처음에 나무를 썰어 밑에 놓고 옆에 붙이는 나무는 판자로 썰어서 얇게 붙여 갖고 옆에 붙이고 또 위에 붙이는 나무는 이렇게 붙이고 그렇게 해 가지고 배를 타고 다녔어. 앞에는 묘시라고 하고 여기는 기간방이고 하고 뒤에는 도모라고 해.]

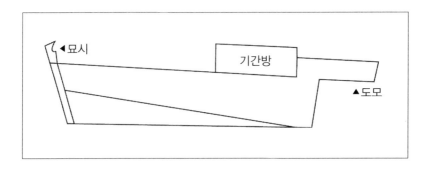

⟮조⟯ 목선 다 만들고 칠도 하나요?

김 : 뻬인트 칠하지. 하얀 뻬인트 칠으고 파란 뻬인트도 칠으고 그란디
뺑끼는 이녁 마음 맞은 대로 해야지. 펭야 요런 식으로 지고.
[페인트 칠하지. 하얀 페인트로 칠하고 파란 페인트도 칠하고 그런
데 페인트는 자기 마음 맞는 대로 해. 보통 요런 식으로 짓어.]

⟮조⟯ 노 저서 다니는 배도 만드셨어요?

김 : 만들었지. 노 저서 다니는 배는 기간방이 없지. 지금도 노 저서 가는
배가 있어.
[만들었지. 노 저어서 다니는 배는 기간방이 없지. 지금도 노 저어서
가는 배가 있어.]

⟮조⟯ 노 젓는 배는 언제 사용하세요?

김 : 지금은 이런 데서 많이 사용 안 하는데 낚지 통발이나, 그런 거 하는
데 사용해.
[지금은 이런 데서 많이 사용 안 하는데 낚지 통발이나, 그런 거
하는 데에서 사용해.]

제2장

보길도 사람들의
삶과 언어

예송리 사람들의 삶과 바다

1. 예송리 사람들의 생애

[조] 어디서 태어나셨어요?

정 : 여그이 내 고향이야 본토 고향. 고향인디 몇 년도는 모른당께. 몇 년도에 태어나고 그런 걸 몰라 몇 년도에 결혼하고 모른디 시물한 살 먹어서 결혼을 했어. 여그서 한 동네서 한 동네서. 둘이 다 인자 한 동네서 만나 갖고 결혼하고 여기서 지끔까지 살고 있어요. 그란 디 죽을 때도 인자 여기서 죽게 생겼어.

[여기가 내 고향이야 본토 고향. 고향인데 몇 년도는 모른다니까. 몇 년도에 태어나고 그런 걸 몰라 몇 년도에 결혼하고 모르는데 스물한 살 먹어서 결혼을 했어. 여기서 한 동네에서 한 동네에서. 둘이 다 이제 한 동네서 만나 갖고 결혼하고 여기서 지금까지 살고 있어요. 그런데 죽을 때도 이제 여기서 죽게 생겼어.]

[조] 지금 살고 있는 집은 언제부터 사셨어요?

정 : 여기 여기 문간 집이 긴디 옛날에는 인자 산 밑에 째깐한 오막살이

집서 아주 우섭게 살다가 또 또 저 우에 산 밑에 또 오막살이 집으로 이사가 갖고 거기서 살다 거기서 인자 애기들 내 마흔 살에 우리 막둥이 나 갖고 여기 이집 사 갖고 내라서 여기서 지끔까지 살고 있어요. 그래 갖고 이 집이서 여섯을 다 키워서 여웠어.[1] 다 여웠는디 애기들이 다 서울 가서 지그가 돈벌이하고 회사 댕기고 해서 돈벌이 하고 지그가 결혼하고 우리는 따라만 댕겨 식만 맞춰줬어. 그랑께 부모 가치를 못 했어. 돈이 돈이 없응께. 그란디 딸이 다섯, 아들이 하나여. 그란디 우리 아들이 서른일곱 살에 낳고 막둥이 딸은 마흔 살에 낳고 야 시물한 살 먹어서 다 한하고[2] 낳는디 그놈들이 다 가서 서울 가서 다 지그 다 묵고 살고 있어요. 그랑께 우리들도 이제 쪼까서 도와주고 그런다네. 부모네.

[여기 여기 문간 집이 그것인데 옛날에는 이제 산 밑에 조그마한 오막살이 집에서 아주 우습게 살다가 또 또 저 위에 산 밑에 또 오막살이 집으로 이사 가 갖고 거기서 살다 거기서 이제 아이들 나 마흔 살에 우리 막둥이 낳아 갖고 여기 이집 사 갖고 내려와서 여기서 지금까지 살고 있어요. 그래 갖고 이 집에서 여섯을 다 키워서 결혼을 시켰어. 다 결혼을 시켰는데 애기들이 다 서울 가서 자기가 돈벌이하고 회사 다니고 해서 돈벌이하고 자기가 결혼하고 우리는 따라만 다녀 식만 맞춰줬어. 그러니까 부모 가치를 못했어. 돈이 돈이 없으니까. 그런데 딸이 다섯, 아들이 하나야. 그런데 우리 아들은 서른일곱 살에 낳고 막둥이 딸은 마흔 살에 낳고 야 스물한 살 먹어

---

1 '결혼을 시키다'라는 뜻이다.
2 '계속'의 방언형이다.

서 다 계속 낳았는데 그놈들이 다 가서 서울 가서 다 자기 다 먹고 살고 있어요. 그러니까 우리들도 이제 조금씩 도와주고 그러네. 부모네.]

[조] 할아버지는 어떻게 만나셨어요?

정: 한아버지[3]는 옛날에 이제 이렇게 말하자면 옛날에 사돈끼리 만나서 놀러댕기멘키로 놈시롱 며느리 삼자 딸 느그딸 나 주라 내 며느리 삼자 이렇게 해서 맞사돈 했어. 맞사돈 해 갖고 인자 만나서 산디 인자 같이 삼시로동 한 부락이께 늘 만내고 인자 그랬지. 그러다가 인자 결혼식 날 받아서 결혼식하고 살았는디 결혼식 해놓고 군대에 가 불었어. 그래서 3년 동안 군대 생활하고 나 혼자 옛날 말하면 부끄럽고 챙피스러워요. 어째 그러면 아무것도 없어 아무것도 없는 가난한 집서 삼시롱 품팔이해다 묵고 우리 신랑은 군대에 가 불고 아들거는 하난디 군대에 가 불고 시어머니하고 시아버지하고 서이 삼시롱 놈우 품팔이 해다가 서이 식구 묵고 그라고 살았어. 살다가 으른이 인자 군대에서 제대해서 3년 살다가 제대하고 나와서 또 저 진도로 저 저 무안으로 그런 데로 해욱밭 댕기고 놈우 일 댕기고 그래 갖고 쪼까서 쪼까서 버니까 묵고 참 그런 말 다 할라면 가슴이 아파서 그렇게 살았는디 글로 절로 그런 운명을 때려 갖고 오늘까지 이라고 지끔 이 생명이 살고 있어.

[할아버지는 옛날에 이제 이렇게 말하자면 옛날에 사돈끼리 만나서 놀러 다니는 것처럼 놀면서 며느리 삼자 딸 너희 딸 나 주라 내 며느

---

3 '할아버지'의 방언형이다.

리 삼자 이렇게 해서 맞사돈 했어. 맞사돈 해 갖고 이제 만나서 사는데 이제 같이 살면서도 한 부락이니까 늘 만나고 이제 그랬었지. 그러다가 이제 결혼식 날 받아서 결혼식하고 살았는데 결혼식 해놓고 군대에 가 버렸어. 그래서 3년 동안 군대 생활하고 나 혼자 옛날 말하면 부끄럽고 창피스러워요. 어찌하여 그러냐면 아무것도 없어 아무것도 없는 가난한 집에서 살면서 품팔이해다 먹고 우리 신랑은 군대에 가 버리고 아들은 하나인데 군대에 가 버리고 시어머니하고 시아버지하고 셋이 살면서 남의 품팔이 해다가 세 식구 먹고 그러고 살았어. 살다가 어른이 이제 군대에서 제대해서 3년 살다가 제대하고 나와서 또 저 진도로 저 저 무안으로 그런 데로 해육발 다니고 남의 일 다니고 그래 갖고 조금씩 조금씩 버니까 먹고 참 그런 말다 하려면 가슴이 아파서 그렇게 살았는데 그렇게 저렇게 그런 운명을 타고나서 오늘까지 이러고 지금 이 생명이 살고 있어.]

조 결혼식은 하신 거예요?

정 : 결혼식 했어요. 결혼식 가메 타고 옛날 가메 타고 가메 타고 시집갔어. 한 동네서도 한 동네서도 어른도 가메 타고 오고 나도 가메 타고 지그 집 가고 그라고 한 부락에서 타고 댕겼어. 그렇게 살았어. [결혼식 했어요. 결혼식 가마 타고 옛날 가마 타고 가마 타고 시집갔어. 한 동네에서도 한 동네에서도 어른도 가마 타고 오고 나도 가마 타고 자기 집 가고 그러고 한 부락에서 타고 다녔어. 그렇게 살았어.]

조 혹시 지금은 일 안하세요? 밭일?

정 : 지끔도 인자 우리가 힘에 맞게, 밭에 밭을 한 말하자면 열, 마지기수

로 열 마지기나 벌인디 그럼 할멈 영감 둘이 하고 있어요. 뭣을 하냐
면 고추 심기고 깨 갈고 콩 심기고 인자 거기다 고구마도 쪼끔썩
심기고 인자 이녁 먹을 치만 여러 가지 것 해서 지끔 올 여름에는
그런 농사를 짓고 있어요. 몸이 아직까진 건강항께. 그래서 인자
우리가 인자 묵고 남은 놈은 우리 애기들도 쪼까 도와주고 서로 그
라고 그라고 지금 그렇게 건강하게 잘 살고 있어요.

[지금도 이제 우리가 힘에 맞게, 밭에 밭을 한 말하자면 열, 마지기
수로 열 마지기 벌이인데 그럼 할멈 영감 둘이 하고 있어요. 뭐를
하냐면 고추 심고 깨 갈고 콩 심고 이제 거기다 고구마도 조금씩
심고 이제 자기 먹을 정도만 여러 가지 것 해서 지금 올 여름에는
그런 농사를 짓고 있어요. 몸이 아직까지는 건강하니까. 그래서 이
제 우리가 이제 먹고 남은 놈은 우리 아이들도 조금 도와주고 서로
그러고 그러고 지금 그렇게 건강하게 잘 살고 있어요.]

조 농사할 때 제일 어려운 점은 뭐예요?

정 : 농사할 때 어려울 때 이 뜨거울 때 뜨거울 때 밭에 가서. 그랑께
일 할라면 아침에 일천히[4] 나가 다섯 시에. 다섯 시에 일천히 나가
서 인자 아홉시까지 일하고 또 아홉시 돼서 집에 들어와서 인자 밥
묵고 밥 묵고 인자 낮에는 인자 일 못해 뜨거웅께. 그라고 또 저녁
에 다섯 시 넘으면 밭에 가서 일하고 그래 갖고 어두워지면 인자
일곱 시 넘으면 집에 들어와서 하고. 그렇게 저렇게 지끔 우리가
살고 있어요.

---

4 '일찍이'의 뜻이다.

[농사할 때 어려울 때 이 뜨거울 때 뜨거울 때 밭에 가서. 그러니까 일 하려면 아침에 일찍이 나가 다섯 시에. 다섯 시에 일찍이 나가서 이제 아홉시까지 일하고 또 아홉시 돼서 집에 들어와서 이제 밥 먹고 밥 먹고 이제 낮에는 이제 일 못해 뜨거우니까. 그리고 또 저녁에 다섯 시 넘으면 밭에 가서 일하고 그래 갖고 어두워지면 이제 일곱 시 넘으면 집에 들어와서 하고. 그렇게 저렇게 지금 우리가 살고 있어요.]

조 일하실 때 부르는 노래 있어요?

정 : 일할 때 부르는 노래도 있지요. 아따 아따 탄복할 때도 있고 언제 이런 일을 안 하고 기냥 편하게 살아볼고 그렇게 탄복할 때도 있고. 어매 어매 우리 어매 날 데려가. 우리 어매는 나 에렸을 때 돌아가셨어. 나 열 네 살 묵어서 돌아가셨잖아. 그랬는디 우리 엄매 날 데려가쇼 그런 말도 하고. 내가 지금 신앙생활 하고 교회를 댕기고 있어. 그랑께 하나님한테 기도도 하고 하나님 나 어차고 어차고 해주쇼 기도도 하고 그렇게 저렇게 지금 살고 있어요. 우리 생활이 세상 사는 그대로 말을 하고 있어요.

[일할 때 부르는 노래도 있지요. 아따 아따 탄복할 때도 있고 언제 이런 일을 안 하고 그냥 편하게 살아볼까 그렇게 탄복할 때도 있고. 엄마 엄마 우리 엄마 날 데려가. 우리 엄마는 나 어렸을 때 돌아가셨어. 나 열 네 살 먹어서 돌아가셨잖아. 그랬는데 우리 엄마 날 데려가쇼 그런 말도 하고. 내가 지금 신앙생활 하고 교회를 다니고 있어. 그러니까 하나님한테 기도도 하고 하나님 나 어떻게 어떻게 해주쇼 기도도 하고 그렇게 저렇게 지금 살고 있어요. 우리 생활이 세상

사는 그대로 말을 하고 있어요.]

[조] 밭일 안하실 때는 그냥 회관에서 보내시는 거예요?

정 : 여기서 응 여기서 헤관에서 화투치기 해. 화투치기를 한디 돈은 일체
없고 그냥 이기고 지고 한 것만 재미로. 그래 하고 이기고 지고 한
것만 그것만 인자 치매도 없고 그 우일증도 없고 저거 갖고 놀믄
정신을 글로 써붕께. 사람이 몸에 좋다 해서 저 화투장을 많이 갖고
놀아요. 그랑께 헤관에 요새 이렇게 낮에 나와서 헤관에서 놀고 또
저녁에 가서 인자 밭으로 안 나가믄 집에서 인자 밥해 먹을 준비하고
반찬 맹들고 밥해 묵고 저녁에 테레비보다 잠자고 날마다 그라고
산디요.
[여기서 응 여기서 회관에서 화투치기 해. 화투치기를 하는데 돈은
일체 없고 그냥 이기고 지고 하는 것만 재미로. 그래 하고 이기고
지고 한 것만 그것만 이제 치매도 없고 그 우울증도 없고 저거 갖고
놀면 정신을 거기로 써버리니까. 사람의 몸에 좋다 해서 저 화투장
을 많이 갖고 놀아요. 그러니까 회관에 요새 이렇게 낮에 나와서
회관에서 놀고 또 저녁에 가서 이제 밭으로 안 나가면 집에서 이제
밥해 먹을 준비하고 반찬 만들고 밥해 묵고 저녁에 텔레비전보다
잠자고 날마다 그러고 삽니다.]

[조] 환갑이나 칠순잔치 하셨어요?

정 : 했어. 우리 자식들한테 가서 서울 가서 식당에 가서 점심 한 그륵
먹었어. 그라고 칠순 잔치는 칠순 잔치는 지그 아베 나이 때 하고
내 나이는 안 해줬제.

[했어. 우리 자식들한테 가서 서울 가서 식당에 가서 점심 한 그릇 먹었어. 그리고 칠순 잔치는 칠순 잔치는 자기 아버지 나이 때 하고 내 나이는 안 해줬지.]

[조] 할아버지랑 몇 살 차이세요?

정 : 한아버지는 나보다 두 살 덜 묵었어. 나는 솔직하게 얘기한디 내가 두 살 더 먹었어. 그란디 저 한아버지가 독자로 귀한 집 아들로 생겨 갖고 지그 누나 하나 있어 하나 이 한 동네가. 누나 하나 있는디 누나 딸 하나 아들 하나 우리 시어머니가 애기를 야달을 나 갖고 아니 야달을 죽어버렸어 아홉을 아홉인가 열 나 갖고 죽어 불고 둘 최대 인마 둘 살았어. 그래 갖고 인자 자식이 귀항께 인자 한 동네서 막 맞사돈으로 우리 부모님하고 맞사돈으로 해 갖고 해서 내가 와 갖고 또 낳은 것이 또 딸만 넷이나 낳았잖아. 딸만 넷이나 낳응께 좋다고 하겄어? 그란데도 어찌케 어찌케 해 갖고 다섯 차에 인자 아들을 낳았는디 우리 아들이 아주 얼마나 이쁘고 잘생기고 키도 날씬하고 잘생겼어. 다섯 차에 아들 낳고 또 아들 하나 더 난다고 낳께 딸로 또 막내가 딸이여.

[할아버지는 나보다 두 살 덜 먹었어. 나는 솔직하게 얘기하는데 내가 두 살 더 먹었어. 그런데 저 할아버지가 독자로 귀한 집 아들로 생겨 갖고 자기 누나 하나 있어 하나 이 한 동네가. 누나 하나 있는데 누나 딸 하나 아들 하나 우리 시어머니가 애기를 여덟을 낳아 갖고 아니 여덟을 죽어 버렸어 아홉을 아홉인가 열 낳아 갖고 죽어 버리고 둘 최대 이놈 둘 살았어. 그래 갖고 이제 자식이 귀하니까 이제 한 동네서 막 맞사돈으로 우리 부모님하고 맞사돈으로 해 갖고 해서

내가 와 갖고 또 낳은 것이 또 딸만 넷이나 낳았잖아. 딸만 넷이나 낳으니까 좋다고 하겠어? 그런데도 어떻게 어떻게 해 갖고 다섯 차에 이제 아들을 낳았는데 우리 아들이 아주 얼마나 예쁘고 잘생기고 키도 날씬하고 잘생겼어. 다섯 차에 아들 낳고 또 아들 하나 더 낳는다고 낳으니까 딸로 또 막내가 딸이야.]

조 해녀 하시는 분들이 있나요?

정 : 또 여그 사람들이 배와 갖고 무질해서 돈 벌이고 그라고 결혼해 갖고 여기서부터 살고 있고. 지금 여기 저 저 통리 거기서 둘이나 서인가 살고 있고 중리도 살고 있고 제주 사람들이 나와서 여기서 결혼해 갖고 살고 있어. 그란디 그 사람들이 처음에는 나와서는 무질을 잘 했는디 인자 무질은 안하고 여기서 인자 전복 키우고 그란 거 하고 있어. 톳도 하고 미역도 하고 그런 거 하고 인자 말판에 전복 키우고 있어 전복 키워서 돈을 잘 벌고 있어.

[또 여기 사람들이 배워 가지고 물질해서 돈 벌고 그리고 결혼해 가지고 여기서부터 살고 있어. 지금 여기 저 통리에 거기서 둘이나 셋이 살고 있고 중리도 살고 있고 제주 사람들이 나와서 여기서 결혼해 갖고 살고 그런데 그 사람들이 처음에는 나와서는 물질을 잘 했는데 이제 물질은 안 하고 여기서 이제 전복 키우고 그런 거 하고 있어. 톳도 하고 미역도 하고 그런 거 하고 이제 말판에 전복 키우고 있어. 전복 키워서 돈을 잘 벌고 있어.]

조 보길도에서 여름에 해먹는 음식 있어요?

정 : 여름에 음식 해먹는 그 외[5] 초국 같은 거 외 초국 같은 거 해먹고

뽈딱기젓 같은 거 인자 이 무김치 그 열김치 잎 싹 있잖아요. 무순 잎 싹 열무 그거 그런 거 담아 묵고 뭐 반찬 걸어요[6]. 가지도 해먹고 또 도마도 심어 갖고 도마도도 따서 갈아서 갈아서 묵고 외도 심기고 수박도 심기고 이 농사짓는 사람은 먹을 것이 꽉 찼어요. 나도 지금 외 외 몇 개 따고 수박 이런 거 하나 따 나서 추석에 우리 손녀 온다 해서 그랑께 준다고 지금 냉장고에다 꽉 봉해 났어. 우리 손녀 줄라고.

[여름에 음식 해먹는 그 오이 초국 같은 거 오이 초국 같은 거 해먹고 볼때기젓 같은 거 이제 이 무김치 그 열김치 잎 싹 있잖아요. 무순 잎싹 열무 그거 그런 거 담아 먹고 뭐 반찬 많아요. 가지도 해먹고 또 토마토 심어 갖고 토마토도 따서 갈아서 갈아서 먹고 오이도 심고 수박도 심고 이 농사짓는 사람은 먹을 것이 꽉 찼어요. 나도 지금 오이 오이 몇 개 따고 수박 이런 거 하나 따 놔서 추석에 우리 손녀 온다 해서 그러니까 준다고 지금 냉장고에다 꽉 봉해 났어. 우리 손녀 주려고.]

조 겨울에는 뭐해 드시나요?

정 : 겨울에는 그냥 밀죽 써 묵어. 밀가루, 밀가루로 반죽해서 팥 삶아서 팥죽도 써 묵고. 인자 뭐 닭도리탕도 해 묵고 뭐 뭐 그런 거 저런 거 우리 헤관 문 열면 한 달에 한 번씩. 우리가 노인헤장 맡았어. 우리 영감하고 나하고 그란디 여그 한 달에 한 번씩 동네 밥을 해줘

---

5 '오이'의 방언
6 '많다'라는 뜻이다.

문 열믄. 그라고 저 장 바다 내일이 15일이다 그러면 14일 날 장
바다 났다가 15일 날은 문 열면은 인자 동네 사람들이 인자 다 와
같이 인자 다 음식 장만해 갖고 낮에 점심 다 해서 묵고 그라고 놀다
가 또 가고 그래.

[겨울에는 그냥 밀죽 쑤어 먹어. 밀가루, 밀가루로 반죽해서 팥 삶아
서 팥죽도 쑤어 먹고. 이제 뭐 닭도리탕도 해 먹고 뭐 뭐 그런 거
저런 거 우리 회관 문 열면 한 달에 한 번씩. 우리가 노인회장 맡았
어. 우리 영감하고 나하고 그런데 여기 한 달에 한 번씩 동네 밥을
해줘 문 열면. 그리고 저 장 봐서 내일이 15일이다 그러면 14일 날
장 봐 놨다가 15일 날은 문 열면 이제 동네 사람들이 이제 다 와
같이 이제 다 음식 장만해 갖고 낮에 점심 다 해서 먹고 그러고 놀다
가 또 가고 그래.]

조 설이나 추석 때는 어떻게 보내세요?

정: 설이나 추석 때는 객지에 있는 자식들이 다 와. 집 다 찾아서 와
자식들이. 긍까 아들네 딸네 인자 손주네도 있고 다 오고 하면 집집
마다 복잡해 다 자식들이 옹께. 그래 갖고 한 이틀 밤도 자고 사흘
밤도 자고 자기 일에 따라서 인자 자고 가고 부모네랑 같이 설 세고
추석 세고 그라지. 우리도 우리 아들며느리가 인자 추석에 온다 해
나서 인자 우리 손주네 오기만 우리도 기다리고 있지.

[설이나 추석 때는 객지에 있는 자식들이 다 와. 집 다 찾아서 와
자식들이. 그러니까 아들네 딸네 이제 손주네도 있고 다 오고 하면
집집마다 복잡해 다 자식들이 오니까. 그래 갖고 한 이틀 밤도 자고
사흘 밤도 자고 자기 일에 따라서 이제 자고 가고 부모네랑 같이

실 쇠고 추석 쇠고 그러지. 우리도 우리 아들 며느리가 이제 추석에
온다 해 놔서 이제 우리 손주네 오기만 우리도 기다리고 있지.]

조 어머니는 어디에서 태어나셨어요?

김 : 보길도서. 내 고향은 백도리, 알까? 통리 너메⁷ 중리 너메. 거기서
태어나서 이리 왔제.
[보길도서. 내 고향은 백도리야. 알아? 통리 너머 중리 너머. 거기서
태어나서 이리 왔제.]

조 그 때는 무슨 일 하셨어요?

김 : 김빨하고 농사짓고 살았는디 인제 저 톳 널었제 믹 널었제 그렇게
하고 살았제. 김공장 댕기고. 우리집 아저씨가 마흔 살에 돌아가시
고 인제까지 살아왔어. 그러낭께 어찌께 고생을 많이 했어. 말 할
수 없어. 물고기는 우리 아버지가 주낙을 하고 나는 김빨을 하고
살고 큰 애기⁸ 때는 그라고 살고. 여기 와서는 그물빨⁹을 해 갖고
손으로 뜯고 채취 낫으로도 하고.
[김발하고 농사짓고 살았는데 이제 저 톳 널었지 미역 널었지 그렇
게 하고 살았지. 김공장도 다니고. 우리집 아저씨가 마흔 살에 돌아
가시고 이제까지 살아왔어. 그러니까 얼마나 고생을 많이 한지 몰
라. 말 할 수가 없어. 물고기는 우리 아버지가 주낙으로 하고 나는

---

7 '너머'의 방언형이다.
8 결혼 전 처녀 때를 말할 때는 '큰 애기 때'라고 하였다.
9 김 양식장에서 설치하는 그물로 된 것으로 김의 홀씨가 붙어 자라도록 설치하는 발이다.

김발을 하고 살고 처녀 때는 그렇게 살고. 여기 와서는 그물발을
해 갖고 손으로 뜯고 채취 낫으로도 하고.]

조 시집 온 집은 어디예요?

김 : 헌께롱 뜯어 불고 그 밑에 밭에다 지어 갖고 지금 살아. 방이 둘도
기고 싯도 기고 그랬제.

[오래 되어서 뜯어 불고 그 밑에 밭에다 짓어 갖고 지금 살아. 방이
둘도 되고 셋도 되고 그랬지.]

조 바깥 어르신은 어떻게 만나셨어요?

김 : 중매했제. 가메 타고 시집 왔제. 중매는 놈이 했어. 통리 사는 사람
이 했어. 봄에 중신해 갖고[10] 동짓달에 했어. 그때는 말 해 두고 어른
이 나 보러 왔어. 그라고 저구리 한나, 치매는 없고 오얏물인가 가져
왔드만. 그게 계약서. 치마 저구리에다 두 이름을 써서 창호지에다
옷 속에 넣어 갖고 보내문 그게 딴 데로 결혼을 못 하고. 그때 보고
신랑 못 봤제.

[중매했지. 가마 타고 시집 왔지. 중매는 남이 했어. 통리 사는 사람
이 했어. 봄에 중매를 해 갖고 동짓달에 했어. 그때는 말을 해 두고
어른이 나를 보러 왔어. 그리고 저고리 하나, 치마는 없고 오얏물인
가(?) 가져 왔더라고. 그게 계약서야. 치마 저고리 안에 창호지에다
두 사람 이름을 써서 옷 속에 넣어 갖고 보내면 그게 다른 곳으로
결혼을 못 하고. 그때 보고 신랑 못 봤지.]

---

10 혼인이 이루어지도록 소개하는 것을 말한다. '중매하다'와 같은 뜻이다.

조 결혼식은 어떻게 히셨어요?

김 : 겔혼식 여기서 가메 타고 와서 나 싫고[11] 왔제. 둘이서 미고 가. 가메
안에 요강도 들이고 뻐치문 시었다 가고. 첫날에 여기 와서도 상
차려 주고 저기 가서도 상 차려 주고 둘이 묵으라고. 음식 장만해서
손님 받고.
[결혼식은 여기서 가마를 타고 와서 나 신고 왔지. 둘이서 들고 가.
가마 안에 요강도 넣고 힘들면 쉬었다 가고. 첫날에 여기 와서도
상 차려 주고 저기 가서도 상 차려 주고 둘이 먹으라고. 음식 장만해
서 손님도 받고.]

조 결혼식 때 하는 음식은 뭐예요?

김 : 소도 잡고 돼지도 잡고 떡도 하고 전도 지지고 아조 별 것 다 하제.
걸게[12] 해. 그때는 부끄러서 못 묵고. 게흘[13]에 항께 생선은 없어.
[소도 잡고 돼지도 잡고 떡도 하고 전도 부치고 아주 별 것을 다
하지. 음식을 푸짐하게 준비. 그때는 부끄러워서 못 먹고. 겨울에
하니까 생선은 없어.]

조 결혼식 끝나고 어떻게 해요?

김 : 겔혼식 해 갖고 뒷날에 떡조차 묵고 그 뒤로는 일하다가 밭에 가고
산에 나무 하러 가고 고동도 잡으러 댕기고 그런 거 하고 살았제.

---

11 '신다'의 방언형으로 기본형은 '싫다'이다.
12 음식 따위가 가짓수가 많고 푸짐하다는 뜻이다.
13 '겨울'을 의미한다.

옛날에는.

[결혼식 해 갖고 다음 날에 떡도 먹고 그 뒤로는 일하다가 밭에 가고 산에 나무를 하러 가고 고동도 잡으러 다니고 그런 거 하고 살았지. 옛날에는.]

조 혼수품은 뭐 가져 오셨어요?

김 : 이불하고 옷조차 인자 그런 거제. 그런 거 지고 몇 시간 가메를 따라 와. 그리고 상자에 이불이랑 베게랑 비누, 성낭, 그런 거 삼합에다 담고 갱대¹⁴ 사고 모제비¹⁵ 사고 다 담아 갖고 지고 왔어. 그랑께 사람들이 많이 따랐제.

[이불하고 옷조차 이제 그런 거지. 그런 것을 지고 몇 시간 가마를 따라 와. 그리고 상자에 이불이랑 베게랑 비누, 성냥, 그런 거 삼합에다 담고 경대도 사고 이바지 담는 동구리도 사고 다 담아 갖고 지고 왔어. 그러니까 사람들이 많이 따라왔지.]

조 시집 와서 무슨 일 하셨어요?

김 : 막 와서 보리밭 매고, 보리 갈고 그런디 지금은 안 갈어. 고구마도 놓고 콩, 수수, 녹두 다 했는데 지끔은 안 해.

[막 와서 보리밭 매고 보리 갈고 그랬는데 지금은 안 갈아. 고구마도 심고, 콩, 수수, 녹두 다 했는데 지금은 안 해.]

---

14 거울을 달아 세운 가구인 '경대'의 방언형이다.
15 버들, 소나무, 칡줄기로 만든 동구리로 과거에는 음식을 담아 이바지음식을 담는 용도로 사용하였다. 가장 큰 것은 모제비라고도 한다.

[조] 어떤 일이 힘드셨어요?

김 : 그런 일이 힘들었고 바닥에 가서 김 뜨는 일도 힘들고, 산에 나무 하러 가고 저 너메 길도 없어. 말도 못 하제. 산으로 갔다 갯부딱[16]으로 갔다.

[그런 일이 힘들었고 바다에 가서 김 뜨는 일도 힘들고, 산에 나무 하러 가고 저 너머 길도 없어. 말도 못 하지. 산으로 갔다가 바다로 갔다 했어.]

[조] 하루 일과가 어떻게 되셨어요?

김 : 새복에 불 때서 밥 하고 보쌀 떼께[17] 갖고 비께 갖고 디비고 독아지[18]에 담아 갖고. 아우 말 못 해. 우리 아저씨가 멜 잡으러 다녔어. 멜 잡으러 댕기문 밥 해서 주문 심바람 가고. 밤에 잡으러 가문 내가 심부름 하고 와서 또 걷으러 가고. 벌어 먹고 살랑께 멜 잡으러 댕겼제. 조구잽이도 댕기고 주낙으로. 밭 매고 시간 있으문 산에 가서 나무 하고 그런 심바람 댕기고 통리까지. 아침에는 널로 가고 저녁에는 디치러[19] 가고 멜 삶으러 가고. 저녁에 밭 매다가 밥 해서 우리 아저씨 주문 그 놈 먹고 가문 멜 체서 담으러 가. 믹도 하고 톳도 담으러 다니고. 새복에나 자. 서숙[20] 손으로 까고 방맹이로 찍고 바스고. 서숙으로 떡도 하고 밥도 하고. 곌혼식 하문 서숙 갖고 취펜[21]

---

16 '바다'의 방언형이다.
17 곡식을 찧어 속꺼풀을 벗기고 깨끗하게 하는 것이다.
18 간장, 술, 김치 따위를 담가 두는 데에 쓰는 흙으로 만든 그릇을 말한다.
19 물에 넣어 살짝 익히는 '데치다'의 방언형이다.
20 '조'의 방언형이다.

하고. 조 떡인디 취펜이라고 해. 쑥 뜯어 갖고 디처서 몰려 갖고
욱에다 담아 났다 취펜할라문 갖고 댕기고. 계 묻어 갖고 그놈 하러
댕기기도 하고.

[새벽에 불 때서 밥 하고 보리쌀 찧어 갖고 벗겨 갖고 뒤집어 갖고
그릇에 담아 갖고. 아우, 말도 못 해. 우리 아저씨가 멸치를 잡으러
다녔어. 멸치 잡으러 다니면 밥해서 주면 심부름을 가고 밤에 잡으
러 가면 내가 심부름 하고 와서 또 멸치를 걷으러 가고. 벌어 먹고
살려니까 멸치를 잡으러 다녔지. 조기잡이도 다니고 주낙으로, 밭
매고 시간 있으면 산에 가서 나무 하고 그런 심부름 다니고 통리까
지. 아침에는 멸치 널러 가고 저녁에는 익히러 가고 멸치 삶으러
가고 저녁에 밭 매다가 밥해서 우리 아저씨 주면 그 놈 먹고 멸치를
걸러서 담으러 가. 미역도 하고 톳도 담으러 다니고. 새벽에나 자.
서숙을 손으로 까고 방망이로 찍고 부수고. 서숙으로 떡도 하고 밥
도 하고. 결혼식 하면 서숙 갖고 취펜하고. 조로 만든 떡인데 취펜이
라고 해. 쑥을 뜯어 갖고 살짝 익혀서 말려 가지고 위에다 담아 놓았
다가 취펜하려고 가지고 다니고. 계를 만들어 가지고 취펜하러 다니
기도 하고.]

조 일 할 때 노래도 하세요?

김 : 나는 못 해. 노래. 못 살것다고[22] 세상 못 살겠다고 고되문 중 되러
갔으문 편하게 살 건데. 힘들문 엄매 울엄매 왜 날 낳아 갖고 시집을

---

21 조로 만든 떡으로 쑥 따위를 넣거나 여러 가지 색으로 물들이는 편(떡)을 말한다.
22 추정과 의도의 의미를 나타내는 '-겠-'이 전남 방언에서는 '-겄-'으로 나타난다.

보냈어요. 이렇게 불렀어.

[나는 노래 못 해. 못 살겠다고 세상 못 살겠다고 고되면 중 되러 갔으면 편하게 살 것인데. 힘들면 엄마 우리 엄마 왜 나를 낳아 가지고 시집을 보냈어요. 이렇게 불렀어.]

조 일 안 하실 때도 있었어요?

김: 없어. 요놈 이고 먼 데서 물 질러다가 밥 해 묵고. 육이오 났을 때 나보고 밥 해 갖고 오라고 숨으면서 철 없응께. 지끔은 물어볼랑가 몰라. 그런 사람이 와도 물어보기를 안 해. 우리 언니네는 그 사람들이 왔는디 인민군들이 왔는디 총 쌈스롱 나오라고 해. 산에 숨어 갖고 있는디. 나는 집으로 가랑께 간디 돼지가 이만한 호박을 다 먹어 불고. 열니 살 때 젂었어. 울엄마가 얼마나 나를 시게 묵었냐문 밥해서 이고 온나 하문 가고. 그 때는 꼬무신이 없응께 짚으로 겟다를 삼아서 줬는데 떨어져서 맨발로 댕기제.

[없어. 이것 이고 먼 곳에서 물 길러다가 밥을 해 먹고. 6·25 났을 때 나보고 밥을 해 가지고 오라고 숨으면서, 철이 없으니까 지금은 물어볼지도 몰라. 그런 사람이 와도 물어보기는 안 해. 우리 언니네는 그 사람들이 왔는데 인민군들이 왔는데 총을 쏘면서 나오라고 해. 산에 숨어 갖고 있는데. 나는 집으로 가라니까 갔는데 돼지가 이만한 호박을 다 먹어 불고. 열네 살 때 겪었어. 우리 엄마가 얼마나 나를 시켜 먹었냐면 밥을 해서 이고 오라고 하면 가고. 그 때는 고무신이 없으니까 짚으로 슬리퍼를 만들어 줬는데 떨어져서 맨발로 다녔지.]

[조] 일본 사람도 살았어요?

김 : 일본 사람이 여기 살았제. 저 산 너메 살고 해방 됐다고 배 타고 가다고 비행기가 때레 붕께 거기가 또깨비불이 있어. 인자는 없어.

[일본 사람이 여기에 살았지. 저 산 너머 살고 해방 됐다고 배 타고 가다가 비행기가 폭격하니까 많이 죽었어. 거기가 도깨비불이 있어. 이제는 없어.]

[조] 마을 사람들이 같이 일하나요?

김 : 품앗이를 해. 밭일은 도와주고 바다는 이녁 것만 해. 저저끔²³ 해.

[품앗이를 해. 밭일은 도와주고 바다는 자기 것만 해. 따로 일해.]

[조] 생일은 어떻게 보내세요?

김 : 나는 생일도 없어. 미역국이나 낋여 먹제. 나는 지끔도 생일이 없어. 설날이라 생일이 없당께. 설잉께 아그들도 신경 안 써.

[나는 생일도 없어. 미역국이나 끓여 먹지. 나는 지금도 생일이 없어. 설날이라 생일이 없어. 설이니까 자식들도 신경 안 써.]

[조] 봄에는 무슨 반찬을 해서 먹어요?

김 : 봄에는 무수 노물, 배추 노물, 시금추 노물 그런 거 해서 묵고. 간장 치고 지름 치고 양념 치고 맛있제. 우리 밭에서 해서 묵제. 여름에는 풋지 많이 먹고 가을에는 배추, 짐치 그런 거 해서 묵었지. 기 잡어서 하고 뻘떡기²⁴라고 잡아다 묵고 고둥 잡아다 묵고 군벗²⁵ 따고

---

23 여럿이 저마다 따로따로의 뜻이다.

배말[26] 따고 그런 거 해 갖고 물로 니처 갖고 국 끓어 묵으문 아주 맛있어. 고둥은 디처 갖고 까 묵고. 여기가 산중이라 생선이 기해. 바닥에서 갈치, 삼치, 조구, 장대, 도미 이런 거 다 나았제. 주낙으로. 나 클 때는 그렇게 했어. 겨울에는 짐치 담아 묵고 김 싸고 짐칫국 묵고 김으로 부사서 묵고. 물이 없어서 샘에서 길러 다녔제. [봄에는 무 나물, 배추 나물, 시금치 나물 그런 거 해서 먹고 간장 치고 기름 치고 양념 치고 맛있지. 우리 밭에서 해서 먹지. 여름에는 풋김치를 먹고 가을에는 배추, 김치 그런 거 해서 먹었지. 게를 잡아서 하고 꽃게라고 잡아다가 먹고 고둥 잡아 먹고 딱지조개 따고 삿갓조개 따고 그런 거 해 가지고 물로 익혀 가지고 국을 끓여 먹으면 아주 맛있어. 고둥은 익혀 가지고 까 먹고 여기서 산중이라 생선이 귀해. 바다에서 갈치, 삼치, 조기, 장대, 도미 이런 거 다 나왔지. 주낙으로. 나 클 때는 그렇게 했어. 겨울에는 김치 담아 먹고 김을 싸고 김칫국 먹고 김으로 부서서 먹고, 물이 없어서 샘에서 길러 다녔지.]

[조] 샘이 있었어요?

김: 옛날에는 있었지. 지금은 저 욱에 산에서 수돗물이 와. 우리 엄매나 무자게[27] 빌어 묵었다. 지금도 엄매가 미. 밉드만.
　　[옛날에는 있었지. 지금은 저 위에 산에서 수돗물이 와. 우리 엄마가

---

24 '꽃게'의 방언이다.
25 '딱지조개'의 방언이다.
26 '삿갓조개 및 따개비'의 방언이다.
27 '매우'의 방언이다.

나를 엄청 일을 시켰지. 지금도 엄마가 미워. 밉더라고.]

(조) 설날은 어떻게 보내셨어요?

김: 설 실라문 좁쌀떡하고 찰떡하고 모떡하고 여러 가지 것 떡 하제. 떡국하고 음식 묵고 안 것도 안 해. 여기는 당을 모싱께 깽가리 치는 거 벨로 없어. 세배 댕기제. 옛날에는 세뱃돈으로 십 원도 주고 백환도 주고 지끔은 세뱃돈이 한 달 생활비 들어가 불제. 추석 때는 밀[28] 갈아서 밀송펜하고 그 놈도 만나. 퐂 넣어서 밀떡하고 시루떡 해 갖고 상에 놓고. 설이 음식이 더 많지. 추석은 음식이 싱께. 노물을 열 가지나 하고 묵어.

[설을 쇠려면 좁쌀떡하고 찰떡하고 모시떡하고 여러 가지 것 떡을 하지. 떡국하고 음식 먹고 아무 것도 안 해. 여기는 당을 모시니까 꽹과리 치는 거 별로 없어. 세배도 다니지. 옛날에는 세뱃돈으로 십 원도 주고 백환도 주고 지금은 세뱃돈이 한 달 생활비가 들어가 버려. 추석 때는 밀을 갈아서 밀송편하고 그것도 맛있어. 팥을 넣어 서 밀떡하고 시루떡을 해 가지고 상에 놓고. 설이 음식이 더 많지. 추석은 음식이 쉬니까. 나물을 열 가지나 하고 먹어.]

---

28 벼와 비슷하며 열매는 주로 가루로 만들어 빵, 과자 따위의 원료로 사용한다.

2. 예송리 사람들의 어업 생활

[조] 물고기 잡는 일 해보셨어요?

정 : 우리? 우리 그거 다 해봤제. 물고기도 배에 가서 낚어 보고, 바닥에
댕김시롱 고동도 잡아보고, 꼬제비[29]도 따고, 꿀태도 따고, 꿀[30]도
이렇게 뻘에서 뀌고, 바닥에 있는 거 다 해봤어. 그라고 저 산 꼬지
막[31]에 산 넘어 댕김서 나무해 갖고, 옛날에 나무 이가서, 머리에
다가 이가서, 그놈 다 해다가. 그때는 없이 상께 저 물 건내로 싫고
가서 폴아 묵고, 우리들도 꾼불 때고 밥해 묵고, 그 나무해서 그라고
살았어. 그랬는디 글로해서는 죽든 안 하드만. 살았어. 이때까징.
[우리? 우리 그거 다 해봤지. 물고기도 배에 가서 낚어 보고, 바다에
다니면서 고동도 잡아보고, 홍합도 따고, 꿀태도 따고, 굴도 이렇게
갯벌에서 캐고, 바다에 있는 거 다 해봤어. 그리고 저 산비탈에 산
넘어 다니면서 나무 해 갖고, 옛날에 나무를 이고서, 머리에 이어서,
그놈 다 해다가. 그때는 없이 살아서 저 물 건너로 싣고 가서 팔아먹
고, 우리들도 군불 때고 밥해 먹고, 나무해서 그러고 살았어. 그랬는
데 그렇게 해서는 죽진 않더라고. 살았어. 이때까지.]

[조] 그러면 언제부터 불을 안 떼셨어요?

정 : 보일러 떼지 이제 한 이십년 다 됐겠구만. 기름 떼지가. 한 이십년
됐어. 그라고 인자 이렇게 좋은 시상이 나와 붕께, 방에 안 떼제,

---

29 '홍합'을 뜻한다.
30 '굴(석화)'을 뜻한다.
31 '비탈'의 방언형이다.

옥메트 같은 거 욱에다 다 깔고 다 갖춰서. 선풍기, 에어콘 오만 것 다 있어 붕께 이녁 가정도 편하제, 이런 회관에도 나오믄 편하제. 성가실 것이 없어 지끔. 그랑께 이것이 우리가 늙은 것이 아니여, 늙은 것이. 아조 젊디젊어. 세상이 이라고 좋아졌는디 우리는 이라고 늙어서 인자 갈 데는 한 간디밖에 없어 죽은디 한 간디밖에 없어. 이라고 살다가 죽어 불믄 끝이어. 그란디 그것이 질로 서럽고 원통하제 지금 다른 거는 원 없어.

[보일러 뗀지 이제 한 이십년 다 됐겠네. 기름 뗀지가. 한 이십년 됐어. 그리고 이제 이렇게 좋은 세상이 나와서, 방에 안 떼지. 옥메트 같은 거 위에다 다 깔고 다 갖춰서. 선풍기, 에어컨 오만 것 다 있으니까 자기 가정도 편하지. 이런 회관에도 나오면 편하지. 성가실 것이 없어 지금. 그러니까 이것이 우리가 늙은 것이 아니야. 늙은 것이. 아주 젊디젊어. 세상이 이렇게 좋아졌는데 우리는 이렇게 늙어서 이제 갈 데는 한 군데밖에 없어. 죽는데 한 군데밖에 없어. 이렇게 살다가 죽어 버리면 끝이야. 그런데 그것이 제일 서럽고 원통하지. 지금 다른 건 원 없어.]

㉿ 여기도 그러면 배타고 나갔다가 죽거나 그런 사람도 있어요?

정: 있제. 죽제. 배타고 나가서.

　　[있지. 죽지. 배타고 나가서.]

㉿ 물고기 잡으러 갔다가?

정: 물고기는 저 큰 바다 가믄은 인자 물고기 잡다가 배에 바람이 뜨고 불어 불믄 죽고. 그라고 여기서 인자 저 너메로 전복 키고 여기서

배타고 저 섬으로 돌아가요. 바다로 바다로 배타고 돌아가요. 그라
믄 파도가 씨믄은 막 울렁울렁 하믄 배가 물이가 들어와 무섭제.
물로도 꺼꿀로 폭 넘어갔다가 솟아 나오믄 인자 거 곁에 사람이 있
어 갖고 건져 주고. 그런 고생을 고통을 많이 갖고 살아요. 이런
섬사람들은. 고생 안했단 사람은 그 사람은 맨날 거짓말해요.
[물고기는 저 큰 바다 가면 이제 물고기 잡다가 배에 바람이 세게
불면 죽고. 그리고 여기서 이제 저 너머로 전복 키우고, 여기서 배타
고 저 섬으로 돌아가요. 바다로 바다로 배타고 돌아가요. 그러면
파도가 세면 막 울렁울렁하면 배에 물이 들어와 무섭지. 물속으로도
거꾸로 폭 들어갔다가 솟아나오면 이제 그 곁에 사람이 있어 갖고
건져주고. 그런 고생을, 고통을 많이 가지고 살아요. 이런 섬사람들
은. 고생 안 했단 사람은 그 사람은 매일 거짓말이지.]

[조] 그러면 그렇게 배 타러 나가기 전에 이렇게 안전하게 해달라고 고사
같은 것은 안 지내요?

정 : 옛날에는 그랬제. 배 새로 지으믄은 전부 배에다가 전부 음식 걸게
장만해서 배에다 차려놓고 사고 없이 해주라고 그러믄은 빌고 그랬
어. 그라고 밥해다가 배에서 꽹맹이[32] 갖고 가서 막 북치고 장구치고
막 노래 부르고 귀따나게 아조 쐬댕기고 징했제. 그거이 고사여,
고사. 배 파탄되지 말고 잘 댕겨주라고 고사여. 옛날에는 다 그렇고
했는디 그것이 몇 년 지내 갖고 싹 없어져 불었어. 없어져 불고 인자
이 저 기독교 신자 예수교회가 나와 빙께 전부 인자 또깨비도 없어지

---

32 '꽹과리'의 방언형이다.

고 또 그런 무선 일도 없어지고 아무 그런 나쁜 것이 없어져 불었어.
[옛날에는 그랬지. 배 새로 지으면 전부 배에다 음식 거하게 장만해
서 배에다 차려놓고 사고 없이 해주라고 그러면 빌고 그랬어. 그리
고 밥 해다가 배에서 꽹과리 가져가서 막 북치고 장구치고 노래 부
르고 귀띠나게 아주 쏘다니고 대단했지. 그것이 고사야, 고사. 파선
되지 말고 잘 다니게 해 주라는 고사야. 옛날에는 다 그렇게 했는데
그것이 몇 년 지나서 싹 없어져 버렸어. 없어져 버리고 이제 기독교
신자, 예수교회가 나오니까 전부 도깨비도 없어지고 또 그런 무서운
일도 없어지고, 그런 나쁜 것이 없어져버렸어.]

조 도깨비를 보셨어요?

정 : 또깨비는 와따 밤에는 막 캄캄한디 날구지랄고 그람믄 밤에는 나가
믄은 불이 파란 불이 굵게 서 갖고 징하게 무서웠어. 파란 불이고
커진 거여 그러믄 그런 거 갖고 얼마나 놀라고 무섭고 막 또깨비
만난 사람도 있고 또깨비 만나 갖고 또깨비 못 띠믄은 또 글로 아퍼
서 죽은 사람도 있어. 옛날에는 그렇게 위험한 세상이었어. 그란디
인자 기독교 신자가 나옴시러는 그라고 이저 머시기, 불 전기불 나
옴시러는 그런 거 딱 없어져 불고 아조 이제는 세상 좋게 돼 불었다
고. 또깨비 무서워. 또깨비가 옛날에 말이 있어. 저기 즈그 친정에
가서 지사지내고 오다가 지사 것을 바구리에다가 주머니에다가 능
고 그럭이고 또 이고 오믄은 뒤에서 찐득찐득 잡아 댕긴대. 귀신이
그놈 주라고 그랑게 그것을 생각하고 그놈을 획 잡아 땡게. 음식을
다 들어내 불믄은 자기가 암시랑 안하고 집으로 온디, 그놈을 갖고
온다고 욕심 부리고 갖고 오믄은 또깨비가 한하고 집까지 따라와.

한하고 집이까지 따라와 갖고는 인자 그 사람까지 괴롭히고 아퍼, 몸이 아퍼. 그래 갖고 병원에, 병원에 가도 귀신 든 병은 고치도 못해. 귀신을 띠 줘야제. 막 굿하고 이저 당골레[33] 데려다 굿하고 꽹맹이 막 뚜들고 해 줘야제 귀신이 떨어지제. 글 안 하믄 귀신이 안 떨어져 그렇게 위험한 것이여.

[도깨비는 밤에는 캄캄한데, 날이 궂으려고 그러면 밤에 나가면 불이 파란 불이 굵게 서 가지고 엄청 무서웠어. 파란 불이 커지는 거야. 그러면 얼마나 놀라고 무섭고, 도깨비 만난 사람도 있고 도깨비 만나서 도깨비 못 떼면 그 길로 아파서 죽은 사람도 있어. 옛날에는 그렇게 위험한 세상이었어. 그런데 이제 기독교 신자가 나오면서는, 그리고 전기불이 나오면서는 그런 거 완전 없어져 버리고 아주 이제는 세상이 좋아져버렸어. 도깨비 무서워. 도깨비에 대한 옛날 말이 있어. 자기 친정에 가서 제사지내고 오다가 제사 음식을 바구니에다가, 주머니에다가 넣고, 그릇을 또 이고 오면 뒤에서 살짝살짝 잡아 다닌대. 귀신이 그거 주라고 그러니까 그것을 생각하고 휙 잡아 다녀. 음식을 다 드러내 버리면 자기가 아무렇지도 않고 집으로 오는데, 그것을 갖고 온다고 욕심 부리고 갖고 오면 도깨비가 계속 집까지 따라와. 계속 집까지 따라와서 이제 그 사람까지 괴롭히고 아파, 몸이 아파. 그래 가지고 병원에 가도 귀신 든 병은 고치지도 못해. 귀신을 떼 줘야지. 막 굿하고 무당 데려다 굿하고 꽹과리 두드리고 해 줘야지 귀신이 떨어지지. 그리 안하면 귀신이 안 떨어

---

33 '당골레'는 '여성 무당이나 점쟁이'를 가리킨다. 이 말은 '당골'에 여성을 가리키는 '네'가 결합한 것이다.

져. 그렇게 위험한 것이야.]

[조] 그러면 여기 굿이나 이런 거 동네에서 많이 했어요?

정 : 응, 북치고 집도 지믄은 옛날에 집도 지 불고 또 이사 가서 새로 이사 들어 가믄은 다 꽹맹이 들고 막 북 뚜드리고 집도 막 울레 줘야 돼. 그래야 그 집안에 귀신이 다 무사 가지고 도망가 불어. 그래야 탈이 없제. 글 안 하고 가만히 이사 가서 그 집서 살믄 귀신 놈의 귀신이 따라 들어가 갖고 그 집안을 못 살게 해꼬지를 해. 집안이 망해. 그랑께 옛날에 그런 미신 지킨 거이 징하게 애를 써 그렇게. 그란디 인자는 그런 것이 없어. 없응께 세상이 좋지. 그란디 지금은 뭔 세상이냐믄 지금 세상은 세상 밝고 좋은 세상인디 인자 뱅이 뱅이 흔항께 그거이 또 흉흉한 세상이여 아프믄. 그란디 머시기 보믄은 교회 댕김시로 목사님 말도 들어보고 성경책도 보믄은 귀신들이 진짜 사람들한테 병도 많이 주더라고. 성경에 보믄은 깨꾸질³⁴을 하고 마귀가. 그란디 하나님 신이 인자 그렇게 작동함시롱 귀신들도 맥을 못 쓰고 만날 달밤에 캄캄한디 댕겨도 무서운 것도 없고 인자는 든든해요.

[응, 북치고. 집도 지으면 옛날에 집을 짓거나 새로 이사 들어가면 다 꽹과리 들고 막 북 두드리고 집도 울려 줘야 돼. 그래야 그 집안에 귀신이 다 무서워서 도망가 버려. 그래야 탈이 없지. 그리 안하고 가만히 이사 가서 그 집에서 살면 귀신, 다른 귀신이 따라 들어가서 그 집안을 못살게 해코지를 해. 집안이 망해. 그러니까 옛날에 그런

---

34 '개구지다(활용형 : 개구질)'는 '짓궂다'의 전남방언형이다.

미신 지기는 것에 업청 애를 썼어 그렇게. 그런데 이제는 그런 것이
없어. 없으니까 세상 좋지. 그런데 지금은 뭔 세상이냐면, 세상은
정말 밝고 좋은데 이제 병이 흔하니까. 그것이 또 흉흉한 세상이야
아프면. 그런데 뭘 보면, 교회 다니면서 목사님 말도 들어보고 성경
책도 보면 귀신들이 진짜 사람들한테 병도 많이 주더라고. 성경에
보면 짓궂은 짓을 하고 마귀가. 그런데 하나님 신이 이제 그렇게
작동하면서 귀신들도 맥을 못 추고. 매일 달밤에 캄캄한데 다녀도
무서운 것도 없고 이제는 든든해요.]

조 여기를 떠나서 이사 가고 싶은 생각은 없으세요?

정 : 그런 생각도 있제만 늙응께, 젊으믄 가고 싶은디. 또 젊었을 때는
그런 디 가고 싶어도 내가 환경이 안 맞께, 돈이 없어서 맘대로
여글 못 떠났지. 가고 싶어도. 그라고 인자는 내 생활이 쪼까 넉넉해
갖고 가고는 존디, 생활로 해서는 가고는 존디, 내가 늙응께 맘대로
활동을 못해. 그랑께 일래 이라고 여기서 우리는 평생 살다가 여기
서 죽으믄 불로 태비래.

[그런 생각도 있지만 늙어서. 젊으면 가고 싶은데. 또 젊었을 때는
그런 곳에 가고 싶어도 내가 환경이 안 맞으니까, 돈이 없어서 맘대
로 여기를 못 떠났지. 가고 싶어도. 그리고 이제는 내 생활이 조금
넉넉해서 가면은 좋은데, 생활로 해서는 가면은 좋은데, 내가 늙어
서 맘대로 활동을 못해. 그러니까 여기서 이러고 우리는 평생 살다
가 여기서 죽으면 불로 태워 버려.]

조 서울 가면 힘들지 않으세요?

정 : 서울 가믄은 오고 싶어. 아주 성가시고 또, 어디가 있으믄은 맘대로
어디를 가야한디 꼭 아그들이 즈그가 태러 와야, 실러 와야 가고.
이녁이 어떻게 나갈 수가 없어. 인자 간다믄 그 집 앞에 어디 시장이
나 그란 디 병원이나 어디 갈 수가 없어. 그랑께 깝깝해서 못살아.
그라고 공기도 안 좋드만. 섬이 같지나. 그런 데 같으면 막 감기도
흔해. 지침도 잘나고. 여기 오믄은 그런 것이 없어져 불어. 공기가
좋아 갖고.

[서울 가면 오고 싶어. 아주 성가시고 또, 어디에 있으면 맘대로
어디를 가야하는데 꼭 자식들이 저희들이 태우러 와야 하고, 데리러
와야 가고. 내가 어떻게 나갈 수가 없어. 이제 간다고 하면 그 집
앞에 어디 시장이나 그런 곳, 병원이나. 어디 갈 수가 없어. 그러니
까 갑갑해서 못 살아. 그리고 공기도 안 좋던데. 섬 같지 않고. 그런
곳 같으면 막 감기도 흔해. 기침도 잘 나고. 여기 오면 그런 것이
없어져 버려. 공기가 좋아 갖고.]

조 여기 주변에 초등학교, 중학교, 고등학교가 다 있어요?

정 : 다 있지라. 여기 여 이 아래 어린이 집이여 어린이집 여기 우리 동네
하나 있고, 이 너메 가믄 배 다니는 쳉벨[35]이라고 여기 오자믄 거기
가 중학교 있어. 그라믄 그 중학교를 하나 넘으믄은 국민학교 옛날
옛날에 생긴 국민학교 우리 옛날에 우리 나는 학교를 안 댕겼어 옛
날에. 워낙이 가난하고 부모님이 안 보내싱께 안 댕겼는디, 우리

---

35 보길면에 있는 청별 선착장을 말한다.

시절에 댕긴 학교가 지끔 있어. 국민학교가 있는디, 지끔 그 학교도
새로 전부 건축해서 새로 잘 해 갖고. 거기서 학생들도 갤치고 인자
또 어린이집으로도 한쪽으로 하고, 크게 거기가 옛날에 국민학교가
있어.
[다 있지요. 여기 이 아래 어린이 집이야, 어린이집. 여기 우리 동네
하나 있고, 이 너머에 가면 배 다니는 청별이라고 여기 오다보면,
거기가 중학교가 있어. 그리고 그 중학교를 하나 넘으면 초등학교,
옛날 옛날에 생긴 초등학교가 있어. 우리 옛날에 나는 학교를 안
다녔어. 워낙 가난하고 부모님이 안 보내주시니까 안 다녔는데, 우
리 시절에 다닌 학교가 지금 있어. 초등학교가 있는데, 지금 그 학교
도 새로 전부 건축해서 잘 해 갖고. 거기서 학생들도 가르치고 이제
또 어린이집도 한쪽에 있고, 크게 거기에 옛날 초등학교가 있어.]

조 그러면 할머니 자녀분들 다 여기 다닌 거예요?

정 : 우리 자식들은 다 옛날 국민학교 다 댕겼어 우리 애기들은. 그라고
이 예송리 이 너메 산 너메도 가면 국민학교 있는디 지끔 없어져
불었어 애기들이 없응께. 그라고 이건네 또 여기 넘어가면 중리라고
거기도 국민학교 지끔 있어 거기도 되고 있어. 그라고 또 정자리
또 선창리에가 국민학교 다 있어. 학생들이 적응께 없어져 불제 또
뒤로 생긴 학교가 없어져 불제. 그랑께 지금 사람이 적다 긍께. 애기
들이 없응께 애기들이 인자 젊어서 낳을 사람도 없고 다 나가 불고
늙은 사람들은 이 시골에 상께. 애기들 안 봐서
[우리 자식들은 다 옛날 초등학교에 다 다녔어. 우리 자식들은. 그리
고 이 예송리 이 너머 산 너머에도 가면 초등학교가 있는데, 지금

없어져 버렸어. 아이들이 없으니까. 그리고 이 건너 또 여기 넘어가면 중리라고 거기도 초등학교가 지금 있어. 거기도 운영하고 있어. 그리고 또 정자리 또 선창리에 초등학교 다 있어. 학생들이 적으니까 없어져 버렸지. 또 뒤로 생긴 학교가 없어져 버리지. 그러니까 지금 사람이 적다 그러니까. 아이들이 없으니까 아이들이, 이제 젊어서 낳을 사람도 없고, 다 나가버리고 늙은 사람들은 이 시골에 사니까. 애기들 안 보면서.]

[조] 여기서는 다치면 어떻게 해요? 다치거나 하면 급하게 처치하는 방법이 있어요?

정 : 다치믄 여기 마치 가면 보건소 있어요. 보건소도 있고 대리 건너가면 노화라고 노화읍에 거기 가면 거기도 보건소고 병원이 아조 꽉 찼어. 병원이 있고 여기 챙벨에도 병원 있고 그랑께 여그는 이런대로 다 아픈 거 다 치료받고 걱정 없어. 그란디 인자 큰 병 걸리면 인자 서울에 큰 병원 가야 돼. 그라고 임시 다친 것은 이런 디서도 금방 고체 불고 일도 없어 아조. 애기들 감기 같은 것도 걱정 없고 섬이라 해도 좋아 그렇게 아조.

[다치면 여기 마침 가면 보건소가 있어요. 보건소도 있고 다리 건너가면 노화라고 노화읍에, 거기 가면 거기도 보건소고 병원이 아주 꽉 찼어. 병원이 있고, 여기 청별에도 병원 있고 그러니까 여기는 이런대로 다 아픈 거 다 치료받고 걱정 없어. 그런데 이제 큰 병에 걸리면 이제 서울에 있는 큰 병원으로 가야 돼. 그리고 조금 다친 것은 이런 데서도 금방 고쳐 버리고 쉽지 아주. 아이들 감기 같은 것도 걱정 없고. 섬이라 해도 좋아 그렇게 아주.]

[조] 학교는 다 이렇게 걸어서 갈 정도의 거리예요?

정 : 옛날에는 다 걸어 댕겼어 학교를. 다들 여기서 되면은 한 십리는 돼야 해. 옛날 국민학교가 여그서는 십리는 돼. 그란디 다 걸어 댕겼는디, 우리 막둥이 딸이 국민학교 댕긴디 내가 애기들을 많이 낳아 갖고 없이 상게, 놈 품팔이 댕겨 농께, 우리 막둥이 딸이 국민학교 댕길 때, 비가 많이 오잖아요, 비가 많이 오믄은 인자 부모네가 우산 들고 나가야제 가서 덴고 올랑께. 근디 나는 못 나가봤어. 놈의 일 댕기고 그랑께. 못 나갔는디 우리 막둥이 딸이 뭐이란가니 놈우 어메네는 다 비옹께 마중을 우산 들고 왔는디 우리 어메는 나한테 한 번 그런 역사가 없다고 원망을 하더라고. 그랄 때 내가 눈에서 피가 빠질라고, 마음이 아퍼서. 그렇게 못 한 것은 난 더 맘이 아픈디 그렇게 말을 항께. 그랬는디 그런 것도 내가 지끔 생각하믄은 아조 맘이 아퍼. 그때 지끔만 같아도 내가 벨거 금떵이가 나와도 그걸 나둬 불고 우리 딸한테 먼저 부산하고 갔어야 맞는디 왜 안 갔을까. 그런 것이 다 미련한 탓이. 지끔은 그런 것이 다 후회가 돼. 그란디 그런 세상을 살았지 우리가 옛날에. 지끔, 요새 사람들은 진짜 멋지고 존 세상 살고, 다 이쁘고 다 아조 영리하고 다 똑똑하고 잘 살아. [옛날에는 다 걸어 다녔어 학교를. 다들 여기서 재면 한 십리는 돼. 옛날 초등학교가 여기서는 십리는 돼. 그런데 다 걸어 다녔는데, 우리 막내딸이 초등학교 다니는데 내가 애들을 많이 낳아서 없이 사니까, 남의 집 품팔이 다니다 보니까, 우리 막내딸이 초등학교 다닐 때, 비가 많이 오잖아요. 비가 많이 오면 이제 부모가 우산 들고 나가야지, 가서 데려 와야 하니까. 그런데 나는 못 나가봤어. 남의 일 다니고 그러니까. 못 나갔는데 우리 막내딸이 뭐라고 하냐

면 다른 엄마는 다 비 오니까 우산 들고 마중을 왔는데 우리 엄마는 나한테 한 번도 그런 일이 역사가 없다고 원망을 하더라고. 그럴 때 내가 눈에서 피눈물이 나려고, 마음이 아파서. 그렇게 못 한 것이 난 더 맘이 아픈데 그렇게 말을 하니까. 그랬는데 그런 것도 내가 지금 생각하면 아주 맘이 아파. 그때 지금만 같아도 내가 별거 금덩이가 나와도 그것을 나둬 버리고 우리 딸한테 먼저 빨리 갔어야 맞는데 왜 안 갔을까. 그런 것이 다 미련한 탓에. 지금은 그런 것이 다 후회가 돼. 그런데 그런 세상을 살았지, 우리가 옛날에. 지금, 요새 사람들은 진짜 멋지고 좋은 세상에 살고, 다 예쁘고 다 아주 영리하고 다 똑똑하고 잘 살아.]

[조] 집안에서 명절 말고 행사가 있어요?

정 : 부모들 생일잔치도 해주고 어디 놀러도 뎅고 댕기고, 또 스그가 출세나 하고 그라믄 저런 디 다 풀로 붙이고 어쩧게 됐다고 그런 것을 해서 붙이고 다 그래요.

[부모들 생일잔치도 해주고 어디 놀러도 데리고 다니고, 또 자기들이 출세하거나 하면 저런 데 다 플래카드 붙이고 어떻게 됐다고 그런 것을 해서 붙이고 다 그래요.]

[조] 제사는 안 지내세요?

정 : 제사? 우리는 교회 댕기니까 제사는 전히 안 지내. 처음에는 지냈어. 씨아범이 나 젊었을 때 돌아가 붕께, 보름마다 옛날에는 방에다가 상방³⁶ 차려놓고 열닷새 만에 목욕 다 하고 밥해 다 차려 놔두고 거그다 절하고 그렇게 지내다가 그 소상을 일 년 넘게 지냈는디 우

리 씨엄씨는 구십 야닯에 돌아가서 놔 붕께, 인자 돌아가신 지가 딱 팔년 됐어. 그란디 씨엄씨는 그렇고 안 하고 우리가 교회댕김시로 돌아가서 놔 붕께 지사도 안 지내고 치상도 교인들이 목사님들이 와서 다 치줬어. 회관에서. 꺼드름썩게³⁷ 우리 씨엄씨는 갔제. 목사님도 많이 와 갖고 기도해주고 그렇게 해 불고 지사를 안 지내니께 지사 그런 것을 몰라요 저희는.

[제사? 우리는 교회 다니니까 제사는 전혀 안 지내. 처음에는 지냈어. 시아버지께서 나 젊었을 때 돌아가셔서, 보름마다 옛날에는 방에다 상방 차려놓고 십오일 만에 목욕 다 하고 밥 해다 차려 두고 거기다 절하고 그렇게 지내다가 소상을 일 년 넘게 지냈는데 우리 시어머니는 구십팔 세에 돌아가셔 놓으니까 이제 돌아가신 지가 딱 팔년 됐어. 그런데 시어머니는 그렇게 안하고 우리가 교회 다니면서 돌아가셔 놓으니까 제사도 안 지내고 초상도 교인들이, 목사님들이 와서 다 치러줬어. 회관에서. 떠들썩하게 우리 시어머니는 갔지. 목사님도 많이 와 갖고 기도해주고 그렇게 해 버리고 제사를 안 지내니까 제사 그런 것을 몰라요 저희는.]

조 시아버님 돌아가시고 일 년이나 상을 차리셨어요?

정 : 일 년이나 그렇고. 그때는 우리 씨아범은 나 교회도 안 댕기고 젊었을 때 각시 시절에 돌아가서 놔 붕께 즈그 아들은 군대에 가 없는디 내가 인자 치상도 치고 그러고 얼마나. 우리 어른이 군대 가 불었어.

---

36 '사람이 죽은 뒤 삼 년 동안 집안에 모시는 신당'을 뜻한다.
37 '떠들썩하게'의 의미로 파악할 수 있다.

그라고 나 혼자 있을 때 돌아가셨어. 씨엄씨하고 씨아범하고 나하고
서니 산디. 그래 돌아가서 붕께 내가 그 치상양제 다 치고 일 년
동안을 초하룻날 아침에 밥 한 끄니나 한 달에 두 번쓱 복국 해났어.
보름 만에 열닷새 만에 한 번쓱 하고 그렇게 하고 다 지내줬어. 교회
안 댕깅께 그랬는디 교회 댕김시롱 딱 그걸 끊어 불고 안 해 붕께
집안에 아픈 사람도 없고 마음이 펜해 불드만. 그래서 전히 지사를
끊어 불고 안 드리고 그래 갖고 우리 가정이 펭안하고 다 우리 애기
들 다 복 받고 잘 살고 있어.

[일 년이나 그렇게. 그때는 우리 시아버지는 나 교회도 안 다니고
젊었을 때 각시 시절에 돌아가셔 놓으니까 자기 아들은 군대에 가고
없는데 내가 이제 초상도 치르고 그러고 얼마나. 우리 어른이 군대
에 가 버렸어. 그리고 나 혼자 있을 때 돌아가셨어. 시어머니하고
시아버지하고 나하고 셋이 사는데. 그렇게 돌아가셔 버리니까 내가
그 초상, 제사 다 치루고 일 년 동안을 초하룻날 아침에 밥 한 끼나
한 달에 두 번씩 복국해 났어. 보름 만에, 십오일 만에 한번씩 하고,
그렇게 하고 다 지내줬어. 교회 안 다니니까 그랬는데 교회 다니면
서 딱 그걸 끊어 버리고 안 해 버리니까 집안에 아픈 사람도 없고
마음이 편해 버리더라고. 그래서 전혀 제사를 끊어 버리고, 안 드리
고 그래 갖고 우리 가정이 평안하고 우리 자식들 다 복 받고 잘 살고
있어.]

중통리 사람들의 삶과 바다

1. 중통리 사람들의 생애

⬚조 바다에서 일 하세요?

김 : 밭에서 일하제. 째까쓱 하요. 마이 안 하고. 바다 일은 늙응께 안
하고.
[밭에서 일하지. 조금씩 해요. 많이 안 하고. 바다 일은 늙어서
안 하고.]

⬚조 예전에는 하셨어요?

김 : 옛날엔 마이 했제. 해녀 안 하고. 전복, 김하고, 옛날에.
[옛날에는 많이 했지. 해녀 안 하고. 전복, 김하고, 옛날에.]

⬚조 밭에서는 뭐 키우세요?

김 : 밭에서 째끔썩 고추밭, 콩 그것만 하제. 암 것도 안 하고. 그라고
인자 메느리, 아들이 바다에 전복하고. 늙응께 이제 바다는 안 댕겨.
[밭에서 조금씩 고추, 콩, 그것만 하지. 다른 건 아무것도 안하고.

그리고 이제 며느리, 아들이 바다에서 전복 키우고. 늙으니까 이제
바다는 안 다녀.]

조 아드님이랑 며느님이랑 같이 사세요?

김 : 쩌 욱에가 저기 아들네 집이여. 집 짓어 갖고. 나 혼자 살고.
[저 위가 아들네 집이야. 집 지어 갖고 살아. 나는 혼자 살고.]

조 전복은 어떻게 캐요? 깊은 바다까지 들어가야 해요?

김 : 바다에다 쩌 센타 놔두고 키지, 그물을 맨들어 갖고. 쩌 바닥. 쩌런
데가 쩌 바닥에다 키지.
[바다에다 저 센터 놔두고 키우지, 그물을 만들어가지고. 저 바다,
저런 곳에다가, 저 바다에다 키우지.]

조 전복 캐면 수입이 많아요?

김 : 옛날에야 많이 벌었제. 시방 못해. 싸져서. 워낙에 많이 킹께로.
너도 나도 다 킹께. 그래도 전복해서 돈 벌었제.
[옛날에는 많이 벌었지. 지금은 못해. 싸져서. 워낙 많이 키우니까.
너도 나도 다 키우니까. 그래도 전복해서 돈 벌었지.]

조 굴도 많이 나요?

김 : 굴도 나고. 전복에 꽈져가 굴도 엉그고.
[굴도 나고, 전복에 꼬아져서 굴도 함께 올리고.]

조 할머니 여기 마을에 사세요?

김 : 쩌짝가 살아요. 그래 인제 노인당에 더웅께 놀러 나왔어요. 그랑께
　　더웅께 여 앉아서 안 들어가고, 여 노인당에. 인자 에어콘 있어요.
　　사람들이 신이 있고만은.
　　[저쪽에 살아요. 그래서 이제 노인당에 더워서 놀러 나왔어요. 그러
　　니까 더워서 여기 앉아서 안 들어가고, 여기 노인당에. 노인당에
　　에어컨 있어요. 사람들 신발이 있네.]

조 　할머니 여기서 태어나셨어요? 다른 데서 시집오셨어요?
김 : 노화요. 노화읍에서.
　　[노화요. 노화읍에서 시집왔어요.]

조 　할아버지를 어떻게 만나셨어요?
김 : 할아버지 일찍이 가셨다요. 옛날에 중매로 만났어. 옛날에 중매로
　　만나 갖고 일쯕어니 가 버렸어.
　　[할아버지는 일찍 돌아가셨어요. 옛날에 중매로 만났어. 옛날에 중
　　매로 만나서 일찍 가 버렸어.]

조 　자녀분은 여기 아드님 한 분 사시고 또 있으세요?
김 : 우리 장남 아들 하나 살고, 서울가 둘이 살고. 딸네 둘이 살고 그래
　　요. 손지네가 손지 봐서 손주가 손손지. 손지 딸이 애기 낳는디 서울서.
　　[우리 장남 아들 하나 여기 살고, 서울에 아들 둘이 살고, 딸 둘이
　　살고 그래요. 손주네가 아이 낳아서. 손주가 손손주지. 손녀가 서울
　　에서 애를 낳았어.]

조 아드님이 가까이 사시니까 좋으시겠어요?

김 : 그라제. 아들 하나 있응께 든든하제. 저건네 집 짓어 갖고 민박도
하고 그래요. 민박도 하고 손님 오믄 받고.
[그렇지. 아들 하나 있으니까 든든하지. 저 건너에 집 지어 갖고
민박도 하고 그래요. 민박해서 손님 오면 받고.]

조 지금 연세가 어떻게 되세요?

김 : 백 살 다 묵었어. 구십 다 돼가. 여든여섯. 세상 다 살아 불었어.
갈 때가 마치 좋은디.
[백 살 다 먹었어. 구십 다 돼가. 여든 여섯. 세상 다 살아 버렸어.
갈 때가 마침 좋은데.]

조 굴은 뭘로 캐요?

김 : 막 놓고 때래.
[막 놓고 때려.]

조 도구가 있어요?

김 : 낫으로도 깨고, 호마로도 따고. 서툰 사람은 손도 다체.
[낫으로도 깨고, 호미로도 따고. 서툰 사람은 손도 다쳐.]

조 이 동네 할머니들은 허리가 다 곧으시네요.

김 : 여기는 굽은 사람 없어. 끌고 댕기는 사람 없어.
[여기는 굽은 사람이 없어. 끌고 다니는 사람도 없어.]

조　이 동네는 젊은 사람들 많이 있어요?

김 :　젊은 사람들 많이 살제. 배를 여그 다 안 성께 그라제, 위 너메 동네
　　가 또 있어. 쩌리 넘어가 차 타고 가믄 동네가 있어. 그라믄 거기가
　　배가 원 없이 섰소. 선창에가, 저런 선창에가. 여기가 배 안 성께
　　그라제 시방.
　　[젊은 사람들이 많이 살지. 배를 여기다 안 세우니까 그렇지, 위
　　너머 동네가 또 있어. 저리 넘어가 차를 타고 가면 동네가 있어.
　　그러면 거기가 배가 많이 서 있어. 선창가에, 저런 선창가에. 여기
　　가 배가 안 서니까 그렇지 지금.]

조　여기는 왜 배가 안 서요?

김 :　인자 거기가 가깡께. 이 동네 사람들은 거기다 싹 배 시고 차 타고
　　다닝께. 차가 마이 있응께, 차로 댕게.
　　[이제 거기가 가까우니까. 이 동네 사람들은 거기다 싹 배 세우고
　　차를 타고 다니니까. 차가 많이 있으니까, 차로 다녀.]

조　물고기 많이 잡혀요?

김 :　안 댕겨 봉께 모르것소. 낚시로 낚기도 허고.
　　[안 다녀 보니까 모르겠어. 낚시로 낚기도 하고.]

조　젊었을 때는 어떤 일 하셨어요?

김 :　옛날에 밭에 농사 짓어. 인자 손지네는 즈그 아부지가 대학 갤치고,
　　즈그 아부지가 갈킨 장남 아들 하나. 그놈 목포 문태고, 문중, 문태
　　고 다 나오고. 목포서 옛날 세상에 장남 아들이 육, 칠십이 다 돼가

도 그 때만 해도 대학 댕기고 목포서 문태고 댕기고, 즈그 아부지
다 대고. 그라고 손지는 전부 쩌기서 서울서 대학 댕기고.
[옛날에 밭에 농사 지었어. 이제 손주 네는 자기 아버지가 대학 가르
치고, 자기 아버지가 가르친 아들 하나가 있는데 걔는 목포 문중,
문태고 나오고. 목포서 옛날 세상에 장남 아들이 육, 칠십이 다 돼가
도 그 때만 해도 대학 다니고 목포에서 문태고 다니고, 자기 아버지
가 다 대주고. 그리고 손자는 전부 저기 서울에서 대학 다니고 있어.]

조 마을 회관에 모여서 식사도 하세요?
김 : 뜨겅께 시방은 안 해. 추울 때 되믄 다 같이 밥 해묵고.
[뜨거우니까 지금은 안 해. 추울 때는 다 같이 밥 해먹고.]

2. 중통리 사람들의 어업 생활

조 예전에 톳하고 김하고 파래는 언제 하셨어요?
박 : 김 먼저 하고 색시 때 했어.
[김을 먼저 하고 색시 때 했어.]

조 언제 캐러 가나요?
박 : 음력 10월에 했어. 김 9월에 막었어. 동지섣달에 해. 9월에는 지르
고 있지라. 부착 시켜 갖고.
[음력 10월에 했어. 김은 9월에 막았어. 동지섣달에 해. 9월에는

자라고 있어요. 붙여 놓고.]

조 예전에 해녀도 있었어요?

박 : 있지라. 지금은 늙어서 못한다. 우리는 없고 중리 가문 해녀 모집해
서 하는 사람이 있어. 우리 바닥도 그 사람이 사서 하고 있어. 우리
가 폴았지라. 전북 킹께.
[있지요. 지금은 늙어서 못한대요. 우리는 없고 중리에 가면 해녀
모집해서 하는 사람이 있어. 우리 바다도 그 사람이 사서 하고 있어.
우리가 팔았지요. 전복을 키우니까.]

조 김 하고 뭐 하셨어요?

박 : 첨에는 김 했고 인자 벨로 안 좋께롱 파래 되문 파래 폴고 그 다음에
는 미역하고 톳 했제.
[처음에는 김을 했고 이제 별로 안 좋으니까 파래가 되면 파래 팔고
그 다음에는 미역하고 톳을 했지.]

조 미역도 말리셨어요?

박 : 그랬제. 미역 종묘를 감아 갖고 나오문 그 놈을 따다가 붙여서 폴기
도 하고 공장에 갖다 팔아. 염장하고.
[그랬지. 미역 종묘를 감아 갖고 나오면 그 놈을 따다가 붙여서 팔기
도 하고 공장에 가져다 팔아. 소금에 절이기도 하고.]

조 주낙은 안 하셨어요?

박 : 옛날에 주낙도 쪼금썩 했어. 젊어서 했지 지금은 없어요.

[옛날에는 주낙도 조금씩 했어. 젊어서 했지 지금은 없어요.]

조 부부끼리 같이 배 타고 나가요?

박 : 옛날에는 적군을 짜 갖고 3인조나 가, 남자들만 가는디 부세라고
조구 탁한 거 저 욱에 가서 노 저어 갖고 진도 우수영 건네서 조구
잡으러 갑디다. 갈 때는 쌀도 안 갖고 가고 보쌀 갈어서, 가레밥이
라고[38].

[옛날에는 적군을 짜 갖고 3인조로 나가. 남자들만 가는데 부세라고
조기 비슷한 거 저 위에 가서 노 저어서 진도 우수영까지 가서 조기
잡으러 가더라고요. 갈 때는 쌀 도 안 갖고 가고 보리쌀을 갈아서
가레밥이라고.]

조 밥은 어떻게 해요?

박 : 냄비조차 가져 가지라. 곤로에다가 밥 하고.

[냄비조차 가져 가지요. 곤로에다가 밥을 하고.]

조 고기는 안 잡아요?

박 : 우리는 고기는 안 잡어. 삼치 가문은 따라는 댕겨 봤어.

[우리는 고기는 안 잡아. 삼치 가면은 따라는 다녀 봤어.]

조 삼치는 뭐로 잡아요?

박 : 3키로 2키로 하는디 낚시 꾸운 놈으로 끗어. 낚시 달레 갖고 와이아

---

38 보리를 갈아서 만든 밥을 말한다.

로 땡겨 갖고 잡고 댕기다가 입등이 오문은 잡아 댕겨서. 많이 물문 일곱 야달 개. 줄에 바늘이 많애. 옛날에 추자도에서 잡아 갖고 청산에 폴았어. 늦으문 거기서 자고 뒷날 오고 그랬어.

[3킬로그램 2킬로그램 하는데 낚시 바늘이 굽은 것으로 끌어. 낚시 바늘이 달려 갖고 와이어로 당겨 가지고 잡고 당기다가 입질이 오면 잡아 당겨서. 많이 물면 일곱 여덟 마리. 줄에 바늘이 많아. 옛날에는 추자도에서 잡아 가지고 청산에서 팔았어. 늦으면 거기서 자고 다음날 오고 그랬어.]

[조] 삼치 잡으러 갈 때 식사는 어떻게 하셨어요?

박: 그때는 싸 갖고 갔지라. 삼치 낚을 때는 밥하고 반찬하고, 반찬은 김치에다 한 가지 더 해 갖고 그 놈도 못 묵을 때는 못 묵고 그랬어. 멀미해서.

[그때는 싸 갖고 갔지요. 삼치 잡을 때는 밥하고 반찬하고, 반찬은 김치에 한 가지 더 해 갖고 갔는데 그것도 못 먹을 때는 못 먹고 그랬어. 멀미를 해서.]

[조] 배는 얼마나 큰가요?

박: 이 밑에 작은 배보다 작아요. 아니 그만썩 해. 그런 배로도 댕기고 통통배도 있었어.

[이 밑에 작은 배보다 작아요. 아니. 그만 해. 그런 배로도 다니고 통통배도 있었어.]

조 옛날에 잡을 때는 노 저어서 가셨어요?

박 : 그건 부세[39] 잡을 때. 삼치 잡을 때는 기계로, 모타 있는 배로.

[그것은 부세 잡을 때. 삼치 잡을 때는 기계로, 모터가 있는 배로.]

조 삼치 잡으러 갈 때 바늘이나 준비는 어떻게 해요?

박 : 다 해 갖고 가지라. 그 날 가서 그 술[40]이 낚어지문 밤에 잠 안 자고 끼메 갖고. 삼치 잡을 때는 기간방 뒤에다가 치 잡는 디 바늘을 꽂아. 땡기면서 가고 던져 갖고 살살 끗지라. 그 줄을 뽑아서 납을 이만썩 다 달아. 갱심[41]은 갱심대로 있고 그란디 한참 하다가 뒤로 감은 거 있었어. 기계가. 그래 갖고 술이 오문 손으로 잡지.

[다 해 갖고 가지요. 그 날 가서 그 실이 잡히면(?) 밤에 잠을 안 자고 꿰매 갖고 삼치 잡을 때는 기간방 뒤에 키를 잡은 곳에 바늘을 꽂아. 당기면서 가고 던져 갖고 살살 끌지요. 그 줄을 뽑아서 이만한 납을 다 달아. 바늘은 바늘대로 있고 그런데 한참 하다가 뒤로 감는 것이 있어. 기계가. 그래 갖고 실이 오면 손으로 잡지.]

조 한 번 나가면 얼마나 잡나요?

박 : 수중이 없어[42]. 많이 잡을 때는 50키로. 박정희 대통령 돌아가실 때는 나는 안 갔는디 100키로 잡았다고 합디다. 고기는 겉에다 놓

---

39 민어과에 속한 바닷물고기로 몸길이는 50센티미터 정도이며 몸빛은 붉은빛이 도는 누른 색이다.

40 '여러 가닥의 실'을 뜻한다.

41 갱심줄은 '낚싯줄'의 전라도 방언이다. 그런데 제보자는 바늘이라고 했다.

42 대강 어림잡아 헤아릴 수 없다는 뜻으로 전남 방언에서 '대중 없다'라는 표현을 사용한다.

고 뭐 덮어. 가을에 낚어.

[대중이 없다. 많이 잡을 때는 50킬로그램. 대통령이 돌아가실 때는
나는 안 갔는데 100킬로그램을 잡았다고 하더라고요. 고기는 바닥
에다 놓고 뭐 덮어. 가을에 잡아.]

[조] 미역으로 뭐 만들어 먹어요?

박 : 국으로 주로 먹제. 냉국도 하고 그란디.

[국으로 주로 먹지. 냉국도 하고 그래.]

[조] 김은 어떻게 팔아요?

박 : 손으로 뜯어 갖고 바다에서 떠 갖고 묶으제라. 대빡으로 김을 한나
떠 갖고 떠서 딱 붓어. 이쪽 사람이 내 주고 발장에 붓고 그래. 그것
이 힘등께로 김 몰린 공장에가 갖다 주문 얼마썩.

[손으로 뜯어 가지고 바다에서 떠 가지고 묶지요. 바가지로 김을
가득 떠 갖고 떠서 딱 부어. 이쪽 사람이 내 주고 김 발장에 붓고
그래. 그것이 힘드니까 김 말리는 공장에 갖다 주면 얼마씩 받아.]

[조] 키로에 얼마예요?

박 : 그때 톳으로 했제. 한 톳에 얼마라고 했제. 백 장에 한 톳인디. 얼만
지 잊어 불었어.

[그때 톳으로 했지. 한 톳에 얼마라고 했지. 백 장에 한 톳인데 얼마
인지는 잊어 버렸어.]

[조] 밑에 말리는 것이 있던데

박 : 그것은 청각. 그 식으로 몰려 갖고 수협에서 뜨러 온 날이 있어.
상인이. 그래 갖고 판매했제.

[그것은 청각이야. 그렇게 말려 갖고 수협에서 가지러 오는 날이
있어. 상인이. 그래 갖고 판매했지.]

[조] 톳도 말려요?

박 : 톳은 아예 안 해. 전북 키움스롱 안 해.

[톳은 아예 안 해. 전복 키우면서는 안 해.]

[조] 전북은 뭐 먹어요?

박 : 미역하고 다시마. 여기 다 미역이여라. 전북 양식장은 이 너메 있고
앞에는 다시마고. 기계로 물어 갖고 들치고 해서 기계로 하는디 예
전에는 손으로 했지.

[미역하고 다시마. 여기 다 미역이에요. 전복 양식장은 이 너머에
있고 앞에는 다시마고. 기계로 물어 갖고 들치고 해서 기계로 하는
데 예전에는 손으로 했지.]

[조] 다시마 종자는 어디서 사 와요?

박 : 낸 디가 있어. 한 테⁴³에 2만원 3만원. 한 테가 줄이 감어져. 한 줄
반이 한 테.

[내는 곳이 있어. 한 테에 2만원, 3만원 해. 한 테가 줄이 감아져

---

43 서려 놓은 실의 묶음을 세는 단위이다.

있어. 한 줄 반이 한 테야.]

조 며칠이나 되면 자라요?

박 : 한 달 정도 되문 자라. 손으로 안 하고 기계로 뒤에서 잡아 댕기문
앞에서 훑어져.
[한 달 정도 되면 자라. 손으로 안 하고 기계로 뒤에서 잡아 당기면
앞에서 훑어져.]

조 해녀 모집해서 작업하신 지는 얼마나 되셨어요?

김 : 오래 됐죠. 어촌계에 양식장이 있잖습니까? 인자, 나녀⁴⁴ 먹기로
임대식으로 해 가지고 공동 관리가 안 되니까.
[오래 됐죠. 어촌계에 양식장이 있잖습니까? 이제 나눠 먹기로 임대
식으로 해 가지고 공동 관리가 안 되니까.]

조 여기 앞바다를 임대하신 거예요?

김 : 현재는 백도리, 중리 마을, 외양리 마을 삼 개 마을만 하고 있어요.
작년 재작년에 예송리, 월송리는 끝났어. 타산이 안 맞으니까 그
바다도 놀고 있을 거예요.
[현재는 백도리, 중리 마을, 외양리 마을 세 마을만 하고 있어요.
작년 재작년에 예송리, 월송리는 끝났어. 타산이 안 맞으니까 그
바다도 놀고 있을 거예요.]

---

44 '나눠'에서 '우'가 탈락하였다.

조 운영은 어떻게 하세요?

김: 조금[45] 되면은 물이 맑으문 잡아 가지고 나너 먹기식이죠. 부락에 얼마, 우리가 얼마.

[조금이 되면 물이 맑으면 잡아 가지고 나눠 먹기식이죠. 마을에 얼마, 우리가 얼마.]

조 해녀는 어디에서 데려와요?

김: 해녀는 우리 부락 해녀들이제. 지금은 없어. 나이가 많이 드셔 가지고 처녀 때 와 가지고 여기서 다 늙었어라. 제주도 분들이여.

[해녀는 우리 마을 해녀들이지. 지금은 없어. 나이가 많이 드셔 가지고 처녀 때 와 가지고 여기서 다 늙었어. 제주도 분들이야.]

조 제주도 해녀들은 말이 다른가요?

김: 특별하게 다른 거는 없어요. 워낙 오래 살다 보니까 다 여기 말 쓰죠.

[특별하게 다른 거는 없어요. 워낙 오래 살다 보니까 다 여기 말을 쓰죠.]

조 작업하러 어디까지 나가세요?

김: 해안이니까 멀리 안 나가고.

[해안이니까 멀리 안 나가고.]

조 뭐 잡아요?

---

45 조수(潮水)가 가장 낮은 때로 매달 음력 7, 8일과 22, 23일에 있다.

김 : 여기서는 주로 전북, 소라, 해삼이요. 양식은 별개고 자연산 잡어.
자연산 한 지 한 사오십 년 됐는데 칠 년 전에 볼라벤[46]이라고 큰
태풍이 왔었어요. 일 년에 두 번 와 가지고 완전히 쓸어 버렸는데
자연산이 거의 멸종되다시피 됐어요.
[여기서는 주로 전복, 소라, 해삼이요. 양식은 별개고 자연산을 잡
아. 자연산 한 지 한 4~50년 됐는데 7년 전에 볼라벤이라고 큰 태풍
이 왔었어요. 일 년에 두 번 와 가지고 완전히 쓸어 버렸는데 자연산
이 거의 멸종되다시피 됐어요.]

조 : 종자도 뿌리나요?

김 : 저희는 바다를 계약을, 어떤 부락 같은 경우는 한 삼십 년 오 년
단위로 계약을 하거든요. 그럼 한 다서여섯[47] 번 한 마을도 있는데
할 때마다 지표를 뿌려야 됩니다. 안 뿌리면 안 됩니다. 저희들이
바다 계약을 하면은 우리가 키워 났던 것을 뿌린다던가 사서 뿌린
다던가 하루라도 빨리 뿌려야 되니까 계절하고는 상관없어. 큰 것
만 있으문 바로 살포해 갖고 키워야제.
[저희는 바다를 계약을, 어떤 마을 같은 경우는 한 30년에 5년 단위
로 계약을 하거든요. 그럼 한 5~6번 한 마을도 있는데 할 때마다
지표를 뿌려야 됩니다. 안 뿌리면 안 됩니다. 저희들이 바다 계약을
하면은 우리가 키워 놓았던 것을 뿌리든가 사서 뿌리든가, 하루라도

---

46 2012년 8월 25일부터 30까지 내륙을 통과하여 서해상으로 지나가면서 엄청난 피해를
준 태풍이다.
47 '대여섯'의 방언형이다.

빨리 뿌려야 되니까 계절하고는 상관없어. 큰 것만 있으면 바로 살
포해 갖고 키워야지.]

[조] 다시마도 주나요?

김 : 당연히 줘야지. 먹이를 주지만 이거는 자연산은 그냥 방류해진 거
많으니까 바다 밑에 해조류가 많이 있으니까. 색깔 자체가 전혀 다
르죠. 양식은 시퍼렇고 자연산은 불고[48] 전연 달라.
[당연히 줘야지. 먹이를 주지만 이거는 자연산은 그냥 방류된 거
많으니까 바다 밑에 해조류가 많이 있으니까. 색깔 자체가 전혀 다
르죠. 양식은 시퍼렇고 자연산은 붉고 전혀 달라.]

[조] 해녀는 몇 분이나 계세요?

김 : 해녀는 두 사람밖에 없어. 네 사람 하다가 한 사람은 사고 나고 한
사람은 나이 드셔 갖고 인자 둘이, 저도 마무리 단계입니다. 금년하
면 끝이에요. 해녀 할 분도 없고 인자 타산도 안 맞고. 볼라벤 태풍
불어 분 후로 자연산 없고 자연산 가격이 완전 절반 떨어져 버렸어.
십이만 원 짜리가 지금은 육 만원, 십오만 원짜리가 팔 만원. 완전
절반 도막 나 버렸어. 계산이 안 나와.
[해녀는 두 사람밖에 없어. 네 사람이 하다가 한 사람은 사고 나서
한 사람은 나이 드셔 갖고 인자 둘이. 저도 마무리 단계입니다. 금년
하면 끝이에요. 해녀 할 분도 없고 이제 타산도 안 맞고. 볼라벤
태풍이 분 후로 자연산은 없고 자연산 가격이 완전 절반 떨어져 버

---

48 기본형은 '붉다'이고 '붉다'에서 왔다. 핏빛 또는 익은 고추의 빛깔을 나타낸다.

렸어. 12만 원짜리가 지금은 6만 원, 15만 원짜리가 8만 원. 완전 절반이 반 토막 나 버렸어. 계산이 안 나와.]

조 작업하면 해녀들에게 돈은 얼마나 주나요?

김 : 키로에 얼마. 지금은 워낙 시세가 없으니까 전에 주는 단가로 줄 수 없으니까. 마무리 단계이고 해녀들하고 여태 해 왔으니까. 계약도 금년 말로 다 끝나요.

[킬로그램에 얼마. 지금은 워낙 시세가 없으니까 전에 주는 단가로 줄 수 없으니까. 마무리 단계이고 해녀들하고 지금에 이르기까지 해 왔으니까 계약도 금년 말로 다 끝나요.]

조 수협 말고 다른 계도 있나요?

김 : 각 부락 어촌계가 있죠. 원칙은 어촌계에서 관리를 하는데 작업은 어차피 사람을 사서 하는데 우리가 그 대행 역할을 하는 거죠. 육은 부락, 사는 작업 한 사람이 가져가는 거로 발주를 했는데 지금은 계산이 안 나와.

[각 마을 어촌계가 있죠. 원칙은 어촌계에서 관리를 하는데 작업을 어차피 사람을 사서 하는데 우리가 그 대행 역할을 하는 거죠. 6은 마을에, 4는 작업을 한 사람이 가져가는 거로 발주를 했는데 지금은 계산이 안 나와.]

조 작업하는 시기가 따로 있나요?

김 : 전복, 소라는 거의 사철 난다고 보면 되고요. 해삼은 보통 십일 월 중순부터 그 뒤에 유월까지 나요. 지금은 안 나요. 거의 없어요.

다 들어가 버려. 잠자는 식으로 여름에는 없어요. 보통 칠, 팔, 구, 십까지. 십일 월 중순부터 다시 나오기 시작해서 게울[49] 내내 나오고. 다른 데같이 멍기[50]가 있는 것은 아니고. 거의 여기는 세 종류. [전복, 소라는 거의 사계절 난다고 보면 되고요. 해삼은 보통 11월 중순부터 그 뒤에 6월까지 나요. 지금은 안 나요. 거의 없어요. 다 들어가 버려. 잠자는 식으로 여름에는 없어요. 보통 7, 8, 9, 10월까지. 11월 중순부터 다시 나오기 시작해서 겨울 내내 나오고 다른 데같이 멍게가 있는 것도 아니고. 거의 여기는 세 종류만 해.]

[조] 제주도에서 해녀 데려오기도 했어요?

김 : 우리 젊어서 이거 사업 시작할 때는요. 우리 부락만 해도 제주도 해녀들이 칠팔십 명이 와 있었어요. 한 배에 열다섯씩. 우리 부락이 여섯 집이 그걸 했었어요. 제주 처녀들이 거의 왔어요. 그 분들이 여그 와 가지고 겔혼해 가지고 정착하신 분들이 있고 지금은 그거 배우겠습니까? 제주도는 돈을 줘 가면서 가르치는 학교가 있대요. [우리가 젊어서 이 사업을 시작할 때는요. 우리 마을만 해도 제주도 해녀들이 7~80명이 와 있었어요. 한 배에 15명씩 탔어. 우리 마을이 6집이 그걸 했었어요. 제주 처녀들이 거의 왔어요. 그 분들이 여기 와 가지고 결혼해 가지고 정착하신 분들이 있고. 지금은 그거 배우겠습니까? 제주도는 돈을 줘 가면서 가르치는 학교가 있대요.]

---

49 '겨울'에서 '여→에'의 축약에 의해 나타된 것이다.
50 '멍게'에서 '에→이'의 축약에 의해 나타난 것이다.

[조] 머구리도 있어요?

김 : 머구리[51]는 안 되죠. 공기통이 허가가 안 됩니다. 멜종 시킨다고 해 가지고. 산소통 기고 들어가는 것은 안 돼요. 불법으로 돼 있어요. 옛날에 머구리는 허가가 있었는데 제가 봐서는 지금은 그런 허가도 안 해 줄 거예요. 보통 수중 뭐라고 해 가지고 허가를 내 주는데 1종 채취 권한은 안 됩니다. 해녀가 숨 쉬고 들어가 잡는 것만 되지. 해녀가 없으니까 하는데 원래는 멸종 시킨다고 허가는 없어요.

[머구리는 안 되죠. 공기통이 허가가 안 됩니다. 멸종 시킨다고 해 가지고 산소통 들고 들어가는 것은 안 돼요. 불법으로 돼 있어요. 옛날에 머구리는 허가가 있었는데 제가 봐서는 지금은 그런 허가도 안 해 줄 거예요. 보통 수중 뭐라도 해 가지고 허가를 내 주는데 1종 채취 권한은 안 됩니다. 해녀가 숨 쉬고 들어가 잡는 것만 되지. 해녀가 없으니까 하는데 원래는 멸종 시킨다고 허가는 없어요.]

---

51 직업 잠수부를 말한다.

참고 문헌

김옥영, 「방언자료 제보자의 개인정보 보호」, 『방언학』 28, 방언학회, 2018, 257~287쪽.

김경표, 「전남 도서 방언의 음운론적 대비 연구」, 전남대 박사학위논문, 2013.

이기갑, 『전라남도 언어지리』, 탑출판사, 1986.

_____, 『국어방언문법』, 태학사, 2003.

_____, 『전남 곡성 지역의 언어와 생활』, 태학사, 2007.

_____, 『전남 진도 지역의 언어와 생활』, 태학사, 2009.

_____, 『전남 영광 지역의 언어와 생활』, 태학사, 2011.

_____, 『전남 영암 지역의 언어와 생활』, 역락, 2016.

_____, 『전남 보성 지역의 언어와 생활』, 역락, 2016.

_____, 『전남 광양 지역의 언어와 생활』, 역락, 2017.

이기갑·고광모·기세관·정제문·송하진, 『전남방언사전』, 태학사, 1998.

이돈주, 『전남 방언』, 형설출판사, 1978.

한국정신문화연구원, 『한국방언자료집Ⅵ 전라남도편』, 한국정신문화연구원, 1991.

국립국어원 표준국어대사전 https://stdict.korean.go.kr

우리말샘 국립국어원 https://opendict.korean.go.kr

전남 지역의
원천자료를 활용한 연구

흑산도지역어의 부사형어미 '-어X' 실현 양상

김경표

1. 서론

본고는 흑산도지역어의 활용에서 나타나는 부사형어미 '-어X'의 실현 양상을 밝히는 것을 목적으로 한다. 부사형어미의 실현 양상을 살피기 위해서는 활용에서 어간과 어미가 결합할 때 부사형어미가 '-아X'와 결합하는지 아니면 '-어X'와 결합하는지를 확인하면 된다.[1] 본고에서는 연구의 범위를 좁혀서 어간과 어미가 결합할 때 부사형어미 '-아X'가 와야 하나 '-어X'가 오는 경우를 중심으로 연구를 진행한다. 이러한 양상은 전국적으로 일어나고 있는데 흑산도지역어는 어떤지 확인할 것이다.

김경표(2012)에서는 전남 도서지역과 해안지역의 부사형어미 '-아/어'의 교체양상을 제시하고 있는데 흑산도에 대한 조사는 빠져 있고 도서지역 중에서 신안군의 임자면, 안좌면을 조사하여 부사형어미 '어'가 결합하는 양상을 보여 주었다. 임자면과 안좌면은 신안군에서 동쪽에

---

1 본고에서는 부사형어미 '-아X'를 기저형으로 설정하고 부사형어미 '-어X'는 기저의 부사형어미 '-아X'가 교체한 것으로 본다.

위치해 있으며 전남 내륙과 비교적 가까운 거리에 있고 흑산도는 신안
군의 서쪽에 위치하고 있으며 전남 내륙과도 멀리 떨어져 있다. 김경표
(2012)는 흑산도에 대한 연구가 없을 뿐만 아니라 신안군의 두 지역을
연구한 것으로 신안군의 언어적 특징을 모두 드러냈다고 할 수 없다.[2]

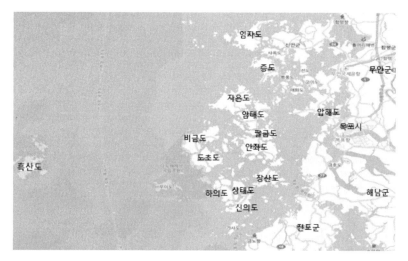

〈신안군 지도〉

---

2 이기갑(1989)에서는 '박죽'이나 '빡죽' 어형이 신안군 지역에 나타나고 있어서 전남의 다
   른 내륙 지역에 비해 보수적인 지역으로 볼 수 있으나 이 어형들이 서남해 일대에서 보이
   고 있어서 신안지역의 언어가 독자적인 언어상황을 보인다고 하기에는 미흡하다고 했다.
   그러나 신안지역에만 보수적으로 잔존형을 갖는 경우도 있을 수 있고 연구의 대상이
   방언 어휘를 대상으로 한 것으로 본고처럼 활용에 대한 연구가 기존 연구와 비슷한 결과
   를 보일지는 알 수 없다.

신안군 지도를 보면 흑산도는 지리적으로 신안군의 다른 지역과 동떨어져 있는 것을 확인할 수 있다. 흑산도에 대한 연구는 홍순탁(1963), 이돈주(1978), 김웅배(1988) 등 어휘에 대한 연구와 허경회(1988)의 구비문학 자료가 있고 모음과 관련된 음운현상을 연구한 김경표(2014)가 있다. 그러나 활용에서 부사형어미의 실현 양상에 대한 연구는 아직까지 없다.[3] 흑산도지역어의 부사형어미에 대한 연구가 없으므로 신안방언에서 관련 자료와 연구들이 있는지 살펴보자. 신안방언에서 부사형어미의 실현 양상을 확인할 수 있는 자료로는 한국정신문화연구원(1991)의『한국방언자료집』VI(전라남도편), 이기갑·고광모·기세관·정제문·송하진(1998)의『전남방언사전』자료가 있고 부사형어미의 실현 양상에 대해 언급한 연구는 신안군의 지도지역어를 연구한 김광헌(2003)과 신안군의 임자면과 안좌면을 조사하여 연구한 김경표(2012)가 있다. 그리고 신안군의 임자면, 안좌면, 장산면과 진도, 완도를 대상으로 음운론적 대비 연구한 김경표(2013)이 있다. 본고는 먼저 현재의 흑산도지역어 활용에서 부사형어미 '-아X'가 와야 하나 '-어X'가 오는 경우를 중심으로 살피고 신안군의 다른 지역과도 비교할 것이다. 그리고 현재 흑산도지역어의 부사형어미 실현 양상이 과거와 비교해 어떤 모습을 보이는지 알아보기 위해 1980년대 흑산도지역어의 부사형어미 실현 양상을 살피고 전남의 다른 지역과도 비교를 하면서 전남 내륙과의 영향 관계도 살펴볼 것이다.

김경표(2012)를 보면 신안 방언의 경우에 어간말음절이 모음으로 끝나고 2음절 이상인 단어, 어간말음절이 자음으로 끝나고 어간의 모음이

---

3 흑산도에 대한 전반적인 연구는 목포대 도서문화연구소에서 진행되었는데, 이해준(1988), 조경만(1988), 허경회(1988)를 참고하기 바란다.

'아'인 1음절, 2음절인 단어에서 부사형어미 -아X'가 와야 하나 '-어X' 와 결합하는 모습을 보인다. 그러면 현재 흑산도지역어는 어떤 모습을 보이는지 먼저 몇몇 자료를 살펴보자.

① 가서, 서서, 가돠서, 거둬서, 바뻐서, 고파서, 서둘러서
② 가머서, 우서서, 살머서, 굴머서
③ 가차서, 무거서, 매라서

①은 어간말음절이 모음으로 끝나는 경우로 '가서, 서서'는 1음절 어간 으로 '가서'는 '/가+아서/ → [가서]'로, 부사형어미 '-아X'가 결합했다 고 볼 수 있다. '가돠서, 거둬서, 바뻐서, 고파서, 서둘러서'는 2음절 이상인 어간으로, '가돠서'는 자음으로 시작하는 어미와 결합한 형태인 '가두고'가 나타나므로 '/가두+아서/ → [가돠서]'이다. 첫음절의 모음이 '아'인 어간 중에서 '바뻐서'만 부사형어미 '-어X'가 결합하였다. ②는 어간말음절이 자음으로 끝나는 경우로 '가머서, 살머서'는 첫음절의 모 음이 '아'이고 부사형어미 '-어X'가 결합하였다. ③은 ㅂ-불규칙 용언으 로 다른 지역어에서는 부사형어미 '-어X'가 결합하는 양상이 나타나지 만 제시한 자료에서는 부사형어미의 첫음절이 생략되어 어떤 부사형어 미가 결합했는지 알 수 없다. 이상에서 흑산도지역어의 경우에서도 어간 말음절이 양성모음이면서 2음절 이상인 경우, 어간말음절이 자음이고 1음절, 2음절 양성모음인 경우를 살펴보면 부사형어미 '-어X'가 결합하 는 양상을 확인할 수 있을 것이다.

본고는 현재 흑산도지역어의 부사형어미 '-어X'가 결합하는 모습을 확인하기 위해서 현장 조사를 실시하였다. 현지 조사에 사용된 조사항

목은 국립국어원(2006)의 지역어 조사 질문지를 참고하였다. 또한 기존
의 어휘자료도 보조 자료로 사용하였다.[4] 제보자 선정에 있어서는 이
지역에 3대 이상 거주한 토박이 화자로서 노년층을 대상으로 하였다.[5]

2장에서는 흑산도지역어의 부사형 어미 '-어X'의 실현 양상을 살펴
보기 위해 먼저 현재 흑산도지역어의 부사형어미와 1980년대 흑산도지
역어의 부사형어미로 나누고 각각 어간말음절이 모음으로 끝나는 경우,
어간말음절이 자음으로 끝나는 경우, 2음절 이상인 ㅂ-불규칙 어간의
경우로 나누어 부사형어미의 실현양상을 살펴볼 것이다. 1980년대 흑
산도지역어의 부사형어미는 인접한 전남 방언과 비교하면서 전남 내륙
과의 영향관계도 살필 것이다. 3장에서는 2장의 내용을 요약한다.

2. 흑산도지역어의 부사형어미 '-어X' 실현 양상

1) 현재 흑산도지역어의 부사형어미 '-어X' 실현 양상

활용에서 어간의 첫음절이나 둘째 음절이 '아'일 때 부사형어미는 '-
아X'와 결합하는 것이 아니라 '-어X'와 결합하는 경우가 많다.[6] 흑산도

---

4 보조 자료로 한국정신문화연구원(1991)의 《한국방언자료집 Ⅵ(전라남도편)》, 김웅배(1988)
   의 흑산도 방언의 어휘자료, 허경회(1988)의 흑산면의 구비문학 자료를 이용하였다.
5 현장 조사는 2013년 12월 5일부터 7일까지 실시하였고 조사지점과 제보자는 다음과 같다.

조사지점	제보자	직업
예리	박계예(여, 78) 보조 김석권(남, 76)	무직(홍어 손질) 무직
진리	윤일순(남, 75)	무직
읍동	박인순(여, 79)	무직

지역어의 경우 어떤 모습을 보이는지 살펴보자.

(1) 어간말음절이 모음으로 끝나고 둘째 음절이 음성모음인 경우

① ㄱ. 필자의 현지조사 자료

/가두+아서/ → [가돠서](가두-, 囚), /나누+아서/ → [나나서](나
누-, 分)〈흑산〉

/바꾸+아서/ → [바까서](바꾸-, 換), /배우+아서/ → [배와서](배
우-, 學)〈흑산〉

/고프+아서/ → [고파서](고프-, 餓)〈흑산〉

/바쁘+아서/ → /바쁘어서/ → [바뻐서](바쁘-, 忙)〈흑산〉

/아프+아서/ → /아프어서/ → [아퍼서](아프-, 痛)〈흑산〉

ㄴ. 김경표(2012)에서 가져온 자료

/가두+아서/ → /가두어서/ → [가둬서],[가더서](가두-, 囚)〈안좌,
임자〉

/나누+아서/ → [나나서](나누-, 分),

/바꾸+아서/ → [바까서](바꾸-, 換)〈안좌, 임자〉

/배우+아서/ → [배와서](배우-, 學)〈안좌, 임자〉

/고프+아서/ → [고파서](고프-, 餓)〈안좌, 임자〉

/바쁘+아서/ → /바쁘어서/ → [바뻐서](바쁘-, 忙)〈안좌, 임자〉

ㄷ. 김광헌(2003)에서 가져온 자료

/가두+아라/ → [가다라](가두-, 囚), /나누+아/ → [나나](나누-,

---

6 남광우(1975: 52~53)에서는 부사형어미 '아'가 '어'로 교체되는 것을 음성모음화로 보고
   있고 〈麟鳳韶〉, 〈尹致昊日記〉에서 부사형어미 '아'가 교체되어 '어'가 결합한 예가 나타나
   고 어두에서도 드물게 이러한 예가 나타난다고 한다. 그리고 부사형어미 '아'의 '어' 교체
   가 19세기 중기에서 말기에 나타난다고 하였다. 김정태(2006: 281)에서도 어미 '아 →
   어'변이를 음성모음화라고 보고 있다.

分)〈지도〉

/바꾸+아라/ → [바까라](바꾸-, 換)〈지도〉

(1)은 어간말음절이 모음으로 끝나는 어간으로, 조사한 자료 중에서
(1ㄱ)의 흑산도지역어의 경우에 '아우'형은 어간의 둘째음절은 '우'이지
만 첫음절이 '아'이어서 모두 부사형어미 '-아X'와 결합하고 있다.[7] '애
우'형도 부사형어미 '-아X'와 결합하고 있다. '오으'형은 첫음절이 '오'
이므로 부사형어미 '-아X'와 결합하고 있다. 그런데 '아으'형은 첫음절
이 '아'이므로 부사형어미 '-아X'와 결합해야 하지만 부사형어미 '-어X'
와 결합하고 있다.[8] (1ㄴ)은 신안방언으로 '아우'형과 '애우'형 활용형은
부사형어미 '-아X'와 결합하고 있다. 그런데 '아우'형 중에서 '가둬서,
가더서' 활용형은 흑산도지역어와 달리 부사형어미 '-어X'와 결합하고
있다. 『한국방언자료집』에서 신안의 비금면은 '가돠라'가 나타나고 있
어서 부사형어미 '-아X'와 결합하는 것이 더 일반적이라고 볼 수 있다.
'아으'형은 흑산도지역어와 마찬가지로 부사형어미 '-어X'와 결합하고
있다. (1ㄷ)은 '아우'형 자료만 있는데 모두 부사형어미 '-아X'와 결합하
고 있다.

---

7 이진호(2012: 423)에서는 '가다서, 바까서'가 역사적으로 어간이 '가도-, 바꼬-'이던 시
기의 활용형이 그대로 이어져 부사형어미 '-아X'와 결합한 것이고 '가더서, 바꺼서'는
어간의 둘째 음절 모음이 변화한 데에 맞게 새로이 모음조화가 작용하여 부사형어미
'-어X'가 결합한 것이라고 해석하고 있다.

8 김정태(2006: 286~287)에서는 충남방언의 경우에 음성모음화된 '바뻐, 나뻐, 아퍼' 활
용형이 존재하는데 '바뻐'의 경우에 '밧ㅂ+아 〉 밧브+아〉 바쁜+어 〉 [바뻐]'의 변화를
거치는데 '♀'의 제1단계 변화인 '♀〉으'에 의한 어간재구조화 이후에 모음조화가 조정된
화석형이 현재까지 유지되고 있다고 한다.

어간말음절이 모음이고 둘째 음절이 음성모음인 어간의 부사형어미 결합 양상을 표로 제시하면 다음과 같다.

〈표 1〉 어간말음절이 모음으로 끝나는 어간의 부사형어미 실현 양상

유형 ＼ 지역	흑산	안좌, 임자	지도
'아우'형 어간	-아X	-아/어X[9]	-아X
'아으'형 어간	-어X	-어X	

조사한 자료 중 흑산도지역어에서 어간말음절이 모음으로 끝나고 둘째 음절이 음성모음인 어간 중에서 '아으'형 어간은 부사형어미 '-어X'와 결합하고 있다. 안좌, 임자 지역에서는 '아우'형 어간에서는 흑산도지역어와 달리 부사형어미 '-아X'와 '-어X'가 공존하고 있으나 '아으'형 어간은 부사형어미 '-어X'와 결합하고 있다. 지도 지역에서는 '아우'형 어간은 흑산도지역어와 같지만 '아으'형 어간의 자료는 없어서 알 수가 없다. 그러나 부사형어미 '-어X'와 결합할 것으로 추측할 수 있다.

이상에서 신안 방언의 경우에는 대체적으로 활용에서 부사형어미 '-어X'와 결합하는데 '아으'형 어간에서 활발하게 일어나는 것을 알 수 있다. 신안 방언에 속하는 흑산도지역어에서도 '아으'형 어간에서 부사형어미 '-어X'와 결합하는 것을 확인할 수 있다.

---

9 '-아/어X'는 두 가지 모습이 모두 나타나는 것을 표시한 것인데 더 많이 나타난 것을 앞에 제시하였다.

(2) 어간말음절이 자음으로 끝나고 어간의 모음이 양성모음인 경우

② ㄱ. 필자의 현지조사 자료

/감+아서/ → /가머서/ → [가머서](감-, 瞑),

/낫+았다/ → /나섰다/ → [나섣따](낫-, 愈)〈흑산〉

/맡+아라/ → /마터라/ → [마터라](맡-, 任),

/잡+아라/ → /자버라/ → [자버라](잡-, 操)〈흑산〉

/막+아라/ → [마가라](막-, 防),

/맺+았다/ → /매젔다/ → [매젇따](맺-, 結)〈흑산〉

/곪:+았다/ → /골몄다/ → [골맏따](곪:-, 膿)〈흑산〉,

/맑+아서/ → [말가서](맑-, 淸)〈흑산〉

/삶+아서/ → /살머서/ → [살머서](삶-, 煮),

/앉+아라/ → /안저라/ → [안저라](앉-, 坐)〈흑산〉

ㄴ. 김경표(2012)에서 가져온 자료

/감+아서/ → /가머서/ → [가머서](감-, 瞑),

/낫+아서/ → /나서서/ → [나서서](낫-, 愈),

/맑+아서/ → [말가서](맑-, 淸)〈안좌, 임자〉

/쌂+아서/ → [쌀마서](쌂-, 煮)〈안좌〉,

/삶+아서/ → /살머서/ → [살머서](삶-, 煮)〈임자〉

/앙ㅈ+아서/ → /앙저서/ → [앙저서](앙ㅈ-, 坐)〈안좌〉

/앉+아서/ → /안저서/ → [안저서],

/앙ㄱ+아서/ → /앙거서/ → [앙거서](앉-/앙ㄱ-, 坐)〈임자〉

ㄷ. 김광헌(2003)에서 가져온 자료

/막+아라/ → /마거라/ → [마거라](막-, 防),

/받+아라/ → /바더라/ → [바더라](받-, 受)〈지도〉

/말+아라/ → /마러라/ → [마러라](말-, 勿),

/알+아라/ → /아러라/ → [아러라](알-, 知)〈지도〉

/담+아/ → /담머/ → [다머](담-, 球),

/잡+아라/ → /자버라/ → [자버라](잡-, 捕)〈지도〉

/닦+아라/ → /다꺼라/ → [다꺼라](닦-, 拭)〈시도〉

/앙ㄱ+아서/ → /앙거서/ → [앙거서](앙ㄱ-, 坐),

/핥+아/ → /할터/ → [할터](핥-, 舐)〈지도〉

  (2)는 어간말음절이 자음으로 끝나고 어간의 모음이 '아, 오, 애'인 경우로, 조사한 자료 중 (2ㄱ)에서 어간의 모음이 '아'이고 어간말음절의 자음이 'ㅁ, ㅂ, ㅌ, ㅅ, ㄻ, ㄵ'인 경우에 부사형어미 '-어X'와 결합하였다. 그런데 '마가라, 말가서' 활용형처럼 부사형어미 '-아X'와 결합한 경우도 있다.[10] 그리고 어간의 모음이 '애'인 경우에는 부사형어미 '-어X'와 결합하고 있다. 그런데 어간의 모음이 '오'인 경우에는 부사형어미 '-아X'와 결합하였다. (2ㄴ)에서 어간의 모음이 '아'이고 어간말음절의 자음이 'ㅁ, ㅅ, ㄻ, ㄵ, ㅇㅈ, ㅇㄱ'인 경우에 부사형어미 '-어X'와 결합하였다. 그런데 '말가서'의 경우에는 부사형어미 '-아X'와 결합하였다. 어간말음절의 자음이 'ㄻ'일 때 안좌 지역에서는 부사형어미 '-아X'가 결합했는데 임자 지역에서는 부사형어미 '-어X'와 결합하여 차이가 있다. (2ㄷ)에서는 어간말음절이 자음으로 끝나고 어간의 모음이 '아'인 경우에 모두 부사형어미 '-어X'와 결합하고 있다.

  어간말음절이 자음으로 끝나고 어간의 모음이 '아, 오, 애'인 경우의 부사형어미 결합 양상을 표로 제시하면 다음과 같다.

---

10 현재 흑산도지역어의 '마가라'는 부사형어미 '-아X'가 결합하고 있으나 80년대 흑산도지역어의 자료를 보면 '마거'가 부사형어미 '-어X'와 결합하고 있으므로 부사형어미가 현대에 와서 교체되었다고 볼 수 있다.

〈표 2〉 어간말음절이 자음으로 끝나는 부사형어미 실현 양상

유형 \ 지역	흑산	안좌, 임자	지도
어간말음절이 자음인 경우	-어/아X	-어/아X	-어X

조사한 자료 중 흑산도지역어에서 어간말음절이 자음으로 끝나고 어간의 모음이 '아, 애'일 때 대체적으로 부사형어미 '-어X'와 결합하는 경향이 높고 어간의 모음이 '오'일 때는 부사형어미 '-아X'와 결합하는 것을 확인할 수 있었다. 그리고 안좌, 임자, 지도 지역에서도 부사형어미 '-어X'와 결합하는 경우가 우세하지만 부사형어미 '-아X'와 결합하는 경우도 공존하고 있다.

이상에서 신안 방언의 경우에 어간말음절이 자음으로 끝나고 어간의 모음이 '아, 애'일 때 부사형어미 '-어X'와 결합하는 경향이 높은데 흑산도지역어도 비슷한 양상을 보이고 있다.

(3) 2음절 이상인 ㅂ-불규칙 어간의 경우

③ ㄱ. 필자의 현지조사 자료

/가차+아서/ → [가차서](가찹- ~ 가차-, 近)[11]〈흑산〉

/개라+아서/ → [개라서](개랍- ~ 개라-, 癩)〈흑산〉

/매라+아서/ → [매라서](매랍- ~ 매라-, 尿)〈흑산〉

/싸:나+아서/ → [싸:나서](싸:납- ~ 싸:나-, 猛)〈흑산〉

/아까+아서/ → [아까서](아깝- ~ 아까-, 惜),

---

11 '가찹-'은 자음어미 앞의 어간 기저형이고 '가차-'는 매개모음 어미와 모음어미 앞의 어간 기저형이다. 아래의 자료도 복수 기저형과 그 출현 환경을 제시한 것이다.

/야차+아서/ → [야차서](야찹- ~ 야차-, 淺)〈흑산〉

ㄴ. 김경표(2012)에서 가져온 자료

/가차+아서/ → [가차서](가찹- ~ 가차-, 近)〈안좌, 임자〉

/아까+아서/ → [아까서](아깝- ~ 아까-, 惜)〈안좌〉

/아까우+아서/ → [아까와서](아깝- ~ 아까우-, 惜)〈임자〉

/매라+아서/ → [매라서](매랍- ~ 매라-, 尿)〈안좌, 임자〉

(3)은 어간말음절의 모음이 '아, 애'이고 2음절 이상인 ㅂ-불규칙 어간의 경우로[12] (3ㄱ)은 흑산도지역어로 매개모음 어미와 모음어미 앞의 어간 기저형 '가차-, 개라-, 매라-, 싸:나-, 아까-, 야차-'가 부사형어미 '-아X'와 결합하였다.[13] 최전승(1998: 152)에서는 19세기 후기 전라방언에서 ㅂ-불규칙 용언이 부사형어미와 결합할 때 부사형어미의 두음이 탈락하기 시작했다고 하는데 흑산도지역어에서도 부사형어미의 두음이 탈락하고 있다. ㅂ-불규칙 용언인 '가깝-(近)'은 전남 방언에서 매개모음 어미와 모음어미 앞에서 '가차우-'와 같이 3음절 어간으로 나타나는 경우는 거의 없으며 '가차-'처럼 2음절 어간으로 나타나는 것이 일반적인데 흑산도지역어도 같은 모습을 보이고 있다. 다른 지역어에서는 '가차워서'에서 알 수 있듯이 부사형어미 '-어X'와 결합하나 흑산도지역어에서는 부사형어미 '-아X'가 결합하고 있어서 차이가 있

---

12 최전승(1998: 152)에서는 19세기 후기 전라방언에서 ㅂ-불규칙 용언은 '-어'가 결합하거나(추워라, 반가워, 우수워라, 우슈워) 부사형어미의 '-어'가 탈락하기 시작했다고 한다(무셔라, 반가ᄒ며, 두려 ᄒ더라).

13 1음절 ㅂ-불규칙 용언 중에서 어간 '맵-(辛)'은 부사형어미 '-아X'와 결합한 '매와서'가 나타난다. 그런데 어간 '춥-'은 부사형어미 '-어X'와 결합하지 않고 부사형어미 '-아X'와 결합한 '추와서'가 나타난다.

다.[14] (3ㄴ)에서도 부사형어미 '-아X'와 결합하고 있다.[15]

어간의 모음이 '아, 애'인 2음절 ㅂ-불규칙 어간의 부사형어미 결합 양상을 표로 제시하면 다음과 같다.

〈표 3〉 2음절 ㅂ-불규칙 어간의 부사형어미 실현 양상

유형＼지역	흑산	안좌, 임자	지도
ㅂ-불규칙 어간	-아X	-아X	

조사한 자료 중 흑산도지역어에서 어간말음절의 모음이 '아, 애'인 2음절 이상 ㅂ-불규칙 어간은 부사형어미 '-아X'가 결합하고 있으며 안좌, 임자 지역도 같은 모습을 보이고 있다.

2) 1980년대 흑산도지역어의 부사형어미 '-어X' 실현 양상

1980년대 흑산도지역어의 활용에서 부사형어미 '-어X'와 결합하는 양상을 확인하기 위해서 어간말음절이 모음으로 끝나고 둘째 음절이 음성모음인 경우와 어간말음절이 자음으로 끝나고 첫음절이 양성모음인 경우를 살펴본다.[16]

---

14 오종갑(2007: 153)에서는 ㅂ-불규칙 용언이 규칙용언보다 '아〉어' 빈도가 낮다고 한다.

15 동일모음 탈락은 임석규(2002: 115~126)를 참고하기 바란다. 본고에서 어간의 모음이 탈락한 것으로 본다.

16 1980년대 자료 중에서 흑산면의 구비자료는 활용형 자료가 많지 않았다. 그리고 어간말음절이 모음이고 ㅂ-불규칙 활용을 하는 자료가 없어서 두 부분으로만 나누어 살펴본다.

(1) 어간말음절이 모음으로 끝나고 둘째 음절이 음성모음인 경우

④ ㄱ. 허경회(1988)의 흑산면 구비문학에서 가져온 자료

/바꾸+아라/ → [바까라](바꾸-, 換)〈흑산〉

ㄴ. 한국정신문화연구원(1991)의《한국방언자료집》Ⅵ에서 가져온 자료

/가두+아라/ → [가돠라](가두-, 囚), /나누+아/ → [나놔](나누-, 分)〈신안〉

/바꾸+아/ → [바꽈](바꾸-, 換)〈신안〉

/바쁘+아/ → /바쁘어/ → [바뻐](바쁘-, 忙)[17]〈신안〉

ㄷ. 한국정신문화연구원(1991)의《한국방언자료집》Ⅵ에서 가져온 자료

/가두+아라/ → [가돠라](가두-, 囚)〈영광, 무안, 영암〉,

/가두+아/ → [가다](가두-, 囚)〈함평〉

/가두+아라/ → [가다라](가두-, 囚)〈해남, 진도〉,

/나누+아/ → [나놔](나누-, 分)〈영광, 함평, 진도〉

/나누+아/ → [나나](나누-, 分)〈무안, 영암, 해남〉,

/바꾸+아/ → [바꽈](바꾸-, 換)〈영광, 영암〉

/바꾸+아/ → [바까](바꾸-, 換)〈함평, 무안, 해남, 진도〉

/바쁘+아서/ → /바쁘어서/ → [바뻐서](바쁘-, 忙)〈영광, 함평, 무안, 영암, 해남〉

/바쁘+아서/ → [바빠서](바쁘-, 忙)〈진도〉

(4ㄱ)은 흑산도지역어로 '아우'형 어간은 부사형어미 '-아X'와 결합하고 있다. 흑산면의 구비문학 자료에서 찾은 예가 하나만 있어서 단정할 수 없지만 현재 흑산도지역어에서 '가돠서, 나나서, 바까서'와 같은 활용

---

17 한국정문화연구원(1991) 자료의 경우, 1차 조사는 1982년에 실시하였고 확인 조사는 1990년에 실시하였으므로 80년대 자료로 선정해도 큰 문제는 없을 것 같다.

형이 나타나므로 현재 흑산도지역어와 80년대 흑산도지역어 중에서 '아우'형 어간은 부사형어미 '-아X'와 결합한다고 볼 수 있다.[18] '아으'형 어간은 자료가 없어서 알 수 없으나 주변 지역을 통해 부사형어미 '-어X'가 결합하리라 추측할 수 있다.[19] (4ㄴ)은 신안 방언으로 '아우'형 어간은 부사형어미 '-아X'와 결합하고 있다. 그리고 '아으'형 어간의 경우에는 부사형어미 '-어X'와 결합하였다. (4ㄷ)은 주변지역으로 '아우'형 어간은 부사형어미 '-아X'와 결합하고 있으나 '아으'형 어간은 진도 지역을 제외한 다른 지역에서는 부사형어미 '-아X'와 결합하고 있다.

어간말음절이 모음으로 끝나고 둘째 음절이 음성모음인 어간의 부사형어미 결합 양상, 현재와 80년대 흑산도지역어와의 차이를 표로 제시하면 다음과 같다.

〈표 4〉 어간말음절이 모음으로 끝나는 어간의 부사형어미 실현 양상

유형＼지역	흑산	신안	영광	함평	무안	영암	해남	진도	현재 흑산	80년 흑산
'아우'형 어간	-아X	-아X			-아X				-아X	-아X
'아으'형 어간		-어X			-어X			-아X	-어X	

80년대 자료 중 흑산도지역어에서 어간말음절이 음성모음으로 끝난 2음절 어간 중 '아우'형 어간은 부사형어미 '-아X'와 결합하고 '아으'형 어간은 자료가 없어서 알 수 없다. 그러나 80년대 신안 방언과 진도를

---

18 그런데 주변 지역에서는 '가더서'처럼 부사형어미 '-어X'가 결합한 경우도 나타난다.
19 '아으'형 어간의 경우에 주변 지역인 영광, 함평, 무안, 영암, 해남 지역에서는 부사형어미 '-어X'와 결합하고 있다.

제외한 다른 지역의 경우에 '아으'형 어간은 부사형어미 '-어X'와 결합하고 있으므로 80년대 흑산도지역어의 '아으'형 어간도 부사형어미 '-어X'와 결합할 확률이 높다.

현재 흑산도지역어와 80년대 흑산도지역어를 살펴보면 '아우'형 어간은 모두 부사형어미 '-아X'와 결합하고 있다. '아으'형 어간의 경우에 80년대 흑산도지역어의 자료가 없으나 주변 지역을 통해 80년대 흑산도지역어도 부사형어미 '-어X'와 결합할 것으로 생각된다. 현재 흑산도지역어와 80년대 흑산도지역어의 부사형 어미 '-어X' 실현 양상은 차이가 없음을 알 수 있다.

2) 어간말음절이 자음을 끝나고 어간의 모음이 '아, 애'인 경우

    (5) ㄱ. 허경회(1988)의 흑산면 구비문학에서 가져온 자료

        /감+아서/ → /가머서/ → [가머서](감-, 暝),

        /삼+았어/ → /사머써/ → [사머써](삼-, 作)〈흑산〉

        /담+아/ → [다마], /담+아/ → /다머/ → [다머](담-, 拭)〈흑산〉

        /맞+아/ → [마자], /맞+아/ → /마저/ → [마저](맞-, 是),

        /막+아/ → /마거/ → [마거](막-, 防)〈흑산〉

        /깎+아/ → [까까](깎-, 削), /낚+았어/ → /나꺼써/ → [나꺼써](낚-, 釣)〈흑산〉

        /알+아라/ → /아러라/ → [아러라](알-, 知),

        /말+아라/→ /마러라/ → [마러라](말-, 勿)〈흑산〉

        /꽂+아/ → [꼬자](꽂-, 揷), /맺+아서/ → /매저서/ → [매저서](맺-, 結)〈흑산〉

        밝+아/ → [발가](밝-, 明)〈흑산〉

        /앉+았어/ → [안자써], /앉+았어/ → /안저써/ → [안저써](앉-,

坐)〈흑산〉

ㄴ. 한국정신문화연구원(1991)의《한국방언자료집》Ⅵ에서 가져온 자료

/잡+아라/ → /자버라/ → [자버라](잡-, 操),

/낫+아서/ → /나서서/ → [나서서]](낫-, 愈)〈신안〉

/알+아서/ → /아러서/ → [아러서](알-, 知),

/맡+아/ → /마터/ → [마터](맡-, 任)〈신안〉

/깜+아서/ → [까마서](깜-, 洗),

/맺+아서/ → /매저서/ → [매저서](맺-, 結)〈신안〉

/삶+아야/ → [살마야](삶-, 煮), /깡ㄲ+아야/ → [깡까야](깡ㄲ-, 削)〈신안〉

/앙ㅈ+아/ → /앙저/ → [앙저](앙ㅈ-, 坐),

/핥+아/ → /할터/ → [할터](핥-, 舐)〈신안〉

/앓+아서/ → /아러서/ → [아러서](앓-, 瘥)(cf. 알코)〈신안〉

ㄷ. 한국정신문화연구원(1991)의《한국방언자료집》Ⅵ에서 가져온 자료

/잡+아서/ → /자버서/ → [자버서](잡-, 操)〈영광, 무안, 영암, 해남, 진도〉

/잡+아서/ → [자바서](잡-, 操)〈함평〉, /낫+아서/ → [나사서](낫-, 愈)〈해남〉

/낫+아서/ → /나서서/ → [나서서]](낫-, 愈)〈영광, 함평, 무안, 영암, 진도〉

/알+아서/ → /아러서/ → [아러서](알-, 知)〈영암, 해남, 진도〉

/알+아서/ → [아라서](알-, 知)〈영광, 함평, 무안〉,

/맡+아/ → [마타](맡-, 任)〈함평〉

/맡+아/ → /마터/ → [마터](맡-, 任)〈영광, 무안, 영암, 해남, 진도〉

/깜+아서/ → [까마서](깜-, 洗)〈함평〉

/깜+아서/ → /까머서/ → [까마서](깜-, 洗)〈영광, 무안, 영암, 해남, 진도〉

/꽂+아/ → [꼬자](꽂-, 揷)〈함평, 무안, 해남, 진도〉

/맺+아서/ → /매저서/ → [매저서](맺-, 結)〈영광, 함평, 무안, 영
암, 해남, 진도〉

/삶+아야/ → [살마야](삶-, 煮)〈영광, 함평, 무안, 영암, 해남, 진도〉

/깡ㄲ+아야/ → [깡까야](깡ㄲ-, 削)〈해남〉,

/깎+아야/ → [까까야](깎-, 削)〈영광, 함평, 영암, 진도〉

/깎+아야/ → /까꺼야/ → [까꺼야](깎-, 削)〈무안〉

/앙ㅈ+아/ → /앙저/ → [앙저](앙ㅈ-, 坐)〈해남〉,

/앉+아/ → /안저/ → [안저](앉-, 坐)〈함평, 진도〉

/앙ㄱ+아/ → /앙거/ → [앙거](앙ㄱ-, 坐)〈영광, 무안, 영암〉

/핥+아/ → /할터/ → [할터](핥-, 祗)〈영광, 무안, 영암, 진도〉

/핥+아/ → [할타](핥-, 祗)〈함평, 해남〉,

/앓+아서/ → [아라서](앓-, 瘵)〈영광, 함평, 무안〉

/앓+아서/ → /아러서/ → [아러서](앓-, 瘵)(cf. 알코)〈영암, 해남,
진도〉

(5)는 어간말음절이 자음으로 끝나고 어간의 모음이 '아, 오, 애'인
경우로, 조사한 자료 중 (5ㄱ)에서 어간의 모음이 '아'이고 어간말음절
의 자음이 'ㄱ, ㄲ, ㄹ, ㅁ, ㅈ, ㄵ'인 경우에 부사형어미 '-어X'와 결합하
였다.[20] 그런데 어간말음절의 자음이 'ㄲ, ㅁ, ㅈ, ㄵ'인 경우에는 부사형
어미 '-아X'와 결합하고 있어서 부사형어미 '-아X'와 '-어X'가 공존하
고 있음을 알 수 있다. '맞-(是)'어간의 경우에 허경회(1988)의 구비문학
자료에서 75% 이상은 '마저'로 나타나고 25%는 '마자'로 실현되고 있어

---

20 김옥화(2004: 506)에서는 무주지역어의 경우에 '살:-(活), 알:-(知), 팔-(賣)'어간은 '-
아X'와 통합되지만 '-어X'와 통합되기도 하는데 이러한 현상이 나타나는 것은 주변 지역
어의 '-아X' 교체 방식의 영향을 받은 결과라고 한다.

서 부사형어미 '-어X'와 결합하는 경향이 더 높음을 알 수 있다. '앉-
(坐)'어간의 경우 허경회(1988)에서 90% 이상은 '안저'로 나타나고 10%는
'안자'로 실현되고 있어서 단어에 따라 부사형어미의 실현 양상이 다름
을 알 수 있다. 어간말음절의 자음이 'ㄲ'일 때는 부사형어미 '-아X'와
결합하고 있다. 그리고 어간의 모음이 '애'인 '매저서'의 경우에는 부사
형어미 '-어X'와 결합하는데 어간의 모음이 '오'인 '꼬자'의 경우에는
부사형어미 '-아X'와 결합하고 있다. (5ㄴ)에서 어간의 모음이 '아'이고
어간말음절의 자음이 'ㄹ, ㅂ, ㅅ, ㅌ, ㄾ, ㅀ, ㅇㅈ'인 경우에 부사형어미
'-어X'와 결합하고 있다. 그런데 어간말음절의 자음이 'ㅁ, ㄻ, ㅇㄲ'인
경우에는 부사형어미 '-아X'와 결합하고 있어서 부사형어미 '-아X'와
'-어X'가 공존하고 있음을 알 수 있다. 그리고 어간의 모음이 '애'인
'매저서'의 경우에는 부사형어미 '-어X'와 결합하고 있다. (5ㄷ)에서 어
간의 모음이 '아'이고 어간말음절의 자음이 'ㅁ, ㅂ, ㅌ'일 때는 함평 지
역을 제외하고 다른 지역에서는 모두 부사형어미 '-어X'와 결합하고
있다. 'ㄹ, ㅀ'일 때는 영암, 해남, 진도 지역에서만 부사형어미 '-어X'
와 결합하고 있다. 그리고 'ㅅ'일 때는 해남 지역을 제외하고 다른 지역
에서는 부사형어미 '-어X'와 결합하고 있다. 'ㅇㄲ/ㄲ'일 때는 무안 지
역에서만 부사형어미 '-어X'와 결합하고 있다. 'ㄾ'일 때는 함평, 해남
지역을 제외한 다른 지역에서 부사형어미 '-어X'와 결합하고 있다. 'ㅇ
ㅈ/ㄵ/ㅇㄱ'일 때는 모든 지역에서 부사형어미 '-어X'와 결합하고 있고
'ㄻ'일 때는 부사형어미 '-아X'와 결합하고 있다.

 이상에서 어간의 모음이 '아'이고 어간말음절이 자음일 때는 부사형
어미 '-어X'와 결합하는 경향이 높지만 부사형어미 '-아X'와 결합하는
경우도 있음을 알 수 있다. 어간의 모음이 '오'일 때는 부사형어미 '-아

X'와 결합하나 어간의 모음이 '애'일 때는 모든 지역에서 부사형어미 '-어X'와 결합하고 있다.

어간말음절이 자음으로 끝나고 어간의 모음이 '아, 애, 오'일 때 부사형어미 실현 양상, 현재와 80년대 흑산도지역어와의 차이를 표로 제시하면 다음과 같다.

〈표 5〉 어간말음절이 자음으로 끝나는 어간의 부사형어미 실현 양상

유형 \ 지역	흑산	신안	영광	함평	무안	영암	해남	진도	현재 흑산	80년 흑산
어간말음절이 자음	-어/아X	-어/아X	-어/아X						-어/아X	-어/아X

80년대 흑산도지역어에서 어간말음절이 자음으로 끝나고 어간의 모음이 '아, 애'일 때는 부사형어미 '-어X'와 결합하는 경향이 높지만 단어에 따라 부사형어미 '-아X'가 결합하는 경우도 있다. 흑산도 주변 지역을 살펴보면 영암 지역이 부사형어미 '-어X'와 결합하는 활용형이 가장 많이 나타나고 함평 지역이 가장 낮다.[21] 함평 지역을 제외한 다른 지역은 부사형어미 '-어X'와 결합하는 경향이 높은데 흑산도지역어와 큰 차이가 없다. 현재 흑산도지역어와 80년대 흑산도지역어는 모두 부사형어미 '-어X'와 결합하는 경향이 높지만 '-아X'와 결합하는 경우도 공존하고 있다.

이상에서 현재 흑산도지역어의 경우에 '아으'형 어간일 때나 어간말

---

21 함평 지역이 다른 지역에 비해 부사형어미 '-어X'와 결합하는 경향이 낮은데 그 이유는 알 수 없다.

음절이 자음으로 끝나고 어간의 모음이 '아, 애'일 때 부사형어미 '-어X'
와 결합하는 경향이 높음을 확인할 수 있었다. 1980년대 흑산도지역어
의 경우에는 어간말음절이 자음으로 끝나고 어간의 모음이 '아, 애'일
때 부사형어미 '-어X'와 결합하는 것을 확인할 수 있었다. 흑산도지역과
주변 지역의 부사형어미 '-어X' 실현 양상을 살펴보면 대체적으로 주변
지역이 부사형어미 '-어X'와 결합하는 경향이 더 높은 것을 알 수 있
다.[22] 그리고 현재와 80년대 흑산도지역어의 부사형어미 '-어X'의 실현
양상을 비교해 보면 현재 흑산도지역어가 약간 높은데 이를 통해 활용
에서 어간과 어미가 결합할 때 부사형어미 '-어X'와 결합하는 경향이
높아져 가고 있다고 볼 수 있다.

흑산도지역어에서 부사형어미 '-어X'와 결합하는 경향이 조금씩 높
아지는 이유는 무엇일까? 아마도 다양한 요인들이 복합적으로 작용했
다고 생각된다.[23] 먼저 김진우(1971: 88)에서는 평파열음화 현상을 조음
할 때 될 수 있으면 조음기관의 개구도를 좁히려는 경향 때문에 일어나
는 것으로 설명하고 있는데 이는 형태소 내에서 일어나는 모음상승 현
상에서도 적용된다고 한다. 형태소 내에서 발음할 때 조음기관의 개구
도를 좁히려는 노력은 형태소 경계 사이에도 어느 정도 영향을 미쳐

---

22 현재 모음조화가 잘 지켜지지 않는 것과 연관지어 생각해 보면 내륙의 경우에는 부사형어
미 '-어X'와 결합하는 경향이 더 활발하게 진행되고 흑산도지역의 경우에는 더디게 진행
되고 있다고 추정할 수 있다.

23 오종갑(2007: 175)에서 모음조화 붕괴가 개음절 어간보다 폐음절 어간에서 '아〉어' 빈도
가 높게 나타나는데, 이는 어간 말자음의 울림도와 후행 어미 '아'의 울림도 사이에서
형성되는 울림도 동화과정이라고 보고 울림도가 낮은 자음이 어간말음이 될 때는 후행
어미 '아'와의 울림도 격차가 상대적으로 크기 때문에 그 격차를 줄이기 위해 '아〉어'
변화가 먼저 일어나고, 울림도가 높은 모음이 어간말음이 될 때는 상대적으로 그 격차가
작기 때문에 그것이 늦게 일어난다고 했다.

부사형어미 '-아X'가 '-어X'로 교체되었다고 볼 수 있다.[24] 곽충구(1999: 157)에서는 19세기 후기부터 '잡+어 → 잡어'처럼 부사형어미 '-어X'와 결합하는 경향이 일어나기 시작했다고 하는데 '잡어'와 '잡아'가 혼재하였을 것이다. 언중들은 자신들의 어휘부에서 모음조화가 지켜진 형태(보수형)와 부사형어미 '-어X'와 결합한 형태(개신형) 중에서 상황에 따라 하나를 선택하였을 것이다. '앉아'를 예로 들면, 일상생활에서 대화할 때 상대방에게 '앉어'를 많이 사용한다. 이런 모습은 아이들에게도 영향을 주어서 대부분 '앉어'라는 말을 많이 사용한다. 그런데 외부에서 온 사람과 이야기를 하거나 공식적인 자리에서는 '앉아'를 사용하는 것을 볼 수 있다. 즉, 공식적인 상황에서는 보수형을 사용하고 일상적인 상황에서는 개신형을 사용하는데 언중들이 접하는 상황은 일상적인 상황이 많으므로 점차 개신형을 많이 사용하게 되었을 것이다. 이처럼 다양한 요인들이 복합적으로 작용하여 부사형어미 '-어X'의 실현 양상이 높아진 것 같다.

3. 결론

본고에서는 현재 흑산도지역어와 1980년대 흑산도지역어의 자료를 대상으로 활용에서 부사형어미 '-어X'의 실현 양상을 조사하였다. 그리고 신안군의 안좌면, 임자면, 지도읍 자료와 주변 지역 자료도 조사하여 흑산도지역어와 비교하였다.

---

24 김정태(2006: 293)에서도 같은 논의를 하고 있다.

조사한 자료 중 흑산도지역어에서 어간말음절이 모음으로 끝나고 둘째 음절이 음성모음인 어간 중에서 '아으'형 어간은 부사형어미 '-어X'와 결합하였다. 어간말음절이 자음으로 끝나고 어간의 모음이 '아, 애'일 때 대체적으로 부사형어미 '-어X'와 결합하고 어간의 모음이 '오'일 때는 부사형어미 '-아X'와 결합하였다. 어간말음절의 모음이 '아'이고 2음절 이상인 ㅂ-불규칙 어간의 경우에 부사형어미 '-아X'와 결합하였는데 신안 방언도 같은 양상을 보였다.

1980년대 흑산도지역어에서 어간말음절이 모음으로 끝나고 둘째 음절이 음성모음인 어간의 경우에 자료가 없기 때문에 부사형어미 '-어X'의 실현 양상을 알 수 없다. 그러나 현재 흑산도지역어에서는 부사형어미 '-어X'가 결합하고 진도 지역을 제외한 다른 지역에서는 부사형어미 '-어X'가 결합하고 있으므로 1980년대 흑산도지역어에서도 부사형어미 '-어X'가 결합할 확률이 높다. 어간말음절이 자음으로 끝나고 어간의 모음이 '아, 애'일 때 부사형어미 '-어X'와 결합하는 경향이 높다. 그런데 단어에 따라 부사형어미 '-아X'와 결합하는 경우가 있다. 현재와 80년대 흑산도지역어의 부사형어미 '-어X'의 실현 양상을 비교해 보면 현재 흑산도지역어가 높은데 이를 통해 활용에서 어간과 어미가 결합할 때 부사형어미 '-어X'와 결합하는 경향이 높아져 가고 있다고 볼 수 있다. 최전승(2004: 202)에서 개별 지역 방언들에서 부사형어미 '-어X'가 결합하는 경향이 일반화되고 있다고 했는데 전남 주변 지역과 비교해 보면 흑산도지역어도 이런 경향성을 보이고 있음을 확인할 수 있었다.

이 글은 지난 2016년 한국방언학회에서 발간한 『방언학』 제24호에 게재된 것이다.

참고문헌

곽충구, 「모음조화와 모음체계」, 『새국어생활』 9-4, 국립국어연구원, 1999, 151~
    159쪽.
국립국어원, 『지역어 조사 질문지』, 태학사, 2006.
김경표, 「전남 도서지역과 해안지역의 부사형어미 '-아/어'의 교체」, 『방언학』 16,
    한국방언학회, 2012, 187~215쪽.
김경표, 「전남 도서 방언의 음운론적 대비 연구」, 전남대 박사학위논문, 2013.
_____, 「흑산도지역어의 모음과 관련된 음운현상」, 『방언학』 19, 한국방언학회,
    2014, 69~91쪽.
김광헌, 「신안 지도지역어의 음운론적 연구」, 목포대 석사학위논문, 2003.
김옥화, 「무주지역어 '어간+아X'의 음운과정」, 『국어교육』 113, 한국어교육학회,
    2004, 499~524쪽.
김웅배, 「흑산도 방언의 어휘자료」, 『도서문화』 6, 목포대 도서문화연구소, 1988,
    315~340쪽.
김정태, 「충남방언 활용에서의 음성모음화」, 『어문연구』 51, 어문연구학회, 2006,
    279~299쪽.
김진우, 「국어음운론에 있어서의 공모성」, 『어문연구』 7, 어문연구학회, 1971, 87~
    95쪽.
남광우, 「단모음화·음성모음화 연구 : 한국어의 발음연구의 일환작업으로」, 『동양
    학』 5, 단국대 동양학연구소, 1975, 43~55쪽.
오종갑, 「부사형어미 '아X'의 음운론적 변화와 영남방언의 위상」, 『어문학』 95,
    한국어문학회, 2007, 133~202쪽.
이기갑, 「전남 신안지역의 언어지리적 성격」, 『도서문화』 7, 목포대 도서문화연구
    소, 1989, 127~135쪽.
이기갑·고광모·기세관·정제문·송하진 공편, 『전남방언사전』, 태학사, 1998.
이돈주, 『전남방언』, 형설출판사, 1978.
이진호, 『한국어의 표준 발음과 현실 발음』, 아카넷, 2012.
이해준, 「黑山島文化의 背景과 性格」, 『도서문화』 6, 목포대 도서문화연구소, 1988,
    9~42쪽.
임석규, 「음운탈락과 관련된 몇 문제」, 『국어학』 40, 국어학회, 2002, 113~138쪽.

임석규, 「다음절 어간에서의 방원권별 부사형어미 실현 양상」, 『한국언어문학』 62, 한국언어문학회, 2007, 123~143쪽.

조경만, 「흑산 사람들의 삶과 民間信仰」, 『도서문화』 6, 목포대 도서문화연구소, 1988, 133~185쪽.

최계원·주인탁·서인석·김행미, 「黑山島의 産業技術」, 『도서문화』 6, 목포대 도서문화연구소, 1988, 187~232쪽.

최전승, 「용언 활용의 비생성적 성격과 부사형어미 : '-아/어'의 교체 현상」, 『국어문학』 133, 국어문학회, 1988, 115~162쪽.

_____, 『한국어 방언의 공시적 구조와 통시적 변화』, 역락, 2004.

최태영, 「모음조화」, 『국어연구 어디까지 왔나』, 동아출판사, 1990, 68~76쪽.

한국정신문화연구원, 『한국방언자료집Ⅵ 전라남도편』, 한국정신문화연구원, 1991.

허경회, 「黑山面의 口碑文學 資料」, 『도서문화』 6, 목포대 도서문화연구소, 1988, 281~313쪽.

홍순탁, 「慈山魚譜와 黑山島方言」, 『호남문화연구』 1, 전남대 호남문화연구소, 1963, 75~104쪽.

광주지역어의 모음 'ㅟ' 실현 양상

진주

1. 서론

국어의 이중모음 연구는 小倉進平(1923)[1]에서 15세기의 'ㆍㅣ, ㅐ, ㅔ, ㅚ, ㅟ' 등이 현대국어와 같은 단모음이 아니라 이중모음이었을 것이라고 언급한 것을 시작으로 이들의 음가 및 음절 구조에서부터 체계와 변화에 이르기까지 다양한 쟁점과 관점으로 이루어져 왔다. 특히 이 중에서 'ㅟ'는 음가의 변화 과정과 변화 원인에 대한 이견이 분분하여 논의마다 그 변화 과정에 대한 추정과 해석에 견해차를 보이고 있다. 현재 표준 발음법에서도 모음 'ㅟ'는 단모음 [ü]로 발음하고 이중모음 [wi]로도 발음할 수 있음을 규정하고 있다.

이처럼 현대국어에서 모음 'ㅟ'의 음가가 하나 이상으로 나타나는 이유는 'ㅟ'가 나타내는 음가가 역사적으로 여러 차례 변화를 겪은 것과 연관지을 수 있는데, 모음 'ㅟ'의 음가 변화 과정은 크게 중세국어시기, 19세기 후반에서 20세기 초기, 20세기 후반에서 현재로 시기를 나눌

---

1 필자는 역주서인 이진호(2009)에서 확인하였다.

수 있다. 중세국어시기 'ᅱ'는 하향이중모음 [uy]으로 발음되었음에 별 다른 이견이 없으나, 박창원(1988), 김종규(1989), 정인호(2004)에서는 'ᅱ' 의 음가를 [ui]로 해석하기도 한다.[2] 19세기 후반에서 20세기 초기의 'ᅱ' 음가에 대한 이견이 가장 많은데 그 이유 중 하나로 당시의 자료가 충분하지 않고 문헌자료의 특성상 당시의 음가를 제대로 재구하기는 힘들다는 점을 들 수 있다.[3] 또한 학자에 따라서는 이 시기에 모음 'ᅱ'가 단모음화를 거치지 않았다고 보기도 한다.[4] 일례로 차재은(2007)에서는 국어음운사의 통설인 중세국어의 7 단모음 체계는 이중모음 'ᅦ, ᅢ'의 단모음화와 'ᆞ'의 소실로 근대국어 단계에서 8 모음으로 변했고, 이 8 모음은 'ᅬ, ᅱ'의 단모음화로 현대국어에서 10 모음으로 바뀐 것으로

---

2 부동이중모음이란 '단모음+단모음'으로 이루어진 이중모음을 뜻한다. 김종규(1989)는 중세국어의 모음체계가 유독 y계 하향이중모음만을 가지는 것에 대한 의문을 제기하면서 'ᅵ, ᅢ, ᅦ, ᅬ, ᅱ, ᅴ'는 하향이중모음이 아니라 'Vi'형의 모음연결(모음군)을 나타내는 것이라고 주장하였다. 정인호(2004)는 [uy]>[wi]가 음운론적으로 설명하기 어려웠던 음절 핵 뒤바뀜 현상을 설명하기 위하여 [ui]>[wi]의 변화를 상정하였다.

3 부족한 자료 때문이기도 하지만 모음 'ᅱ'를 지역어 연구의 위치에서 바라보는 필자의 견해로는 선학자들이 연구 대상으로 삼은 자료가 어느 지역의 자료이냐에 따라 모음 'ᅱ'의 변화 과정이나 변화 시기가 달리 나왔다는 점에 주목하여 개별 지역어의 특성으로 인정되어야 할 것이라고 판단되었다. 본고의 논의를 시작하게 된 것도 이 때문이라 할 수 있다.

4 이와 관련하여 조아람(2013)은 20세기 초에 모음 'ᅬ, ᅱ'가 단모음으로 정착되었다는 일반론에 의문을 제기하고, 1920~40년대 유성기 음반에 나타난 모음 'ᅬ, ᅱ' 연구를 통해 1920~40년대 모음 'ᅬ, ᅱ'의 음가를 고찰하였다. 그 결과 전체적으로 w계 상향 이중모음의 경향이 매우 강하게 나타났고 단모음 [ü]는 많지 않지만 발음이 되고 있었다. 단모음 [ü]가 나타나는 경우는 극소수로 모음체계로 자리를 잡았을지에 대해서는 의문이나 일단 단모음 [ü] 발음이 어떤 형태로든 존재하고 있었음은 확인할 수 있다고 하였다. 또한 김봉국(2006)은 개화기 이후 내국인 학자들과 외국인 학자들이 연구한 내용을 참조하면 'ᅬ'에서는 대체로 [ö]로 실현됨을 인정하지만 'ᅱ'에 대해서는 [ü]와 [wi]가 공존하면서 대체로 [wi]로 실현된다고 하였다. 그러나 정인호(2014)에 따르면 그로부터 30년 뒤인 1923년에 간행된 Eckardt(1923)에서는 'ᅬ, ᅱ'의 발음으로 [ö,ü]만이 제시되어 있다고 한다.

설명되고 있는 것에 의문을 갖는다. 이러한 주장에 의하면 'ㅚ, ㅟ'의 단모음화는 개화기 이전의 시기에 시작되어 늦어도 현대국어 초기인 1920년대와 30년대에는 안정된 모습을 보이는 것이 논리적 귀결이나 그 시기 연구서들의 내용이 일치하지 않으므로 이 시기 모음 체계에 대한 재검토가 필요하다고 보았다. 이에 따라 1030년대 음성 자료를 분석하였고 그 결과 'ㅟ'는 이중모음인 [wi]나 반모음이 탈락한 [i]로 발음되고 있었음을 밝혔다. 그러나 1980년대에 조사된 『한국방언자료집』에 따르면 매우 많은 지역어에서 'ㅟ'가 단모음 [ü]로 실현되고 있기 때문에 [ü]로의 변화를 부정할 수는 없다. 20세기 후반부터 현재의 모음 'ㅟ'는 단모음 [ü]로 실현되기도 하지만 극히 소수이고, 이중모음 [wi], 단모음 [i], 어휘에 따라 단모음 [u]로 실현되기도 한다.[5]

모음 'ㅟ'가 단모음화 혹은 상향이중모음화를 이루게 된 시기와 변화 과정은 지역마다 다르게 나타난다. 본고의 논의와 관련하여 전남지역의 'ㅟ' 음가를 조사한 연구들을 보면, 우선 소창진평(1924)의 방언 조사 결과 전남지역에서는 목포 지도 지방을 제외하고는 모두 원음대로([ui]또

---

5 모음 'ㅟ'의 음가를 재구하는 기존 견해들을 정리하면 음가의 변화를 단선적인 과정과 복선적인 과정으로 나눌 수 있다.
  ㄱ. 단선적 변화 과정 ① [uy]〉[wi]〉[ü] ② [uy]〉[ü]〉[wi]
  ㄴ. 복선적 변화 과정 ③ [uy]〉[wi], [ü]
  ①과 ②는 상향이중모음화가 먼저인지, 단모음화가 먼저인지 변화 과정에 대한 견해차가 존재한다. ①은 [wi]〉[ü]을 조음상의 편리함을 이유로 들었다. 그러나 [uy]〉[wi]의 음절핵 뒤바뀜은 설명이 되지 않는다. ②는 [uy]〉[ü]의 변화를 축약으로 설명하지만 [ü]의 존재가 쉽게 문증되지 않는 점이 문제이다. 이러한 문제점을 해결하기 위하여 허웅(1965)에서는 ③의 견해처럼 하향이중모음의 변화 과정을 복선적인 변화로 보았다. 일련의 변화 과정이 시간적인 선후 관계에 따라서 한 방향으로만 이루어진 것이 아니고 둘 이상의 방향으로 함께 이루어진 것으로 본다. 필자도 이와 같은 관점으로 논의를 진행하려고 한다.

는 [wi]) 나타난다고 하였다. 최전승(1986)은 완판 방각본 고소설 계열과 판소리사설에 나타난 전라도 지역의 음운론적 특징을 정리한 것으로 19세기 후반에서 20세기 초기 전라도 지역어의 'ᅱ'는 상향이중모음화를 먼저 겪고([uy]〉[wi]), 그 뒤에 다시 단모음화([wi]〉[ü])를 겪었다고 보았다.[6] 정인호(2004)에서는 19세기에서 현대에 이르기까지의 지역어 자료들을 통해 하향이중모음의 변화를 살폈는데, 현재 서남지역에서 모음 'ᅱ'는 어두에서는 [ü], [i], 비어두에서는 [u]로 실현되고 있다고 보았다. 이후로도 전남지역 화자들의 모음 'ᅱ' 음가는 이 지역의 음운체계 상에서 꾸준히 논의되었다(위평량 2000, 이진숙 2013,2014, 김경표 2013) 등[7]).

　위에서 언급하였듯이 표준발음법 규정을 따르면 모음 'ᅱ'는 단모음과 이중모음 두 가지로 발음된다. 규정에서도 두 가지 발음을 인정하고 있을 만큼, 'ᅱ' 모음의 음가는 어느 하나로 규정할 수 없다. 배주채(2003)에서는 현대국어의 단모음체계를 6모음 체계에서 10모음 체계로 구분하면서 전라도의 노년층은 10모음 체계, 전라도의 중년층 이하는 'ᅱ'가 이중모음으로 발음되어 7모음 체계를 이룬다고 하였다. 실제로 필자가 태어나고 자란 광주 지역에서 모음 'ᅱ'는 현재 단모음에서 이중모음으로 변화 중에 있다.[8] 『한국방언자료집 6: 전라남도편』(한국정신문화연구원

6　나아가 최전승(1987)에서는 19세기 후기 전라도 지역어를 중심으로 하되 평북 지역어 및 경상도 지역어도 감안하여 연구하였는데, 경상도와 평북 지역에서는 단모음 [ü]가 아예 없었다고 보았다.

7　위평량(2000)은 전남과 경남의 접경 지역의 언어, 이진숙(2013, 2014)은 진도와 고흥, 담양지역의 언어, 김경표(2013)은 전남 도서 지역의 언어를 살핀 공시론적 연구로써 현재 해당 지역의 모음 'ᅱ'의 음가를 언급하였다.

8　'ᅱ'라는 하나의 문자에 둘 이상의 음성이 대응되는 관계는 현재 음운변화가 진행 중인 것이라고 판단할 수 있다.

1991)에 따르면 대부분의 모음 'ᅱ'는 단모음 [ü]로 실현되고, 특히 어두
위치에서는 예외 없이 단모음 [ü]로 실현되고 있다. 그러나 현재 광주지
역어에서는 단모음 [ü]는 드물게 남아있을 뿐 이중모음 [wi]나 단모음
[i], [u]로 실현되는 모습을 보인다. 『한국방언자료집 6』의 조사 결과와
현행 표준 발음법에서 규정하는 'ᅱ'의 음가가 실제 현재 광주지역어의
'ᅱ' 음가와 다른 양상을 띠는 이유는 조사 당시 1980년대 60대 이상
노년층 언어 자료를 대상으로 하였기 때문이다. 그러나 당시의 조사
대상들은 현재 대부분 타계했거나 극히 일부만 생존해 있으며 그 아래
세대들은 그때와는 다른 모음 체계를 가지고 있기 때문에 위 자료들이
현재의 실제 발음을 반영한다고 보기는 어렵다. 따라서 본고에서는 현
재 광주지역 화자들이 모음 'ᅱ'의 음가를 어떻게 실현하고 있는지 고찰
해보고자 한다.

2. 연구방법

주지하다시피 표준 발음법이 오늘날의 현실 발음을 얼마나 정확하게
반영하고 있는지에 대해서 많은 논란이 있어 왔다. 'ᅱ'가 실제로 단모음
[ü]로 발음되고 있느냐에 대해서는 많은 의문이 제기될 수 있다.

오늘날 젊은 세대들은 'ᅱ'를 이중모음으로 인식할 뿐 아니라 실제로
이중모음으로 발음하는 경우가 많다. 반면 장년층이나 노년층, 주로 50
대 이상의 세대들에서는 여전히 'ᅱ'가 단모음으로 실현되는 경우가 종
종 있다고 알려져 있다.

본고에서는 이처럼 'ᅱ'의 음가가 둘 이상으로 나타나는 이유, 음가

변화의 방향, 변화의 진행 정도, 그리고 연령대에 따라서, 선행 자음의 유무에 따라서, 어두와 비어두의 위치 등의 변수에 따라서 그 실현 양상은 어떻게 달라지는지 밝히고자 한다.

조사에 앞서 '모음 'ㅟ'는 광주지역에서 단모음 [ü], [i], [u]나 이중모음 [wi]로 발음될 것이다.'라는 가설을 세우고, 이 중 광주지역 화자들에게 어떤 발음이 가장 선호되고 있는지 확인하고 그 원인을 추적한다. 이를 위하여 광주지역에서 출생하여 성장하고 거주 중인 10~20대, 30~40대, 50~60대 화자 남녀 20명씩을 제보자로 선정하여 모음 'ㅟ'의 실현 양상을 파악한다.

〈표 1〉 조사 대상

연령	인원
50대~60대	20
30대~40대	20
10대~20대	20

광주지역 화자들의 연령별 모음 'ㅟ' 실현 양상 차이를 통해 광주지역에서 현재 진행 중인 'ㅟ' 음가 변화의 방향과 그 정도, 변화의 원인을 살필 수 있을 것이다. 공시적 음운 변이 상태에서는 언어 내적 요인과 함께 세대나 발화 스타일과 같은 언어 외적 요인이 작용하게 되는데, 특히 세대 차에 의한 음운 변이는 언어 변화를 반영하는 것으로, 세대 간 언어를 관찰하면 언어 변화의 양상을 파악할 수 있고, 이를 통해 앞으로의 언어 변화 방향을 예견할 수 있다. '음운 변화'는 세대 간 음운 변이 차에 의한 것이기 때문이다. 공시적 음운 변이는 역동성을 가지는

데, 이러한 역동성이 통시적 음운 변화와 관련성이 있다고 볼 수 있다. 특히 공시적 음운 변이형들이 산발적으로 출현하지 않고 세대에 따라 개신형과 보수형 사이에 일정한 경향성이나 규칙성을 보인다면 해당 언어 공동체의 언어 변화 방향도 예측 가능하다(배혜진 2014).

광주지역 화자들의 모음 'ㅟ' 실현 양상을 살피기 위하여 수집한 조사 어휘 항목의 수집 조건은 다음과 같다. 첫째, 음가의 변화를 살피기 위하여 1980년대 한국방언자료집에서 조사한 어휘를 일차적 대상으로 삼는다. 이를 통해 자료집이 발간된 때부터 지금까지 이들 어휘에 변화가 있는지, 있다면 그 변화의 경향은 어떠한지에 대해서도 살필 수 있을 것이다. 둘째, 형태소 경계는 음운론적 조건 외에 다른 영향을 받을 가능성이 높으므로 형태소 내부에서만 모음 'ㅟ'의 실현 양상을 살필 것이다.[9] 셋째, 어휘 내부의 변화를 살피기에 상대적으로 그 수가 많은 용언과 체언을 중심으로 한다. 넷째, 모음 'ㅟ'의 실현에 일정한 규칙성이 있는지 살피기 위해 어두와 비어두, 그리고 선행자음에 따라 분류한다.[10] 이와 같은 원칙에 따라 선정된 조사 어휘 항목은 다음과 같다.

---

[9] 한자어는 대개 1음절이 1형태소로 분석되는 것이 일반적이나, 일반 언중들에게 '취소(取消), 마취(麻醉)'는 그러한 형태 경계 인식이 낮을 것이라 판단되어 조사어휘 항목으로 선정하였다.

[10] 음운변화는 일반적으로 비어두 위치에서 먼저 일어나는 경우가 많고, 이병근(1970)에서 지적한 것처럼 'ㅟ'의 단모음화는 치음 계열의 영향을 받았을 가능성이 높다.

〈표 2〉 조사 어휘 목록

	어두	비어두
양순음[11]	뷔페	데뷔
치조음	뒤 튀다 뛰다 쉬 쉽다	아쉽다 앞뒤[12]
경구개음	쥐 취소(取消)	다람쥐 마취(痲醉)
연구개음	귀 귀신 뀌다	방귀 까마귀 아귀 바퀴
후음	휘다	지휘
선행자음 없음	위(上) 위치 위험	바위 사위

모든 조사는 필자가 직접 만나 1:1로 진행하였다. 제보자가 불편함을 느끼지 않는 일상공간에서 편안한 분위기를 조성하여 최대한 비격식체를 얻으려고 노력하였다. 어휘 조사는 기본적으로 간접 질문 방식을

---

11 국어사에서 양순음 뒤 [uy]는 19세기 말(20세기 초)에 모두 [i]로 변화하였기 때문에 현대 국어에서 '양순음+ㅟ'의 결합은 존재하지 않는다. 그러나 선행자음에 따른 실현 양상을 보다 정밀하게 살피기 위하여 본고에서는 일반 언중들에게 그나마 사용빈도가 높은 외래어를 선정하여 조사를 진행하였다.

12 표준국어대사전에서 비어두 '-뒤-'형의 어휘를 찾았으나 현재 거의 사용하지 않는 어휘이거나, '앞뒤, 목뒤'와 같은 합성어였다. 본고는 형태소 경계는 음운론적 조건 외에 다른 영향을 받을 가능성이 높으므로 형태소 내부에서 실현되는 모음 'ㅟ'의 실현 양상만을 살피고자 하였으나 어두음절 위치와 비어두음절 위치라는 조건하에서 살피기 위하여 부득이하게 합성어인 '앞뒤'를 조사어휘항목으로 설정하였다.

택하였다. 최대한 사진 자료로 답변을 얻어내려고 하였으며, 사진 자료
로 답변을 듣기 힘든 어휘 항목의 경우에는 질문지를 이용해 답변을
유도하였다.[13] 이렇게 수집된 자료들은 일차적으로 필자의 청취에 의존
하여 모음 'ㅟ'의 음가를 단모음 [ü]나 [i], [u]로, 이중모음 [wi]로 파악
하고, 필자의 청취에만 의존하기에는 위험 요소가 있을 수 있으므로
이차적으로 음성 분석 프로그램인 praat를 사용해 음가 분석의 신뢰도
를 높인다.[14]

3. 모음 'ㅟ'의 실현 양상

조사 결과 광주지역 화자들이 'ㅟ'를 발음함에 있어 그 위치와 선행하
는 자음에 따라 다른 실현 양상을 보였다. 이 장에서는 크게 어두음절
위치의 'ㅟ'와 비어두음절 위치의 'ㅟ'를 분류하고, 그 안에서 선행하는
자음별 모음 'ㅟ'의 실현 양상을 살피고자 한다.

---

13 예를 들어 '사위'의 경우 "내 딸의 남편을 나는 무엇이라 부르나요?"라고 질문하였다.
14 praat 프로그램은 'forment' 분석으로 단모음과 이중모음을 구분할 수 있다. forment는
조음기관의 움직임에 따른 진동의 변화를 나타내는 그래프로 이 그래프가 변한다는 것은
조음기관의 움직임이 있었다는 것을 나타낸다. 음성학적으로 볼 때 'ㅟ'가 이중모음인
경우는 한 음절 안에 있는 두 모음의 연쇄이기 때문에 다음 모음이 실현되는 부분에 전이
구간이 나타나게 된다. 반면에 이들 모음이 단모음으로 실현된 경우에는 이런 전이구간이
없이 모음의 forment가 일정한 주파수대에서 안정된 모습으로 나타나게 된다. 본고는
실험음성학 연구가 아니기 때문에 어휘별 분석 결과는 본문에서 언급하지 않는다.

1) 어두음절 'ᅱ'의 연령별 실현 양상

먼저 어두음절에 위치한 모음 'ᅱ'의 연령별 실현 양상을 표로 정리하면 다음과 같다.

〈표 3〉 어휘항목별 모음 'ᅱ' 실현 양상(어두) (단위 %)

어휘	10~20대				30~40대				50대~60대			
	[wi]	[i]	[u]	[ü]	[wi]	[i]	[u]	[ü]	[wi]	[i]	[u]	[ü]
뷔페	50	25	25	0	20	10	70	0	0	0	100	0
뒤	100	0	0	0	70	30	0	0	50	20	0	30
튀다	70	30	0	0	70	30	0	0	80	20	0	0
뛰다	80	20	0	0	70	30	0	0	60	30	0	10
쉬다	75	25	0	0	60	40	0	0	70	0	0	30
쉽다	85	15	0	0	80	20	0	0	50	20	0	30
쥐	75	25	0	0	90	10	0	0	40	20	0	40
취소	30	70	0	0	70	30	0	0	40	50	0	10
귀	75	25	0	0	100	0	0	0	80	10	0	10
귀신	85	15	0	0	90	10	0	0	80	0	20	0
꿰다	75	25	0	0	90	10	0	0	80	20	0	0
휘다	100	0	0	0	100	0	0	0	80	20	0	0
위	100	0	0	0	100	0	0	0	40	0	60	0
위치	100	0	0	0	100	0	0	0	90	10	0	0
위험	100	0	0	0	90	10	0	0	100	0	0	0
평균	80.00	18.33	1.67	0.00	80.00	15.33	4.67	0.00	62.67	14.67	12.00	10.67

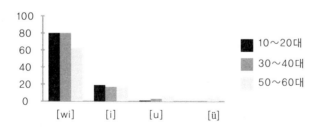

〈그림 1〉 연령별 모음 'ㅟ'의 실현 빈도(어두)

전 연령층에서 가장 선호하는 발음은 [wi]로 특히 10~20대와 30~40
대는 동일한 실현율을 보였다. 단모음 [i]는 10~20대(18.33%)〉30~40대
(15.33%)〉50~60대(14.67%)의 순서로 나이가 적을수록, [u]는 반대로
50~60대(12%)〉30~40대(4.67%)〉50~60대(1.67%)의 순서로 나이가 많을
수록 선호하는 경향을 보였고, [ü]는 오직 50~60대에서만 특정한 환
경[15]에서 실현되었다.

이처럼 모음 'ㅟ'는 연령뿐만 아니라 선행자음에 따라 음가가 달리
실현될 수 있으므로, 본고에서는 연령별로 선행자음의 조음위치에 따라
모음 'ㅟ' 실현 양상이 어떠한 차이를 보이는지 살필 것이다. 연령에
따른 선행자음별 모음 'ㅟ' 실현 양상은 다음과 같다.

---

15 위의 도표에서 50~60대 화자들이 'ㅟ'를 [ü]로 실현한 어휘들은 모두 선행자음이 [+전설
성]을 가지는 치조음과 경구개음이라는 공통점을 보인다. 다만 선행자음이 연구개음일
때('귀')에도 50~60대 중 10%가 단모음 [ü]로 발음하였는데 『한국방언자료집 6』에서도
전남 모든 지역에서 당시 [ü]로 실현되고 있음을 확인할 수 있었다.

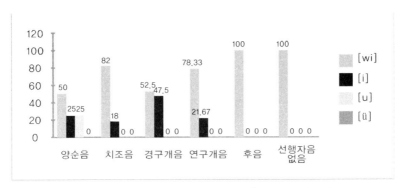

〈그림 2〉 10~20대의 선행자음에 따른 'ㅟ' 실현 양상 (어두)

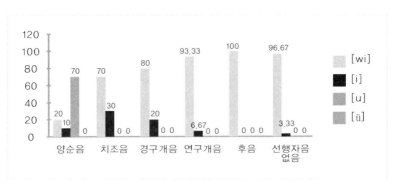

〈그림 3〉 30~40대의 선행자음에 따른 'ㅟ' 실현 양상 (어두)

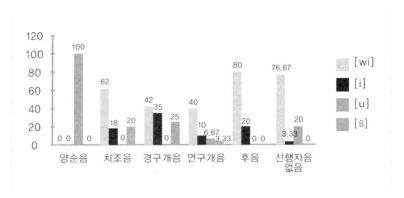

〈그림 4〉 50~60대의 선행자음에 따른 'ㅟ' 실현 양상 (어두)

연령별로 선행자음에 따라 어두음절 위치의 모음 'ᅱ'가 어떻게 달리 실현되는지 한눈에 살피기 위하여 편의상 〈그림 2〉, 〈그림 3〉, 〈그림 4〉를 함께 나열하였다. 사실 국어사에서 양순음 뒤의 'ᅱ'는 19세기 말에 'ᅱ〉ㅣ'로의 변화를 경험하여 현대국어에서 양순음 뒤 'ᅱ'를 가진 어휘는 존재하지 않는다. 그러나 선행자음에 따른 실현양상을 살펴보기 위해서 본고에서는 외래어 중 광주지역어 화자들에게 낯설지 않고 사용빈도가 높은 '뷔페(buffet, 어두음절 위치), 데뷔(début, 비어두음절 위치)'를 선정하여 조사하였다. 선행자음이 양순음인 '뷔페'의 경우, 10~20대의 화자들은 이중모음으로 발음하는 것을 선호하였고[16], 30~40대는 70%, 50~60대는 제보자 모두 [부페]인 [u]로 발음하였다. '뷔페'의 'ᅱ'를 [u]로 발음하는 것은 외래어이기 때문에 뒤에서 다룰 '귀신, 위, 쉽다' 등의 어휘와 함께 묶어 통시적인 변화로 설명하기는 불가능하다. 다만 한 가지 추측이 가능한 것은 자음 'ㅂ'과 모음 'ㅜ'가 [+양순성]이라는 공통 자질을 가지고 있기 때문으로 볼 수 있다. 그리고 30대 이상의 화자들에서는 나타나지 않았으나 10~20대 화자들 중에서는 적지 않은 비율로 [비페]가 실현되었는데 이는 국어사적으로 보았을 때 양순음 뒤의 'ᅱ'가 'ㅣ'로 변화하는 모습과 동일한 방향을 보여준다고 할 수 있다. 나이가 많아질수록 [부페]의 실현율이 높은 이유는 언어외적인 측면에서도 추측이 가능하다. 실제로 20세기 말까지는 '뷔페'보다는 '부페'라고 쓰인 표기가 많았다. 즉 표기대로 철자발음을 한다고 본다면 '뷔페'의 모음

---

16 사실 [뷔페]라는 발음이 광주출신의 30대인 필자에게는 매우 어색하게 인식되었다. 그래서 조사가 끝난 후 이중모음 [wi]로 실현되는 [뷔페]라 답한 10대~20대의 제보자들에게 실제 비격식적인 상황에서는 [부페]라 하는 것이 익숙하지 않는가를 물었지만 일상적인 대화 상황에서도 항상 [뷔페]라 발음한다고 밝혔다.

'ㅟ'를 10~20대에서는 이중모음 [wi]로, 표기상 '부페'를 자주 접한 30대 이상의 화자들이 [u]로 발음하는 것은 자연스러운 현상이라고 할 수 있다.[17]

치조음과 경구개음은 [+전설성]이라는 공통자질을 가지고 있으므로, 선행자음이 치조음일 때 ('뒤, 뛰다, 뒤다, 쉬다, 쉽다')와[18] 경구개음일 때 ('쥐, 취소')를 함께 묶어 살펴보려고 한다. 우선 선행모임이 치조음과 경구개음일 때 모음 'ㅟ'는 모든 연령에서 대부분 [wi]로 실현되었고, 특히 치조음일 경우에는 나이가 적을수록 [wi]를 점점 선호하는 경향을 보였다. 그리고 다른 선행자음에 비해 [i]의 실현율이 치조음과 경구개음일 때 가장 높게 나타났는데, 이는 선행자음과 모음 'i'의 조음위치가 가깝기 때문으로 해석할 수 있다. 치조음 'ㄷ'과 경구개음 'ㅈ'의 경우 소리의 세기도 고려하여 어휘를 선정하였으나 별다른 특징 없이 모두 비슷한 실현 양상을 보였고, 'ㅅ'의 경우 후행하는 음절말의 받침 유무가 'ㅟ' 음가 실현에 영향을 끼칠 수 있어 받침이 있는 경우('쉽다')와 없는 경우('쉬다')로 나누어 조사하였으나 특기할 만한 사실은 발견되지 않았다. 즉 선행자음이 치조음일 때 어두음절 위치의 'ㅟ'는 소리의 세기나 음절 받침의 유무 환경에 구애받지 않고 [wi]와 [i]로 실현된다고 할 수 있다. '쉽다'는 중세국어에서는 '숩다'의 형태였기 때문에 필자는 광주지역어에서 어원이 남아 [u]로 실현되지 않을까 기대했으나 [u]형은

---

17 이러한 현실발음을 고려해서인지 표준국어대사전에서는 '뷔페'와 '부페'가 모두 표제어로 올라있다. 하지만 외래어표기법에 따르면 'buffet'[byˈfɛ]는 '부페'가 아니라 '뷔페'([by]→뷔)로 적어야 한다.

18 치조음 중 'ㄴ'을 선행자음으로 가지는 어두음절의 모음 'ㅟ'는 '뉘, 뉘다'가 있으나 광주지역어 화자들이 일상적으로 쓰는 어휘가 아니라 판단되어 조사에서 제외하였다.

나타나지 않았다.[19] 이 지역에서 중세국어의 '숩다'는 오히려 '수월하다'로 이어진 것으로 보인다. 『한국방언자료집 6』에서도 '쉽다'는 [수월허다, 수월하다, 수월타, 쉬랍다, 소월합다, 소어랍다, 술타] 등 [u]와 [o]로 나타난다고 하였다. 어두와 비어두 조건을 통틀어 [ü]는 50~60대에서만 간간히 나타났는데 이중 대다수가 어두음절 위치의 전설성 자음[20] 뒤에서 실현되었다. 19세기 후기 국어를 다룬 이병근(1976)에서는 하향 이중모음 'ㅟ'의 단모음화는 i-역행동화에 의해 치찰음 뒤에서부터 시작되었다고 하였다. 또한 이후의 연구에서도 'ㅟ'가 '쥐, 뒤, 쉬' 등 주로 치찰음을 포함한 전설성 자음 뒤에서 단모음화되는 것으로 해석되어 왔고, 『한국방언자료집 6』을 통해 전남지역에서도 '뒤, 튀-, 뛰-, 쉬-, 쥐'는 모두 단모음 [ü]으로 나타났음을 확인할 수 있다. 이 [ü]가 아직 광주의 50~60대 화자들에게 남아있는 것이다. 기존 연구에 따르면 경상도지역에서는 단모음 [ü]가 아예 존재하지 않았거나, 19세기 후반에 [uy]〉[ü]의 변화가 일어났더라도 빠른 시간에 사라져 [ü]는 남아있지 않다고 하였다. 실제로 대구지역어를 연구한 배혜진(2012)에서도 현재 20대, 40대, 60대 이상의 대구지역 화자들에게 단모음 [ü]는 실현되지 않는다고 하였다. 그렇다면 광주지역어에서 나타나는 단모음 [ü]는 어떻게 설명할 수 있을까? 조사 어휘 중 '쥐'를 예로 들어 설명을 해보면, 경구개음 'ㅈ'과 [ü]는 모두 [+high, -back] 자질을 공유하고 있어 자연

---

19 광주지역어와는 반대로 대구지역의 모음 'ㅟ' 실현 양상을 연구한 배혜진(2012)에서는 60대 이상 화자들이 '쉽다'를 80% 이상 [숩다]로 발음한다고 하였다. 이는 광주지역어와 대구지역어의 큰 차이점이라 할 수 있을 것이다.

20 여기서 전설성 자음이란 국어의 자음 중에서 [+전설성] 자질을 가진 'ㄷ, ㄸ, ㅌ, ㅅ, ㅆ, ㅈ, ㅉ, ㅊ, ㄴ, ㄹ'을 의미한다.

스러운 연쇄를 이룰 수 있다. 다만 50~60대를 제외하고는 [ü]보다는 [wi]나 [i]를 선호하는데 단모음 [ü]는 현재 50~60대까지 잘 유지되다가 그 아래 세대에서는 변화를 겪는 것으로 보인다. 발음의 편리성으로 인하여 하향이중모음이 단모음화가 되고(치찰음 아래에서 단모음화), 그 아래 세대에서는 또 한번 전설 원순 단모음이 갖는 발음상의 어려움 때문에 [ü]의 원순성이 약화되는 과정으로 이해할 수 있다.

다음은 선행자음이 연구개음일 때('귀, 귀신, 꿰다') 어두음절 위치 'ㅟ'의 실현 양상을 살펴보면 모든 연령층에서 [wi]를 선호하지만 50~60대에서는 [wi], [i], [u], [ü]가 모두 나타나는 것을 확인할 수 있다. [ü]는 '귀'에서 [u]는 '귀신'에서 실현되었는데 전자는 『한국방언자료집 6』에서 조사어휘 '귀'가 함평의 [kʷi]를 제외하고는 모두 [ü]로 실현된 것에서 그 원인을 파악할 수 있다. 1980년대에 60대였던 화자들은 현재 50~60대의 부모세대이고 그렇다면 당시의 [ü]가 아직 자식세대인 50~ 60대에 남아있는 것이다. '귀신'이 [구신]으로 발음되는 것은 통시적으로 '굿것'의 형태에서 모음 'ㅜ'가 살아남아 [u]로 실현되고 있는 것으로 해석할 수 있다.[21] 기존의 논의에서 [구신]은 하향이중모음 [uy]일 때 반모음 [y]가 탈락하여 된 어형이라고 보았다. 또한 나이가 적어질수록 '귀신'의 'ㅟ'를 [i]로 실현하였는데 최근 온라인상에서 유행했던 "기싱 꿍꼬또(귀신 꿈꿨어)"에서 보다시피 [i]로의 변화가 진행되고 있음을 알 수 있다.

선행자음이 후음인 경우에는 선행자음이 없는 'ㅟ'의 실현 양상과 매우 유사한 모습을 보이는데 이는 후음의 특성에 기인한 것으로 보인다.

---

21 '귀신[구신]'은 공시적으로도 설명이 가능한데 이는 3.2장에서 '방귀[방구]'와 묶어 함께 설명할 것이다.

즉 국어의 자음체계에서 가장 불안정한 지위를 가지고 있는 후음이 광주지역 화자들에게 선행자음이 없는 'ㅟ'와 환경이 비슷하게 인식되어 발음에서도 유사하게 나타나는 것이다. 선행자음이 후음인 경우와 없는 경우에 20~40대에서는 압도적으로 [wi]가 실현되었지만 50~60대에서 '위'는 절반이 넘는 60%가 [우]로 발음되었다. 그러나 이는 '위'의 통시적으로 '우ㅎ'의 형태였음을 감안하면 'ㅟ'의 위치나 선행자음의 유무 영향이 아닌 개별 어휘의 특성이라고 할 수 있다. 50~60대에서는 아직 어원이 담긴 발음이 남아있으나 젊은 연령층으로 갈수록 철자 그대로의 발음을 선호하는 것을 '위'를 통해서 확인할 수 있다.

현재까지 살펴본 어두 'ㅟ'의 실현 양상에 따르면 첫째, 양순음 뒤의 모음 'ㅟ'는 기존의 국어사적 변화와 동일하게 ㅟ>ㅣ로의 변화 모습을 보이고, 이 때의 'ㅟ'는 단모음 [ü]가 아니라 이중모음 [wi]이다. 둘째, 『한국방언자료집 6』에서 100%의 [ü] 실현율을 보인 '뒤, 쉬-, 쥐' 등은 여전히 50~60대에서 작은 비율이나마 [ü]로 실현되고, 그 이하 연령층에서는 선행자음의 전설성에 이끌려 [wi]>[i]로 변화하는 모습을 보인다. 셋째, 연구개음 뒤의 모음 'ㅟ'는 원래 어형이 남아있는 '귀신'의 경우를 제외하고는 [wi]>[i]로의 변화를 경험하고 있다. 넷째, 후음 뒤의 모음 'ㅟ'는 후음의 특성상 선행자음이 없는 모음 'ㅟ'의 실현 양상과 매우 유사한 모습을 보인다.

2) 비어두음절 'ㅟ'의 연령별 실현 양상

광주지역어에서 비어두음절에 위치한 모음 'ㅟ'의 연령별 실현 양상을 표로 정리하면 다음과 같다.

〈표 4〉 어휘항목별 모음 'ㅟ' 실현 양상(비어두) (단위 %)

어휘	10~20대				30~40대				50대~60대			
	[wi]	[i]	[u]	[ü]	[wi]	[i]	[u]	[ü]	[wi]	[i]	[u]	[ü]
데뷔	20	80	0	0	50	50	0	0	40	40	20	0
아쉽다	25	75	0	0	20	80	0	0	30	50	20	0
앞뒤	5	95	0	0	10	90	0	0	50	50	0	0
다람쥐	40	60	0	0	60	40	0	0	50	40	0	10
마취	65	35	0	0	60	40	0	0	50	50	0	0
방귀	65	10	25	0	20	20	60	0	0	0	100	0
까마귀	35	65	0	0	60	40	0	0	50	50	0	0
아귀	60	25	15	0	20	0	80	0	0	0	100	0
바퀴	50	50	0	0	50	50	0	0	10	30	60	0
지휘	100	0	0	0	100	0	0	0	70	30	0	0
바위	80	20	0	0	80	20	0	0	30	30	40	0
사위	100	0	0	0	100	0	0	0	40	30	30	0
평균	53.75	42.92	3.33	0.00	52.50	35.83	11.67	0.00	35.00	33.33	30.83	0.83

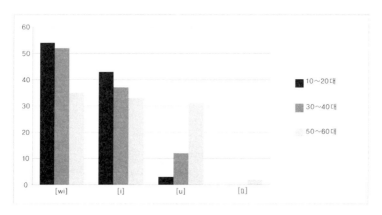

〈그림 5〉 연령별 모음 'ㅟ'의 실현 빈도(비어두)

비어두음절 위치에서도 전 연령층에서 가장 선호하는 'ㅟ'의 발음은 [wi]이다. 단모음 [i]는 10~20대(42.92%)〉30~40대(35.83%)〉50~60대 (33.33%)의 순서로 나이가 적을수록, [u]는 반대로 50~60대(30.83%)〉 30~40대(11.67%)〉50~60대(3.33%)의 순서로 나이가 많을수록 선호하는 경향을 보였고, [ü]는 오직 50~60대의 10%만이 선행음 'ㅈ' 뒤에서 나타 났다. 전체적으로 어두음절에서와 비슷한 실현 양상을 보이지만 단모음 [i]와 [u]의 실현율이 상대적으로 높아졌음을 〈그림 1〉과 〈그림 5〉의 비교를 통해 확인할 수 있다. 즉 비어두음절 위치에서 'ㅟ'는 이중모음 [wi]로 실현되기도 하지만 소리가 하나씩 탈락하여 'ㅣ'나 'ㅜ'로 실현되 는 모습도 꽤 보이고 있다.

다음은 연령에 따른 선행자음별 모음 'ㅟ' 실현 양상을 나타낸 것이다.

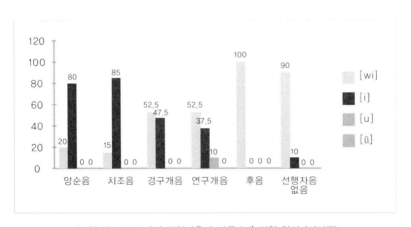

〈그림 6〉 10~20대의 선행자음에 따른 'ㅟ' 실현 양상 (비어두)

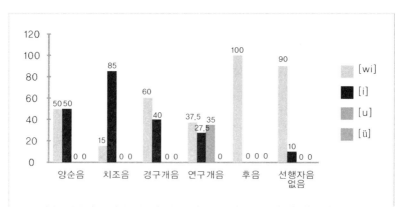

〈그림 7〉 30~40대의 선행자음에 따른 'ㅟ' 실현 양상 (비어두)

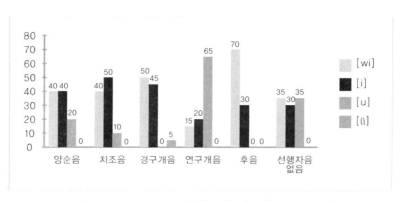

〈그림 8〉 50~60대의 선행자음에 따른 'ㅟ' 실현 양상 (비어두)

여기에서도 연령별로 선행자음에 따라 비어두음절 위치의 모음 'ㅟ' 가 어떻게 달리 실현되는지 한눈에 살피기 위하여 편의상 〈그림 6〉, 〈그림 7〉, 〈그림 8〉를 함께 나열하였다. 국어에서 양순음 뒤 모음 'ㅟ'는 존재하지 않지만 선행자음별 모음 'ㅟ'의 실현 양상을 살피기 위하여 비어두음절 위치에서는 외래어 '데뷔(début)'를 조사 어휘항목으로 선정 하여 조사하였다. 50~60대 제보자들에게 '데뷔'를 사진 자료로 유도해

내기에는 한계가 있어서 간접질문으로 유도했으나 이 또한 잘 이해하지 못했다. 그래서 대부분의 50~60대 제보자들에게는 어휘를 직접 제시하고 발음하게 하였다. 그 결과 표기의 모음 'ㅟ'를 의식하여 인위적으로 길게 늘여[wi]로 발음하거나[22], 발음에 자신없는 듯이 얼버무리며 [i]로 발음하는 경향이 강했다. '데뷔'라는 어휘의 뜻을 정확히 알고 있는 특정 직업군의 50~60대 제보자 몇몇은 [데뷰]라고 발음하였고[23], 필자는 이 때의 [yu]를 [u]로 분류하였다. 반면 '데뷔'라는 어휘를 상대적으로 자주 사용하는 10~20대 제보자들은 [i] 발음을 선호하였다. 이는 국어사에서 양순음 뒤 'ㅟ'가 'ㅣ'로 변화하는 모습을 동일하게 보여주는 현상이라고 할 수 있다.

어두음절 위치에서와 달리 비어두음절 위치에서 [+전설성]이라는 공통자질을 갖는 치조음과 경구개음은 'ㅟ' 실현 양상에 다소 차이를 보여 따로 살펴보려 한다. 선행자음이 치조음일 때 ('아쉽다, 앞뒤') 비어두음절 위치의 'ㅟ'는 주로 모든 연령에서 [i]로 실현되었다. 이는 어두음절위치에서 선행자음이 치조음인 'ㅟ'와 동일하게 설명할 수 있다. 즉 치조음 뒤의 'ㅟ'는 발음상의 이유로 [ü]나 [wi]가 되었지만, 그 후 또 발음상의 이유로 원순성이 약화되는 과정으로 설명할 수 있다.

비어두음절 위치에서 'ㅟ'는 모든 연령층에서 오직 50~60대 화자들 중 10%만이 2음절 이하에서 단모음 [ü]로 발음하였다. 단모음 [ü]가 실

---

22 이 때의 'ㅟ'는 인위적으로 길게 늘여뜨려 'ㅜ'와 'ㅣ'를 하나씩 직접 발음한 것으로 파악되어 [wi]가 아니라 오히려 [uy]로 파악해야할지 의문이나 일단 본고에서는 [wi]로 파악하였다.

23 이를 통하여 모음 'ㅟ'의 음가 실현 양상을 사회언어학적인 측면에서 살피는 것도 매우 유의미한 작업이라 판단되었다. 다만 본고에서는 다루지 못하였고 필자의 추후의 연구과제로 이어가려 한다.

현된 어휘는 선행자음이 경구개음 'ㅈ'인 '다람쥐'이다.[24]

　다음은 선행자음이 연구개음일 때('방귀, 까마귀, 아귀, 바퀴') 'ㅟ'의 실현 양상을 보면 전 연령에서 [u]가 실현되고 있고, 실현율은 50~60대(65%)〉30~40대(35%)〉10~20대(10%)로 나이가 많아질수록 [u]발음을 선호하는 경향을 보인다. 『한국방언자료집 6』에서도 '방귀'와 '바퀴'는 모든 전남지역에서 [u]로 나타나는 것으로 보아, 나이가 많을수록 당시의 음가가 잘 유지되고 있는 것으로 보인다. 그렇다면 '방귀, 까마귀, 아귀, 바퀴'에서 'ㅟ'가 [u]로 실현되는 이유는 어떻게 설명할 수 있을까? 일단 통시적 변화로 설명이 가능하다. 즉 어두음절 위치의 '귀신'처럼 하향이중모음 [uy]일 때 반모음이 탈락한 어형으로 보는 것이다. 그러나 신승용(2012)의 견해를 따르면 모음 'ㅟ'의 [u] 실현은 공시적으로도 설명이 가능해진다. 우선 [uy]〉[wi]로의 변화를 전제해야 한다. 그리고 [wi]에서 'i'가 탈락하고 반모음 'w'가 성절음이 되면서 [u]로 바뀐 것으로 설명할 수 있다. 신승용(2012)에서는 경북지역어를 근거로 이중모음을 이루는 두 분절음 가운데 하나가 탈락할 경우 탈락하는 분절음은 반드시 반모음이어야 한다는 기존의 견해에 의문을 제시하고, 어휘에 따라 모음이 탈락하는 경우도 있음을 설명하고 있다. 이를 토대로 할 때 광주지역어에서 '방귀, 까마귀, 아귀, 바퀴' 등의 'ㅟ'가 [u]로 실현되는 것도 충분히 설명이 가능하다. 또한 이는 개재자음의 자질로도 설명이 가능하다. 전광현(1975)에서는 남원지역어에서 모음의 변화과정에 있어 자음의 자질이 중요한 역할을 한다는 것을 발견하였다. [p], [m], [k], [h], [kʰ]는 [-coronal]의 자질을 공통적으로 가진다. 그리고 [p], [m]는 [+rounded],

---

24 '쥐'의 'ㅟ'가 [ü]으로 발음되는 이유는 3.1장에서 언급하였기 때문에 여기서는 생략한다.

[k], [ŋ], [h], [kʰ] 등은 [+back]의 자질을 가진다. 따라서 [p], [m]는 [−coronal, +round], [k], [ŋ], [h], [kʰ] 등은 [−coronal, +back]으로 표시할 수 있다. 이러한 자질은 결국 모음의 변화과정에 중요한 역할을 하는데, 적어도 이중모음의 과정을 거친 어휘들이 [i]를 선택하는지 [u] 를 선택하는지 하는 결정 요소가 되었다고 보는 것이다. 다만 '방귀'는 사회언어학적으로 살필 필요가 있다고 판단되는 어휘이다. 이 어휘는 10~20대(25%)〉30~40대(60%)〉50~60대(100%)의 [u] 실현율을 보였으나, 10~20대 화자들의 제보에 따르면 대화 상대와 상황에 따라 [wi]와 [u] 를 달리 선택한다고 하였다.²⁵ '아귀'도 『표준국어대사전』에 '아귀'와 '아구' 둘 다 표제어로 오를 정도로 'ᅱ'가 [u]로 실현되지만 10~20대 화자들은 [wi]로 발음하였다. 이는 '뷔페'처럼 표기대로 철자발음을 하 고 있는 것으로 파악할 수 있다. 다만 흥미로운 점은 10~40대의 화자들 중에서 사진 자료로 생선을 제시할 때에는 '아귀'의 '위'를 [wi]로 실현하 였지만, 음식사진을 제시할 때에는 똑같은 화자가 [u]로 실현하기도 하 였다. 즉 '아귀'만 발음할 때에는 [wi]가, '아귀찜'을 발음할 때에는 [아 구찜]으로 발음이 자연스러운 것이다. 이를 고려했을 때 '아구찜'은 광 주지역에서 하나로 어휘화된 것으로도 파악할 수 있을 것이다.

선행자음이 후음인 경우('지휘')와 선행자음이 없는 비어두음절 위치의 'ᅱ'('바위, 사위')는 10~40대에서는 어두음절 위치의 'ᅱ'의 선행자음이 후음이거나 존재하지 않을 때의 경우와 유사하게 대부분 [wi]로 실현되

---

25 또한 30~40대 몇몇 여성 제보자들은 자녀를 키우는 입장에서 자녀들이 잘못된 발음을 배울까봐 항상 발음에 유의하여 의식적으로 '방구'를 발음할 때 [u]를 피하고 [wi]로 실현 한다고 하였다. 그리고 철자대로 [wi]로 발음하는 것을 표준어로 인식하고 있었다.

는 양상을 보이나, 50~60대에서는 비어두음절 위치의 'ㅟ'가 선행자음이 없는 경우 [wi], [i], [u] 가 비교적 균능하게 실현되고 있었다. 이는 어휘 '바위'의 영향이 큰데 '바위'는 원래 15세기의 어형이 '바회'이다. 60대 이상에서는 주로 [u]로 실현되는데 그렇다면 원래부터 'ㅟ'였던 다른 어휘들과 다른 변화를 겪었을 가능성이 있다. 만약 'ㅟ'를 거치지 않았다면 '[oy]〉[o]〉[u]'로 변화했을 수 있지만 'ㅟ'를 거치고 [uy]에서 반모음이 탈락하여 [u]로 변화한 것이 굳어졌을 가능성도 있다([oy]〉 [uy]〉 [u]). 김정태(2009)는 '바위'를 '바회〉바외〉바위'의 변화로 설명한다. 'ㅎ'이 통시적으로 유성음 사이에서 'ㄱ〉ㅎ〉ø'으로 약화·탈락의 과정을 겪고, 아울러 18세기 후기에 이루어진 'ㅗ〉ㅜ' 모음 상승의 결과 '바외'의 'ㅚ[oy]'가 'ㅟ[uy]'로 변화함에 따라 '바위' 형태가 형성된 것이다. 그리고 이 '바위[uy]'는 20세기 초 하향이중모음의 단모음화에 의해 '바위[ü]'로 실현되었다고 하였다.

지금까지 비어두 'ㅟ'의 실현 양상을 살펴보았다. 비어두의 'ㅟ'는 첫째, 선행자음이 양순음인 경우 나이가 적을수록 자연스럽게 [i]로 실현되고 있어 국어사에서 양순음 뒤 'ㅟ'가 'ㅣ'로 변화하는 모습을 동일하게 보여주고 있다. 둘째, 선행자음이 치조음이나 경구개음일 경우 50~60대에서 극소수이지만 단모음 [ü]로 실현되고 이는 발음상의 편이로 해석할 수 있다. 여기서 나아가 현재 치조음과 경구개음 뒤의 'ㅟ'는 발음상의 편이로 [wi]〉[i]의 변화 양상을 보인다. 셋째, 연구개음 뒤의 모음 'ㅟ'는 선대의 [u]발음이 꾸준히 이어지고 있음을 확인할 수 있다. 이 때 [u]의 실현은 통시적 변화로도 공시적 변이로도 모두 설명 가능하다. 넷째, '바위'를 제외하고는 선행자음이 후음일 때와 선행자음이 없는 'ㅟ'는 어두음절 위치의 그것과 마찬가지로 주로 [wi]로 실현되는 모습을 보인다.

4. 모음 'ᅱ'의 변화 과정

'ᅱ'는 후기 중세국어 시기에 하향이중모음 [uy]였으나 후기 근대국어 시기에 이르러 단모음화([ü])하거나 상향이중모음화([wi])하였는데 지역별로 다른 양상을 보이는 것이 특징이었다. 일반적으로 모음 'ᅱ'는 '[uy]〉[ü]〉[wi]'의 변화과정을 거쳐 현재에는 [wi~i~u]의 다양한 실현 양상을 보이지만, 이미 서론에서 언급한대로 광주지역어를 대상으로 하는 본고와 관련 있는 전라도 지역의 음운론적 특징을 정리한 최전승(1986)에서 'ᅱ'는 상향이중모음화를 먼저 겪고([uy]〉[wi]), 그 뒤에 다시 단모음화([wi]〉[ü])를 겪었다고 보고 있다.

본고의 조사 분석에 따르면 광주지역에서는 '[uy]〉[ü]', '[uy]〉[wi]'의 변화 과정이 모두 존재했을 것으로 파악된다. 두 변화과정 모두 광주지역어 모음 'ᅱ' 실현 양상으로 설명이 가능한데, 우선 '[uy]〉[ü]'의 변화는 축약으로 설명이 가능하다. 즉 단모음 체계에서 [round]자질로 대립하는 전설 모음들이 없었기 때문에 안정적인 대립 관계를 위해서 단모음화가 되었다고 볼 수 있다. 정영호(2012)에서는 기존에 '[uy]〉[ü]'의 변화원인을 축약이라고 설명하던 것에 대해 축약의 원인을 구체화하여 상호동화[26]로 설명하고 있다. 즉 'u'는 'y'에 [+원순성]의 동화를 일으키

---

26 허웅(1965)에 의하면 상호동화는 뒷소리는 앞소리를 닮고, 앞소리는 또한 뒷소리를 닮는 것이다. 이중동화는 가운데 소리가 그 앞뒤의 소리를 동시에 닮는 것이다. 정영호(2012)는 이 두 개념을 모두 사용하여 이중모음의 단모음화를 설명한다.

고, 동시에 'y'는 'u'에 [+전설성]의 동화를 일으켜 [+전설성, +원순성]의 [ü]가 된다고 할 수 있다. 또한 이중동화로도 설명이 가능한데, 19세기 당시 주로 선행자음이 전설성 자음이었다는 것을 고려하면 가운데소리 [u]가 선행자음의 [+전설성]과 후행하는 반모음 [y]의 [+전설성]에 동화되어 [ü]가 되는 것이다. 그리고 이 단모음화된 [ü]은 적은 수이지만 현재 광주지역어에 남아있다.

광주지역어에서는 '[uy]〉[wi]'의 변화도 확인할 수 있는데 이는 혀나 입술의 움직임을 줄여 조음상의 노력을 덜고자 하는 언어 보편적인 현상이다. 후기 근대국어시기 단모음 체계에 'e, ɛ'가 등장하면서 전설 계열의 w계 이중모음 'ᅰ[we], ᅫ[wɛ]'가 나타나게 된다. 그런데 [wi]는 체계 내에서 공백 상태로 남아있다. w계 이중모음체계에서 하필 [wi]가 없는 것은 그럴 만한 이유가 있다기보다 우연한 공백으로 보는 것이 타당하다. 그런데 광주지역어를 포함한 대부분의 지역어에서 공시적으로 [wi]가 분명히 존재하므로 체계 내 공백을 해소하기 위한 노력에 의해 [wi]가 자연스럽게 나타났다고 할 수 있다. 또한 '이중모음〉단모음'의 변화보다 '이중모음〉이중모음'의 변화가 더욱 자연스럽게 느껴진다. [uy]에서 체계 내 공백을 해소하기 위하여 [wi]가 되고, 여기에서 조음상의 노력을 덜고자 [ü]와 [i]의 음가가 나타났다고 볼 수 있다. 그렇다면 [wi]가 생성된 이후에 [ü]가 생성된 것은 어떻게 설명할 수 있을까? 필자는 그 원인을 이 지역에서 활발히 나타난 i-모음역행동화 현상이 [wi]〉[ü]의 변화에 간접적인 원인을 제공했을 것으로 본다. 즉 [uy]〉[wi]의 변화가 진행 중인 상황에서 모음 'ㅜ'에 적용된 i-모음역행동화에 의하여 [ü]가 생성되고, 이 각기 다른 종류의 변이음이 현재까지 경쟁관계에 놓이게 되었다고 볼 수 있는 것이다.[27]

정리하면 현재 광주지역어에서 모음 'ㅟ'는 공시적으로는 [ü]→[wi], [wi]→[ü]의 변화가 모두 가능하며, 음운 환경에 따라, 또는 수의적으로 [wi]와 [ü]가 다양하게 나타나는 것으로 판단된다. 중세국어 시기의 하향 이중모음 [uy]가 사라졌다는 것만은 분명하고, [uy]의 후대형은 [wi], [ü] 둘 다 인정하며, 이들 사이의 선후관계는 어느 한 쪽으로 말할 수 없다.

5. 결론

1980년대에 조사가 이루어진 『한국방언자료집 6』에 따르면 광주를 포함한 전남지역에서 어두음절 위치에서의 'ㅟ'는 모두 단모음 [ü]로 실현되었다. 그러나 본고의 조사 결과 현재 광주지역에서 모음 'ㅟ'는 주로 [wi], [i], [u]의 세 가지 음성형으로 실현되고 단모음 [ü]는 50~60대에서만 극소수로 남아있을 뿐 모든 연령층에서 이중모음 [wi]가 높은 빈도로 실현된다. 그리고 연령층이 낮을수록 단모음 [i]로, 연령층이 높을수록 단모음 [u]를 선호하는 경향을 보인다. 따라서 광주지역에서 모음 'ㅟ'의 [i]형은 낮은 연령층에서 확산되고 있는 언어변화이고, [u]형은 확산이 종료되고 있는 언어변화라고 할 수 있다. 이에 비해 [wi]형은 환경에 관계없이 전 연령대에 걸쳐 확산되어 있는 언어변화 현상이다.

---

27 15세기의 'ㅟ'의 음가를 [ui]로 볼 수 있다. 그렇다면 '[uy]>[u], [uy]>[i]'의 변화에 대한 음성적 타당성을 부여할 수 있다. 그러나 광주지역어에서는 나이가 적을수록 [i]가 높은 빈도로 나타나고, 나이가 많아질수록 [u]의 실현이 나타나는 것으로 보아 '[uy]>[u], [uy]>[i]'의 변화는 한 세대에서 동시에 나타나는 것이 아니기 때문에 이는 광주지역어의 모음 'ㅟ' 실현 양상 특징에서 제외하였다.

모든 연령층에서 'ㅟ'를 이중모음 [wi]로 발음하고 있으므로 머지않아 배주채(1996)나 신지영(2000)에서 얘기한 비와 같이 'ㅟ'는 이중모음으로 정착될 것으로 예상된다.

본고는 다음과 같은 한계를 지닌다. 첫째, 광주지역어의 모음 'ㅟ' 실현 양상을 더 치밀하게 살피기 위해서는 70대 이상의 제보자도 선정하여 조사를 진행하여야 했으나 60대까지만 한정하여 더 유의미한 결과를 이끌어내지 못하였다. 또한 조사를 통해 직업이나 발화스타일 상의 변이가 'ㅟ' 실현 양상과 관련이 있다는 것을 파악하였으나 그것 또한 다루지 못했다. 파악한 바에 의하면 격식적 발화 상황에서는 [wi]를 선호하지만 일상적 발화 상황에서는 [i]나 [u]가 나타났다. 즉 'ㅟ'의 변화를 관찰하기 위해서는 화자들의 발화 스타일 상의 변이도 고려해야할 것이다. 이러한 문제점들은 필자에게 주어진 중요한 과제라고 생각한다. 앞으로도 지속적인 연구를 통하여 본고에서 드러난 문제점들을 극복하도록 노력하고자 한다.

이 글은 전남대학교 대학원 국어국문학과 BK21+사업단 제4차 국제학술대회에서 발표한 논문이다.

참고문헌

강보경, 「이중모음 '외, 위'의 변화에 대한 지리적 연구」, 동아여대 석사학위논문,
　　　1999.
강희숙, 「언어의 변화와 보존에 관한 사회언어학적 연구 – 광주 방언을 중심으로」,
　　　『한국언어문학』 47, 한국언어문학회, 2001.
곽충구, 「현대국어의 모음체계와 그 변화의 방향」, 『국어학』 41, 국어학회, 2003.
김경표, 「전남 도서 방언의 음운론적 대비 연구」, 전남대학교 박사학위논문, 2013.
김경훤, 「국어 하향이중모음의 통시적 연구」, 성균관대학교 박사학위논문, 1998.
김남미, 「15세기 국어의 중모음 연구」, 서강대학교 박사학위논문, 2004.
김봉국, 「개화기 이후 국어의 '위, 외' 음가와 그 변화」, 『이병근선생 퇴임기념국어
　　　학논총』, 태학사, 2006.
　　　, 「하향이중모음의 연구사」, 이중모음, 태학사, 2010.
김선철, 『중앙어의 음운론적 변이양상』, 경진문화사, 2006.
김수현, 「경기 화성 지역어의 'ᅱ, ᅬ' 변이와 변화 연구」, 서강대 석사학위논문,
　　　2007.
김원보, 「제주방언화자의 세대별 단모음의 음향분석과 모음체계」, 『언어과학연구』
　　　제39집, 언어과학회, 2006.
김정태, 「'바위(岩)'의 통시적 변화와 방언 분포상의 특징」, 『한국언어문학』 70,
　　　한국언어문학회, 2009.
김종규, 「중세국어 모음의 연결제약과 음운 현상」, 서울대 석사학위논문, 1989.
　　　, 「이중모음의 음운론적 성격에 대하여」, 『어문연구』 38-4, 2010.
남궁화경, 「서울말 /ᅬ/, /ᅱ/의 음가에 대한 실험음성학적 분석 연구」, 연세대
　　　석사학위논문, 2008.
박경래, 「현대국어 모음 '외, 위'의 인지양상에 대한 일고찰」, 『김완진선생회갑기념
　　　논총』, 민음사, 1991.
박정순, 「충북 중부지역의 이중모음 'ᅬ, ᅱ'에 대한 통시적 연구」, 숭실대 석사학위
　　　논문, 2014.
박종덕, 「/ᅱ/의 통시적 음가 실현 양상 : 경상도 방언을 대상으로」, 『겨레어문학』
　　　32, 겨레어문학회, 2004.
박창원, 「15세기 국어의 이중모음」, 『경남어문논집』 창간호, 1998, (정승철·정인

호, 『이중모음』 수록, 태학사, 2010.)

배주채, 『국어음운론 개설』, 신구문화사, 1996.

_____, 『한국어의 발음(개정판)』, 삼경문화사, 2013.

배혜진, 「대구지역 화자들의 모음 'ㅟ' 실현양상에 관한 연구」, 『어문학』 116, 한국 어문학회, 2012.

_____, 「달성지역어의 음운론적 변이와 변화 연구」, 영남대학교 박사학위논문, 2014.

소신애, 「평안 방언의 실험음성학적 연구 : 평양 지역어의 모음을 중심으로」, 『국어 학』 제58집, 국어학회, 2010.

신승용, 「이중모음의 정의와 이중모음에서의 분절음 탈락 : "wi → i ~ u", "iy → i ~ I"를 중심으로」, 『배달말』 50, 배달말학회, 2012.

신지영, 『말소리의 이해』, 한신문화사, 2000.

양병곤, 「한국어이중모음의 음향학적연구」, 『말소리』, 대한음성학회, 1993.

여은지, 「국어 하향이중모음의 변화 연구」. 전북대 박사학위논문, 2016.

위평량, 「전남·경남 접경 지역의 언어 연구」, 전남대학교 박사학위논문, 2000.

유필재, 「양순음 뒤 'ㅚ〉ㅔ, ㅟ〉ㅣ' 변화에 대하여」, 이병근선생퇴임기념 국어학논 총. 태학사, 2006.

이기문, 『국어사개설』. 탑출판사, 1961/1998.

_____, 국어음운사연구, 탑출판사, 1972/1990.

이동석, 「국어 이중모음에 대한 통시적 연구」, 고려대학교 석사학위논문, 1996.

_____, 『국어 음운 현상의 공시성과 통시성』, 한국문화사, 2005.

이병근, 「19세기 국어의 모음체계와 모음조화」, 『국어국문학』 72·73, 국어국문학 회, 1976.

이상신, 「반모음 y의 음절 구조적 지위와 음절화에 의한 방언분화」, 『관악어문연구』 27, 2003. (정승철·정인호, 『이중모음』 수록, 태학사, 2010.)

이옥희, 「후기 근대국어 이중모음 'ㅚ' 와 'ㅟ' 의 사회적 변이 연구」, 부산대학교 박사학위논문, 2014.

이익섭, 『국어학개설』, 학연사, 1994.

이진숙, 「고흥 지역어와 진도 지역어의 음운론적 대비 연구」, 전남대학교 박사학위 논문, 2013.

_____, 「담양 지역어의 특징적인 음운현상」, 『국어학』 제69집, 국어학회, 2014.

이진호, 『통시적 음운 변화의 공시적 기술』, 삼경문화사, 2008.

_____, 『소창진평과 국어음운론』, 제이앤씨, 2009.

_____, 『한국어의 표준발음과 현실발음』, 아카넷, 2012.

_____, 『국어음운론강의(개정판)』, 삼경문화사, 2015.

이현복, 『한국어의 표준발음』, 교육출판사, 1989.

이현주, 「아산지역어의 활음 w 탈락 현상 연구」, 서울대 석사학위논문, 2010.

이호영, 『국어음성학』, 태학사, 1996.

장혜진·신지영, 「대구 방언 단모음의 세대 간 차이에 대한 음향음성학적연구」, 『말소리』 57, 대한음성학회, 2006.

전광현, 「남원지역어의 어말-U형 어휘에 대한 통시음운론적 소고」, 『국어학』 4, 국어학회, 1975.

정승철·정인호, 『이중모음』, 태학사, 2010.

정영인, 「근대국어 이중모음의 단모음화 연구」, 『국어문학』 29, 국어문학회, 1994.

정영호, 「국어 하향이중모음의 단모음화 원인 재고」, 『한민족어문학』 61. 한민족어문학회, 2012.

정인호, 「하강 이중모음과 부동 이중모음의 음변화」, 『어문연구』 32-2, 한국어문연구회, 2004.

조성문, 「현대 국어의 모음 체계에 대한 음향음성학적인 연구」, 『한국언어문화』 제24집, 한국언어문화학회, 2003.

조아람, 「1920~40년대 모음 'ㅚ, ㅟ'의 발음 연구 : 유성기 대중가요 음반 자료를 중심으로」, 성균관대학교 석사학위논문, 2013.

차재은, 「중세국어의 하향이중모음과 음절구조에 대하여」, 『한국어학』 2, 한국어학회, 1995.

최명옥, 「국어 UMLAUT의 연구사적 검토」, 『진단학보』 65, 진단학회, 1988.

최성규, 「남북한 방언에 나타난 'ㅚ, ㅟ'의 변화」, 『방언학』 18, 방언학회, 2013.

최영미, 「안면지역어 'ㅚ', 'ㅟ'의 음소 설정에 관한 연구」, 『한말연구』 12, 한말연구학회, 2003.

최윤현, 「국어의 하강이중모음에 관한 통시적 연구」, 건국대학교 박사학위논문, 1989.

최전승, 『19세기 후기 전라방언의 음운현상과 그 역사성』, 한신문화사, 1986.

_____, 「이중모음 '외', '위'의 단모음화 과정과 모음체계의 변화」, 『어학』 14, 전북대, 1987.

한국정신문화연구원, 『한국방언자료집 6 : 전라남도편』, 1991.

한영균, 「이중모음의 단모음화과정에 대한 삽의」, 『김완진선생 회갑기념논총』, 민
    음사, 1991.

허삼복, 「국어 이중모음의 생성 및 발달에 관한 고찰」, 충남대학교 석사학위논문,
    1987.

허웅, 『국어음운학』, 샘문화사, 1965/1985.

전남 방언 이중모음 'ㅢ'의 특수성

해남·순천 지역을 중심으로

김다솔

1. 서론

　본고는 전남 방언에서의 'ㅢ' 실현 양상을 고찰하여 전남 방언만이 가지고 있는 'ㅢ'의 특수성에 대해 알아보고자 한다. 'ㅢ'에 관한 연구는 다른 하향이중모음에 비해 다소 적다고 할 수 있다. 그 이유는 중세국어 시기의 다른 하향이중모음들이 18세기 무렵 전설단모음으로 단모음화 된 것에 비해 'ㅢ'는 그 시기에 단모음화 되지 않아 유일한 하향이중모음 으로 남았으며, 또한 현대국어에서도 'ㅢ'는 이중모음으로 발음되지 않고, 주로 단모음으로 바꿔 발음되므로 'ㅢ'의 성질을 제대로 규명하기가 어렵기 때문이다. 그렇기에 'ㅢ'는 중세국어 시기 하향이중모음을 연구함에 있어서 같이 연구되거나 다른 지역의 모음에 관한 연구의 일환으로 연구되곤 했다. 그런데, 앞서 말한 이유들은 한편으로는 'ㅢ'에 대한 연구가 필요하다는 근거이기도 하다. 'ㅢ'의 성질을 명확히 규명하기가 어렵고 현대국어에서 'ㅢ'의 발음 실현이 어렵기 때문에 오히려 그것은 'ㅢ'의 성질에 관한 검토가 필요하다는 근거가 될 수 있는 것이다.

　또 다른 근거는 선행 연구 중에 철저한 지역 조사를 바탕으로 현대국

어 'ㅢ'에 관해 고찰한 연구가 거의 없다는 것이다. 대체로『한국방언자
료집』을 이용하여 조사한 선행연구들이 많은데,『한국방언자료집』은
1987년부터 1995년까지 간행된 것으로 20년이나 지난 지금은 'ㅢ'가
그때와 또 다른 성격을 띠고 있을 수 있다. 또한 전남 방언의 'ㅢ' 실현
양상을 환경 별로 언급한 서적이나 연구 자료는 있지만 일관성 있게
설명되지는 않고 있다. 예를 들어, 배주채(2013)에서는 어두에서의 'ㅢ'
가 전라 방언에서는 주로 'ㅡ'로 소리 난다고 말하며 '의사'를 전라 방언
에서는 [으사]로 발음한다고 하였으며, 김경훤(1997)과 김성렬(2001)에
서도 호남 방언은 주로 'ㅡ'로 발음한다고 보았다. 그러나『한국방언자
료집』을 살펴보면 전남 방언에서 '의자'는 주로 [이자]로, '의논'에 관해
서는 [으논]과 [이논]이 혼재하는 양상을 띠며, 김소영(2008)에서도 '의
논'은 [으논]으로 '의복'은 [이복]으로 '의자'는 [이자]로 발음한다고 하
여 어두에서 'ㅣ'로도 발음됨을 나타냈으며 '의논'에 관해서는『한국방
언자료집』과 다른 조사 결과를 보인다.

또한 배주채(2013)에서는 비어두에서의 'ㅢ'는 어느 방언에서나 'ㅣ'로
발음하는 경향이 강하다고 하여, 전남 방언 또한 비어두에서의 'ㅢ'가
'ㅣ'로 발음될 것을 암시한 반면 신지영(2014)은 전남 방언에는 이중모음
'ㅢ'가 비어두에서 'ㅡ'로 발음된다고 하여, 그 예로 전남 방언에서는
'예의'를 [에으]로 발음한다고 하였다. 그러나『한국방언자료집』에서는
'에으'가 아닌 [얘이]와 [예이]만을 전남방언으로 파악하고 있다.

이처럼 전남 방언 'ㅢ'에 관한 연구가 많지 않음에도 불구하고 실현
양상은 필자에 따라 조금씩 다르다는 것을 알 수 있다. 물론, 전라 방언,
호남 방언, 서남 방언[1]이라고 지칭할 때에는 전남 방언과 전북 방언을
모두 합친 것이기 때문에 그 결과가 전남 방언의 특징과 완벽히 일치하

지 않을 수 있겠지만 같은 전남 방언을 대상으로 하면서도 그 결과가 다른 것은 문제의 소지가 있다고 본다. 각기 다른 자료를 바탕으로 'ᅴ'를 분석한다면 자료에 따라 'ᅴ'의 음운론적 해석에 대한 결과가 달라질 수 있기 때문이다.

이러한 이유로 본고에서는 전남 방언 'ᅴ'의 실현 양상을 살피고 그 결과를 통해 전남 방언만이 가지고 있는 'ᅴ'의 특수성을 알아보고자 한다. 이러한 분석을 토대로 'ᅴ'에 대한 명확한 이해가 보다 가능해질 것이다.

2. 전남 방언 'ᅴ'의 실현 양상

조사 대상 지역은 해남·순천이며[2], 제보자로는 각 지역마다 교육 수준이 높지 않고 외지 생활의 경험이 적은 70세 이상의 토박이 화자 10명을 각각 선정하였다.[3] 조사는 질문지를 기준으로 한 직접 질문 방식의 현상

---

1 전라북도와 전라남도 지역에서 쓰이는, 국어 대방언권의 하나로 전라도 방언 또는 호남 방언이라고도 한다. 서남 방언은 모음의 길이가 변별적인 기능을 갖는 음장 언어이며, 단모음은 지역에 따라 10모음 체계(전북의 대부분과 전남의 동부인 구례·광양 일대) 또는 9모음 체계(전남 서부의 대부분 지역과 전북의 고창 등)를 갖는다. 서남 방언은 다시 북부 서남 방언과 남부 서남 방언으로 대별될 수 있는데, 북부 서남 방언은 대체로 전라북도 지역에서 쓰이는 방언을 가리키며, 남부 서남 방언은 전라남도 지역에서 사용되는 방언을 가리킨다.

2 이기갑(1984)에 의하면 전라남도는 남·북에 의한 차이보다 동·서에 의한 차이가 크므로 동과 서에 위치하면서도 남쪽에 위치한 지역, 즉 동남부와 서남부의 지역을 살펴보았다. 그리고 그 중에서도 전라북도의 영향을 적게 받으며 경상남도와 거리가 있는 지역 중, 해남과 순천을 선정하였다.

3 국립국어원에서 펴낸 지역어 조사 및 전사 지침(2005)을 주로 참고하였다.

조사를 원칙으로 하여 진행하였다.[4]

조사 어휘 선정은 국립국어원 표준국어대사전에서 'ㅢ'가 포함된 약 4600개 단어를 검토 후 일정한 기준[5]에 따라 70개의 어휘를 추출하였다. 'ㅢ'의 실현 환경은 이진호(2014)를 참고하여 나누었는데, 우선 'ㅢ'의 환경을 어두와 비어두로 나누고 어두에 경우 초성을 가지고 있는 경우와 가지고 있지 않는 경우로 나누었다. 또한 비어두의 경우에도 초성을 가지고 있는 경우와 초성을 가지고 있지 않는 경우, 선행 음절에 종성을 가지고 있는 경우, 관형격 조사로 나누어 조사하였다.

한편, 본고는 두 지역을 대조하려는 것이 아니라 비교하여 전남 방언의 특수성을 알아보려는 것이기 때문에 해남과 순천의 실현 양상 비율을 확인하고 각 항목마다 해남과 순천의 평균값을 기재하고자 한다.

다음은 표준어규정에서의 'ㅢ' 발음에 대한 설명을 표로 정리한 것이다.

(1) 표준어규정에서의 'ㅢ' 설정

	ㅡ	ㅣ	ㅢ	ㅔ
어두 초성 有		∨		
어두 초성 無			∨	

---

4 눈과 귀가 어둡지 않고 치아 상태가 양호한 70세 이상의 제보자 중 남성의 경우, 대다수가 고졸 이상의 학력을 가지고 있었다. 최대한 무학자를 원칙으로 하려고 했지만 조사의 편의를 위해 고졸 학력의 제보자를 각 지역마다 두 명씩 선정하였다.

5 필자의 직관에 따라 중복되는 단어나 사용 빈도가 낮은 단어는 조사 대상에서 제외하였다. 예를 들어 '의문'이라는 단어를 조사 대상에 넣을 경우 '의문점'과 같은 단어는 중복된다고 할 수 있으므로 제외하였고 사용 빈도가 너무 낮은 단어는 발음이 자연스럽지 않고 인위적일 수 있으므로 제외하였다.

비어두 초성 有	∨		
비어두 초성 無	∨(허용)	∨	
선행 음절 종성 有	∨(허용)	∨	
관형격 조사		∨	∨(허용)

1) 어두 - 초성 有

(2) 닐리리, 희다, 희망, 희미하다, 희생

	ㅡ	ㅣ
해남	10%	90%
순천	6%	94%
해남 + 순천	8%	92%

　우선 표를 보면 'ㅣ'로 발음 되는 비율이 압도적으로 높은데, 5개의 단어 중 유독 '희다'에서 'ㅡ'로 실현되는 비율이 높게 나타났다. 이것은 전남 지역에서 예전부터 '희-'가 '흐-'로 사용되었던 모습이 지금까지 보이는 것이라 판단된다. 김소영(2004)에 의하면 '희-(白)'는 대부분의 지역에서 '히-'로 실현되지만, 전남지역에서는 주로 '흐'로 실현된다고 하였다. 또한 '흰'이 결합하여 만들어진 어휘들에서는 '흐'의 흔적들을 더 확인할 수 있다고 하였는데, 전남 지역에서는 '흰떡'을 '흔떡'으로 부른다고 하였다.

　또한 '희다'는 고유어이고 나머지는 한자어로, 한자어보다 명맥을 더 오래 이어왔을 것으로 사료되는 고유어에서 방언형이 더 많이 나타나는 것은 당연한 일이다. 그러나 비록, '희다'가 'ㅡ'로 발음되는 비율이 다른 단어에 비해 높다하더라도 다른 단어에 비해 높은 것일 뿐이지 '희다'

그 자체로는 해남과 순천 모두 주로 'ㅣ'로 발음하고 있음을 봤을 때, 예전부터 사용되던 방언형이 점차 그 힘을 잃고 표준어에 가깝게 변화되고 있음을 알 수 있다.

2) 어두 – 초성 無

(3) 가. 의, 의원, 의인

　　　나. 의견, 의경, 의기소침

　　　다. 의남매, 의논

　　　라. 의도

　　　마. 의료, 의류, 의리

　　　바. 의무감, 의미

　　　사. 의병, 의복, 의부증, 의붓딸

　　　아. 의사, 의식, 의심

　　　자. 의자, 의절, 의젓하다, 의존

　　　차. 의처증

　　　카. 의탁

　　　타. 의학, 의협심, 의형제, 의회

	ㅡ	ㅣ	ㅓ[6]
해남	98%	2%	0
순천	95%	3%	2%
해남 + 순천	96.5%	2.5%	1%

표 (3)을 보면 해남과 순천의 경우, 어두면서 초성이 없는 'ㅢ'는 주로 'ㅡ'로 발음됨을 알 수 있다. 이것은 『한국방언자료집』의 결과와는 다소 다르다고 할 수 있는데, 『한국방언자료집』에서는 전남 방언에서 '의자'가 '으자~이자'로 '의논'이 '으논~이논'으로 발음된다고 하였다. 그 중에서도 해남은 [이논]으로, 순천은 [으논]으로 발음한다고 하였으며, [의자]의 경우 대체로 [이자]로 발음한다고 보았는데 해남과 순천 또한 [이자]로 발음한다고 조사 결과를 내놓았다.

(4) '한국방언자료집과 2016 지역조사 비교

	대상 어휘	의자	의논
해남	한국방언자료집	이자	이논
	지역조사	으자	으논
순천	한국방언자료집	이자	으논
	지역조사	으자	으논

그런데, 『한국방언자료집-전남 방언 편』은 1991년에 간행된 것으로, 본고에서 조사한 시기와는 거의 30년 가까이 차이 나기 때문에 조사 결과가 다른 것은 어찌 보면 당연한 결과라고 하겠다. 김유범(2016)에서는 이것과 관련하여 언어의 변화는 음운, 문법, 어휘의 다양한 측면에서 일어나게 되며 그 원인 또한 다양하다고 하였다. 그렇기에 시간적 간격을 두고 조사된 동일 지역의 방언을 비교하여 그 변화내용을 살펴보는

---

6 'ㅢ'의 성질에 대해서는 하향이중모음으로 보는 의견, 상향이중모음으로 보는 의견, 수평이중모음으로 보는 의견 등이 존재하므로 본고에서는 'ㅢ'의 발음기호를 따로 쓰지 않고 'ㅢ'로 표시하고자 한다.

것 자체로 의미가 있는 일이라고 하였는데, 실제로 필자가 순천으로
방언 조사를 나갔을 때 제보자들에게 '이자'에 대해 물어본 결과, '의자'
를 [이자]로 발음하는 것은 70대 제보자들의 부모나 조부모가 쓰던 형태
라고 하였다. 이것을 보면 시간의 경과로 인해 지역의 발음이 달라지고
그에 따라 조사 결과가 다르게 나타남을 알 수 있다.

　한편, 해남과 순천의 경우 'ㅡ'가 아닌 'ㅣ'로 나타나는 형태도 간혹
있는데, 이것은 방언의 옛 형태가 남아있는 경우라고 볼 수 있다. 김소
영(2008)에서는 전남지역에서 '의복'을 [이복]으로 발음한다고 하였는
데, 본고에서 조사한 결과에 따르면 [으복]으로 발음되는 경우가 월등히
많았지만 [이복]도 간혹 나타났다. 그러나 '의병'의 경우, 선행 연구에서
조사한 사례가 없기 때문에 구체적으로 알 수는 없지만 본고의 조사에
서 단 한번도 [이병]으로 나타나지 않았으므로 사용 빈도가 높은 단어에
한해서 예전 방언형이 남아있는 것이라 볼 수 있겠다.

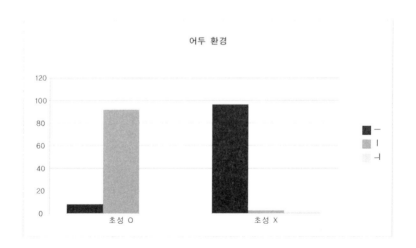

3) 비어두 - 초성 有

(5) 고희, 무늬, 보늬, 하늬바람

	ㅡ	ㅣ
해남	7%	93%
순천	10%	90%
해남 + 순천	8.5%	91.5%

『한국방언자료집』과 선행 연구들을 살펴보면, 비어두면서 초성이 있는 환경에서 'ㅣ'와 'ㅜ'가 대응하는 것을 볼 수 있다. 예를 들어, '무늬'는 '무누'나 '무니'로 '모긔'는 '모기'나 '모구'로 대응하는데, 전남 방언에서는 대체로 이러한 단어들이 'ㅜ'형으로 발음되었다. 『한국방언자료집』만 봐도 '무늬'를 '무니'라고 하는 지역은 전남지역 전체에서 화순밖에 없고, 그 외 나머지 지역은 모두 [무누]로 기록되어있다. 이러한 자료들을 종합했을 때, 불과 2, 30년 전에는 비어두면서 초성이 있는 환경의 단어들 중 'ㅜ'에 대응하는 단어들이 많았지만, 시간이 흐르면서 그러한 단어들의 발음이 점차 'ㅣ'로 바뀌어져 갔을 것으로 판단할 수 있다.

그러나 '하늬바람'은 [하누바람]이 아닌 [하느바람], [하니바람]으로 발음되었는데, 이것은 앞서 본 단어들과 다르게 생각해야할 여지가 있다. 만약 '하늬바람'이 '하누바람'으로도 나타났다면 이것은 'ㅢ'형이 'ㅡ'나 'ㅜ'에 대응하고 그 후에 'ㅣ'로 바뀌었다고 할 수 있겠지만 '하누바람'은 전혀 나타나지 않기 때문이다. 이는 전남 방언에서 어두나 비어두에서 'ㅢ'가 'ㅡ'로 발음되는 경향이 강한 점을 미루어 보았을 때, '하느바람' 또한 이것의 결과로 봐야 한다. 그렇다면 '고희, 무늬. 보늬'는 왜 '고흐, 무느, 보느' 따위로 나타나지 않는지 의문이 들 수 있는데, 이것은 체언 말음에 'ㅡ'를 기피하려는 경향에서 비롯된 것이라 할 수 있다. 다른 단어들은 체언 말음에 'ㅡ'를 기피하기 위해 'ㅜ'형에 대응하거나 'ㅣ'형에 대응했지만 '하늬바람'은 뒤에 '바람'이 붙어 다른 단어들과 달리 'ㅡ'로 끝나지 않기 때문에 어떠한 변화 없이 'ㅡ'로 나타난 것이라 보는 것이다.

4) 비어두 - 초성 無

(6) 거의, 고의, 공산주의, 내의, 도의원, 독신주의, 민주주의, 부의금, 수의사, 어의, 여의주, 예의, 요의, 우의, 이기주의, 장의사, 조의금, 하의, 회의

	ㅡ	ㅣ
해남	22%	78%
순천	3%	97%
해남 + 순천	12.5%	87.5%

위 표 (6)을 보면 같은 비어두의 환경에서도 초성에 자음이 있는 경우에는 '하늬바람'을 제외한 나머지가 예외 없이 'ㅣ'로 발음되는데, 자음이 없는 경우에는 'ㅡ'로 실현되는 비율이 꽤 높다는 것을 알 수 있다. 국립국어원에서 자음을 첫소리로 가지고 있는 음절의 'ㅢ'는 'ㅣ'로 발음한다고 명시하였다. 또한 초성을 가지고 있지 않으면서 단어의 첫음절 이외의 환경에서의 'ㅢ'는 'ㅣ'로 발음함도 허용한다고 기술되어 있다. 이것을 정리하면, 어두와 비어두의 경우 초성을 가지고 있는 경우는 'ㅣ'로 발음해야 하며, 초성이 없는 경우에는 어두는 'ㅢ', 비어두는 'ㅢ'나 'ㅣ'로 발음해야 한다. 그런데 위의 결과를 볼 때, 해남과 순천 모두

초성이 있을 때에는 주로 'ㅣ'로 발음되며 초성이 없을 때에는 'ㅡ'로도 발음됨을 알 수 있다. 이것은 전남 방언의 경우, 타 방언에 비해 모든 환경에서 'ㅡ'로 실현되는 비율이 높지만 특히 초성이 없는 경우, 즉 문자 그대로의 '의'가 들어간 단어의 경우 'ㅡ'로 실현되는 비율이 압도적으로 높다는 것을 나타낸다.

5) 선행 음절 종성 有

(7) 가. 악의, 축의금

　　나. 건의, 논의, 문의, 편의점, 한의사

　　다. 물의

　　라. 혐의

　　마. 법의학

	ㅡ	ㅣ
해남	33%	67%
순천	9%	91%
해남 + 순천	21%	79%

　표 (7)을 보면, 두 지역 모두 '법의학, 한의사'와 같은 단어에서는 'ㅢ'가 'ㅡ'로 실현되어 [버브학], [하느사]로 발음되는 비율이 다소 높았다. 이 것은 '의학, 의사'가 한 단어이며 사용 빈도가 높은 단어이기 때문이다.

　선행 음절에 종성이 있는 환경에서도 'ㅢ'나 'ㅣ'로 발음해야하는 것이 국립국어원에서 제시한 표준어 규정이다. 또한 여타 다른 방언권에서도 대부분 'ㅣ'로 발음하고 있음을 감안할 때, 이 결과 또한 앞 절에서 설명한 것과 크게 다르지 않다. 다만 한 가지 특이한 점은 두 지역 모두 연음 될 경우 같은 환경인 '하늬바람'을 제외한 나머지 단어는(고희, 무늬, 보늬) 모두 'ㅣ'로만 발음하였다는 것이다. 이것은 종성에 자음이 있는 경우 연음되면 똑같은 환경이지만 형태적 측면에서 글자 그대로의 '의'가 영향을 미치는 것으로 보인다. 예를 들어 '건의'를 발화할 경우 화자의 의식 속에서 '건+의'로 인식되고, 그에 따라 [거니]가 아니라 '건으', 즉 [거느]로 발음한다고 보는 것이다.

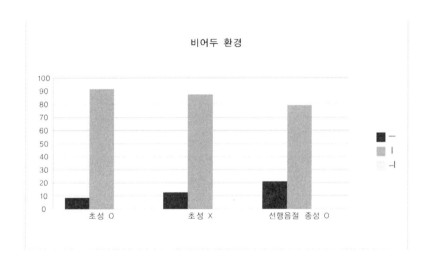

6) 관형격 조사

(8) 관형격 조사 '의'

	ㅡ	ㅔ
해남	30%	70%
순천	20%	80%
해남 + 순천	25%	75%

관형격 조사에 대한 조사는 '자연 발화'와 '짧은 동화책 읽기'를 통해 이루어졌지만 '자연 발화'보다는 '짧은 동화책 읽기'를 통해 주로 조사되었다. 그 이유는 자연 발화로는 관형격 조사 'ㅢ'의 사용 빈도가 너무 낮아서 조사하는 데 어려움이 있었기 때문이다.

표 (8)의 결과를 보면 '조사 상황'이라는 의식적인 상황에서 조사되었기 때문인지 예상 보다 비율이 낮게 나왔다. 지역 조사를 나가기 전 실생활에 쓰이는 10~40대의 발화를 듣고 관형격 조사 'ㅢ'의 비율을 추정했었는데 거의 40%에 가까웠다. 이 점은 연구 기간이 짧아 자연 발화를 많이 채록하지 못했기 때문으로 생각하며 추후 논의를 통해 보완해 나갈 것이다.

3. 타방언과의 비교 및 대조

이 장에서는 본고에서 논의한 전남 방언의 결과가 타 방언과는 어떻게 다른지 분석하고, 전남 방언만이 가지고 있는 'ㅢ'의 특수성에 대해 알아보고자 한다.

(9) 타 방언에서의 'ㅢ' 실현 양상[7]

실현 환경		어두						비어두						관형격조사		
		초성 o			초성 x			초성 o			초성 x					
지역	선행연구	ㅡ	ㅣ	ㅢ	ㅡ	ㅣ	ㅢ	ㅡ	ㅣ	ㅢ	ㅡ	ㅣ	ㅢ	ㅡ	ㅔ	ㅢ
중앙어 & 경기 방언	이응백(1968)					√	√			√					√	
	김경환(1997)	√				√		√		√						
	김성렬(2001)	√						√		√						
	김선철(2006)									√	√					
	박선우 외(2013)	√				√		√		√					√	
영남 방언	이응백(1968)						√			√						√
	김경환(1997)						√							√	√	
	배주채(2003)						√			√						
	김소영(2007)						√			√						
충남 방언	이응백(1968)						√				√					√
	도수희(1977)				√	√		√								
	이진호(2012)						√				√					

(9)와 그 외 선행연구를 통해 조사한 결과를 풀어 설명하면 다음과 같다.

중앙어 및 경기 방언
① 'ㅢ'가 어두일 때 초성이 있는 환경에서는 'ㅣ'로 발음되지만 없는 환경에서는 'ㅡ'나 'ㅢ'로 발음된다.

---

7 표의 빈칸은 연구자가 그 부분에 관해 논의하지 않았거나, 'ㅡ', 'ㅣ', 'ㅢ' 외의 발음을 언급한 경우이다. 'ㅡ', 'ㅣ', 'ㅢ' 외의 발음으로 나타나는 것도 물론 중요한 현상 중 하나겠지만, 본고에서는 우선 'ㅡ', 'ㅣ', 'ㅢ'에 관해 집중적으로 논의하고 있으므로 제외하였다.

② 'ㅢ'가 비어두일 때 초성이 있는 환경과 없는 환경 모두 'ㅣ'로 발음된다.

③ 관형격 조사의 경우 'ㅔ'로 발음된다.

영남 방언

① 'ㅢ'가 어두일 때 초성이 있는 환경과 없는 환경 모두 주로 'ㅣ'로 발음된다.

② 'ㅢ'가 비어두일 때 초성이 있는 환경과 없는 환경 모두 주로 'ㅣ'로 발음된다.

③ 관형격 조사의 경우 'ㅡ', 'ㅔ', 'ㅢ'로 발음한다.

충남 방언

① 'ㅢ'가 어두일 때 초성이 없는 환경에서는 타 방언에 비해 'ㅢ'로 발음되는 비율이 높다.

② 'ㅢ'가 비어두일 때도 마찬가지로 초성이 없는 환경에서는 타 방언에 비해 'ㅢ'로 발음되는 비율이 높다.

③ 관형격 조사의 경우 'ㅢ'로 발음된다.

전남 방언

① 'ㅢ'가 어두일 때 초성이 있는 환경에서는 주로 'ㅣ'로 발음된다. 초성이 없는 환경에서는 주로 'ㅡ'로 발음된다.

② 'ㅢ'가 비어두일 때 초성이 있는 환경에서는 주로 'ㅣ'로 발음되며, 초성이 없는 환경에서도 주로 'ㅣ'로 발음된다. 하지만 초성이 없는 환경일 때 해남에서는 'ㅡ'로 발음되는 비율도 꽤 높다.(선행 음절에 종성이 있는 경우는 다른 지역에 비해 'ㅡ'로 나타나는 비율이 높은 편이다.)

③ 관형격 조사의 경우 주로 'ㅔ'로 나타나지만 다른 지역에 비해 'ㅡ'로 나타나는 비율이 높은 편이다.

그런데 여기서 문제점은 위의 선행연구 중 실제 발화를 수집하여 실현 양상을 분석하거나 조사한 연구가 거의 없다는 것이다. 대부분 방언이 나타나있는 문헌을 참고한 경우와 『한국방언자료집』을 이용한 경우, 혹은 실제 발화를 수집하여 분석하였다고 해도 그 시기가 본고와 차이가 많이 나는 것들이 대다수이다. 그래서 본고에서는 연구 시기가 비슷하면서도 실제 발화를 수집하여 분석한 Kang(1999)[8], 조성문(2005), 김선철(2006), 박선우 외(2016)과의 비교·대조를 통하여 전남 방언의 특수성을 고찰하고자 한다. 물론 이러한 선행 연구들은 전부 서울 화자들의 자연 발화를 토대로 분석한 것으로 여러 지역과 비교·대조 할 수 없다는 한계점이 있고 각각 단어의 수와 제보자의 연령대에도 차이가 있지만 실제 조사를 통한 'ㅢ'의 실현 양상 분석이 미비한 상태이고 본고와 정확히 동일한 환경에서 조사한 연구 논문이 실질적으로 존재하기 힘들기 때문에 이것을 최우선으로 삼고 비교·대조 해보고자 한다.

1) 서울 방언과의 비교 및 대조

Kang(1999)에서는 서울방언 화자를 대상으로 자연스러운 대화와 낭독에서 관찰되는 'ㅢ' 단모음화 양상을 조사하였다. 그 결과는 다음과 같다.

---

8 kang(1999)는 본고의 조사 시기와 시기적으로 다소 차이가 있지만 낭독발화 뿐만 아니라 자연발화도 수집하여 분석했으므로 함께 다뤄보고자 한다.

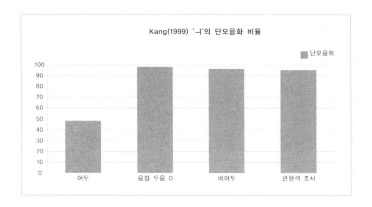

이것을 보면 거의 모든 환경에서 96%이상 단모음화되는 반면 어두
환경(의자)에서만은 단모음화에 비율이 47.54%를 넘지 못했다.

조성문(2005)에서는 수도권 화자 92명의 낭독발화를 대상으로 'ㅢ'의
발음을 조사하였는데, 그 결과는 다음과 같다. 일부 단어만을 조사하였
지만, 음절 두음을 갖는 경우나 비어두 환경, 관형격조사에서 단모음화
가 활발하게 일어나는 것은 Kang(1999)의 연구 결과와 비슷하다.

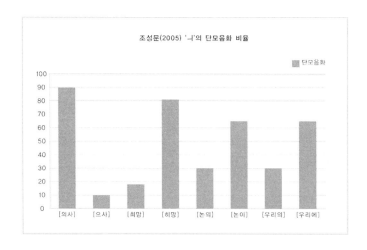

김선철(2006)에서는 350명의 서울방언 화자의 낭독 발화를 대상으로 여러 가지 단어의 발음을 조사하였다. 이 가운데 'ㅢ'가 포함된 3가지 발음의 조사 결과는 다음과 같다.

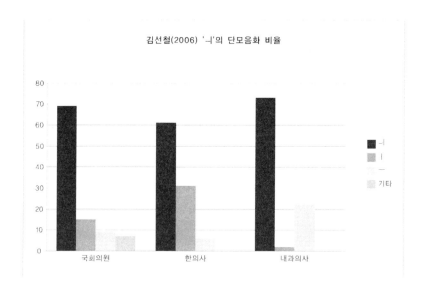

박선우 외(2016)에서는 서울코퍼스의 자연 발화 자료를 기준으로 'ㅢ' 의 단모음화 경향을 분석하고자 했다. 박선우 외(2016)에서는 사회언어 학적 지표 또한 분석하였는데, 성별의 차이는 의미가 없고 연령은 통계 적으로 유의미한 지표를 가진 관계임을 증명하였다. 본고는 사회언어학 적 연구가 아닌 음운론적 연구이므로 음운론적 분석의 결과만 살펴보겠 다. 그 결과는 다음과 같다.

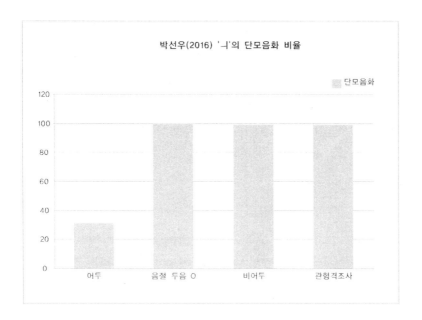

'ㅢ'의 단모음화를 조사한 선행연구 결과에 의하면 '음절 두음 + ㅢ'나 '비어두'에서는 'ㅣ'로 단모음화가 잘 일어나고 '음절 두음이 없는 어두'에서는 단모음화가 잘 일어나지 않는다. 박선우 외(2016)를 중심으로 전남 방언과 비교해 볼 때, 박선우 외(2016)에서는 'ㅢ'의 단모음화가 일어나는 비율이 93%이며 관형격 조사를 제외한다고 하더라도 그 비율은 90%가 넘었다. 그러나 어두에서 단모음화가 되는 비율은 31.8%로 굉장히 낮은 편이다. 이것은 본고에서 조사한 전남 방언과 뚜렷이 대비되는 부분이다. 전남 방언에서는 어두의 환경이라고 하더라도 'ㅢ'를 이중모음으로 발음하는 경우는 1%에 그쳤으며 'ㅡ'로 발음하는 비율은 96.5%였다.

또한 박선우 외(2016)에서는 비어두 환경의 'ㅢ'는 99.3%가 단모음화를 겪었는데, 음절 두음의 유무에 따라 차이가 존재한다고 하였다. 음절

두음을 가진 'ㅢ'는 96.3%가, 음절 두음이 없는 'ㅢ'는 89.3%가 'ㅣ'로 단모음화 되었다. 음운론적 환경에 따라 비율의 차이도 존재하는 것이다. 본고는 비어두 환경에서 음절 두음을 가진 'ㅢ'는 91.5%가 음절 두음이 없는 'ㅢ'는 87.5%가 'ㅣ'로 나타났다. 이것을 보면 비어두 환경에서의 'ㅢ'가 'ㅣ'로 단모음화 되는 비율은 거의 같지만 'ㅡ'로 단모음화 되는 비율은 각각 0.3과 8.5%, 8.5와 12.5%로 전남 방언이 다소 높은 것으로 나타났다.

끝으로 관형격조사의 경우, 'ㅔ'로 발음하는 비율이 95.9%, 'ㅣ'로 발음하는 비율이 3.15%, 'ㅡ'로 발음하는 비율이 0.79%로 나타났다. 그러나 본고의 연구 결과는 'ㅔ'로 발음하는 비율이 제일 높다는 점은 같지만 서울 화자에 비해 훨씬 낮은 비율인 75%이고, 'ㅡ'로 발음하는 비율은 25%이며, 'ㅣ'는 전혀 나타나지 않았다.

결과적으로 전남 방언에서도 서울방언과의 결과와 마찬가지로 어두에 초성이 있는 경우와 비어두인 경우 모두 'ㅣ'로 단모음화되는 경향이 가장 우세하게 나타났다. 그러나 차이점은 'ㅡ'로 단모음화되는 비율은 전남 방언이 훨씬 높다는 것이다. 관형격조사의 경우도 마찬가지로 'ㅔ'로 단모음화되는 경향이 가장 우세하게 나타났지만 전남 방언에서는 'ㅡ'로 단모음화되는 비율 또한 높은 것으로 나타났다. 가장 큰 특징은 초성이 없는 어두에서의 차이인데, 앞서 살펴본 선행연구 중에 'ㅢ'가 'ㅡ'로 단모음화되는 비율 중 가장 높게 나타난 것이 47.54%인 것에 비해 전남 방언에서는 96.5%가 'ㅡ'로 단모음화 되었다. 즉, 전남 방언에서도 'ㅣ'가 강세를 띄고 있기는 하지만 타 방언에 비해 모든 환경에서의 'ㅡ' 실현 비율이 높다고 할 수 있다. 'ㅢ'에 관한 전남 방언의 특징이 이 지점에 있는 것이다.

4. 결론

본고에서는 전남 방언 'ㅢ'의 실현 양상을 환경 별로 고찰한 후, 그 결과를 토대로 전남 방언만이 가지고 있는 'ㅢ'의 특징에 대해 논의하였다.

전남 방언은 'ㅢ' 본래의 발음이 나지 않는 것이 그 특징이다. 선행연구들을 살펴보면 과거에는 전남 방언권에서 'ㅢ'가 'ㅡ'로 실현되는 양상이 굉장히 활발하였음을 알 수 있다. 그러나 현재 전남방언권에서 'ㅢ'가 포함된 모든 단어가 일관되게 어느 한가지로 발음되는가 하면 그것은 아니다. 전남 방언의 'ㅢ'의 실현 양상은 환경 별로 다양하게 나타난다. 'ㅢ'가 어두일 때 초성이 있는 환경에서는 주로 'ㅣ'로 발음되며 초성이 없는 환경에서는 주로 'ㅡ'로 발음된다. 또한 'ㅢ'가 비어두일 때 초성이 있는 환경에서와 초성이 없는 환경에서 모두 주로 'ㅣ'로 발음된다. 하지만 어두의 환경이든 비어두의 환경이든 또한 초성이 있는 환경이든, 없는 환경이든 타 방언에 비해 'ㅡ'로 실현되는 비율이 높다. 관형격 조사의 경우도 주로 'ㅔ'로 나타나지만 'ㅡ'로 나타나는 비율 또한 높은 편이다. 본고에서는 이러한 점을 전남 방언 'ㅢ'의 특수성으로 보고 있다.

물론 과거에는 타 방언에 비해 'ㅡ'로 발음되는 비율이 월등히 높아서 전남 방언만의 'ㅢ'의 특징이 명료하게 보였을 것이라 생각된다. 그러나 아무리 과거에 비해 타 방언권과의 차이가 근소하다고 하더라도 공시적 연구의 비교를 통해 현상의 변화 과정을 포착하는 것 또한 중요한 일이다. 어휘 선정의 타당성과 관형격 조사의 분석에 대한 문제점은 아쉬움으로 남는다. 또한 실현 양상을 살펴보는 데 있어서 범위를 확장하여 형태론적 분석까지 나아가지 못했다는 한계가 있지만 부족한 점은 추후

연구를 통해 보완해 나가기로 하겠다.

이 글은 필자의 석사학위논문 중 일부, 즉 필자가 직접 조사한
방언 자료를 가져와 내용을 구체화한 것이다.

참고 문헌

김경환, 「국어 하향이중모음의 통시적 연구」, 『성균어문연구』 33-1, 성균관대학교
　　　국어국문학회, 1998.
＿＿＿, 「二重母音 'ㅢ'의 통시적 변화」, 『어문연구』 31-3, 한국어문교육연구회, 2003.
김성렬, 「현대국어 이중모음 '의'의 단모음화 실현에 대하여」, 『선청어문』 29, 서울
　　　대학교 국어교육연구소, 2001.
김소영, 「이중모음 'ㅢ'의 통시적 변화 연구」, 서울대학교 대학원 국어국문학과 석
　　　사학위 논문, 2007.
김영선, 「j계 하향이중모음 '의'의 단모음화 연구」, 『동남어문논집』 23, 동남어문학
　　　회, 2007.
김유범, 「지역어의 시간적 변화를 통해 본 언어 변화의 실제와 양상」, 『국어국문학』
　　　176, 국어국문학회, 2016.
박선우, 「현대국어의 /의/는 이중모음인가? : /의/의 음향적·지각적 특성에 대한
　　　검토」, 『우리말연구』 23, 우리말학회, 2008.
박선우 외, 「한국어 이중모음 /의/의 단모음화 양상」, 『음성음운형태론연구』 22-1,
　　　한국음운론학회, 2016.
신승용, 「하향성 이중모음의 단모음화와 움라우트와의 상관성」, 『서강어문』, 서강
　　　어문학회, 1997.
＿＿＿, 「이중모음의 정의와 이중모음에서의 분절음 탈락」, 『배달말』 50, 배달말학
　　　회, 2012.

신지영, 「이중모음 /ᅴ/의 통시적 연구」, 『민족문화연구』 32, 고려대학교 민족문화
　　　연구원, 1999.
＿＿＿, 『한국어의 말소리』, 박이정, 2014.
안상철·조성문, 「하향적 이중모음에 대한 통시적 고찰」, 『언어』 28-4, 한국언어학
　　　회, 2003.
이기갑, 「동부전남 방언의 성격」, 『언어학』 7, 한국언어학회, 1984.
＿＿＿, 「표준어와 서남방언」, 『새국어생활』 1-3, 국립국어연구원, 1991.
이진호, 「국어의 음운론적 제약 체계」, 『어문연구』 33-2, 한국어문교육연구회, 2005.
＿＿＿, 「음운 규칙의 공시성을 바라보는 시각」, 『국어학』 47, 국어학회, 2006.
＿＿＿, 『한국어의 표준 발음과 현실 발음』, 아카넷, 2012.
＿＿＿, 「국어 분절음 연구의 쟁점」, 『한말연구』 35, 한말연구학회, 2014.
정승철·정인호 공편, 『이중모음』, 태학사, 2010.
정영인, 「근대국어 이중모음의 단모음화 연구」, 『국어문학』 29, 국어문학회, 1994.
정영호, 「국어 하향이중모음의 단모음화 원인 재고」, 『한민족어문학』 61, 한민족어
　　　문학회, 2012.
정인호, 「下降 二重母音과 浮動 二重母音의 音變化」, 『어문연구』 32, 한국어문교육
　　　연구회, 2004.

필진 소개

고상미

전남대학교 국어국문학과 박사과정

티엔위

전남대학교 국어국문학과 박사과정

하현정

전남대학교 국어국문학과 박사과정

김다솔

전남대학교 국어국문학과 박사과정 수료

이유미

전남대학교 국어국문학과 박사과정 수료

최 란

전남대학교 국어국문학과 박사과정 수료

최옥정

전남대학교 국어국문학과 박사과정 수료

진 주

전남대학교 국어국문학과 박사과정 수료

김경표

전남대학교 국어국문학과 학술연구원

지역어와 문화가치 학술총서 ⑧

지역어문학 기반 국어학 연구의 도전과 성과

2019년 8월 30일 초판 1쇄 펴냄

지은이 전남대학교 BK21플러스 지역어 기반 문화가치 창출 인재 양성 사업단
펴낸이 김흥국
펴낸곳 도서출판 보고사

책임편집 이순민
표지디자인 손정자

등록 1990년 12월 13일 제6-0429호
주소 경기도 파주시 회동길 337-15 보고사 2층
전화 031-955-9797(대표), 02-922-5120~1(편집), 02-922-2246(영업)
팩스 02-922-6990
메일 kanapub3@naver.com / bogosabooks@naver.com
http://www.bogosabooks.co.kr

ISBN 979-11-5516-935-3 93710
ⓒ 전남대학교 BK21플러스 지역어 기반 문화가치 창출 인재 양성 사업단, 2019

정가 23,000원